DIARIO DE
ESTOICOS

365 REFLEXIONES

"Para una mente fuerte,
un espíritu libre y un corazón
lleno de amor"

Carlos Oliveira
Alberto Bosquet

Este libro guarda un secreto

Abre las puertas de tu crecimiento personal y profesional. Escribe una reseña enriquecedora sobre este libro en Amazon y haz una captura de pantalla. Luego, escanea el siguiente QR, que te llevará directamente a nuestra comunidad en Skool. Sube tu captura en la sección **"Club de Lectura Estoica"**, y en menos de 24 horas tendrás acceso a nuestro exclusivo club privado.

¿Estás listo para formar parte de este club privado de estoicos/cas? Escanea la llave con la cámara de tu móvil para acceder a nuestro club privado: "AMOR FATI". Nos vemos en el Club,

Carlos y Alberto.

La lección de la abeja

Marco Aurelio escribió: ***"Lo que no es útil para la colmena, no es útil para la abeja"***. Esta sencilla frase encierra una verdad que aplicamos aquí, en nuestra comunidad de Skool de Diario de estoicos: somos parte de algo más grande que nosotros mismos. Cada uno, como una abeja, tiene su tarea y su propósito, y cuando lo ponemos al servicio del colectivo, no solo fortalecemos a la colmena, nos fortalecemos nosotros mismos.

Este libro no es solo para que reflexiones en soledad. Es un lugar donde tú, como parte de esta comunidad, puedes recoger polen en forma de ideas, valores y aprendizajes. Y también donde puedes dejar tu propia marca: tu experiencia, tus pensamientos, aquello que puede inspirar o ayudar a otros. Aquí no hay jerarquías; todos trabajamos juntos para construir algo más grande.

La pregunta no es qué puede hacer esta colmena por ti, sino qué puedes hacer tú para que esta comunidad sea más fuerte, más sabia, más humana. Porque cada pequeña acción tuya —un pensamiento compartido, una reflexión, una conversación sincera— constituye el panal donde todos nos alimentamos.

¿Estás listo para ser parte de esta colmena?
Únete a diariodeestoicos.com

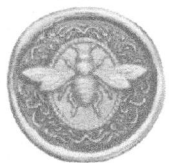

Diario de estoicos: 365 Reflexiones para una Mente Fuerte, un Espíritu Libre y un Corazón Lleno de Amor.

© Alberto Bosquet 2025

© Carlos Oliveira 2025

ISBN: 9798307109137

Maquetación y edición: Julián Rivero.

Prohibida la reproducción total o parcial de este libro sin el permiso de los autores.

Dedicatorias

A mi mujer Marta por iluminarme con su sabiduría y llenarme de amor.

A mis alumnos y a mi comunidad por confiar en mí.

A mi hermana Yolanda, por seguir ahí.

A Carlos por enseñarme tanto.

A todos los seres que seáis felices, y encontréis la paz.

                        Alberto Bosquet Auñón.

"¡Escribir, soñar, volar, y que nadie me imponga cadenas!"
Cyrano de Bergerac

A Flor y mis 3 hijas por darle sentido a mi vida.

A todas las personas que han confiado en mí para ayudarles a mejorar su camino.

A mi hermano Alberto por honrarme con su honestidad y amistad.

                        Carlos Oliveira Sánchez-Moliní

Proemio

"No puedes controlar el viento, pero sí puedes ajustar las velas."

Esto no es solo un Diario, es una guía, un compañero de viaje y un espejo. Aquí no encontrarás respuestas, pero encontrarás las preguntas correctas. Esas que te hacen detenerte, reflexionar y mirar hacia dentro. Este diario está diseñado para que descubras lo que realmente importa: tus valores, tus emociones, tus virtudes y tus miedos.

Es un refugio para que escribas lo que sientes, lo que callas, lo que te mueve por dentro. No importa si estás comenzando tu camino en el estoicismo. Porque ser estoico, es un acto de fuerza imperiosa sobre uno mismo.

Hay que practicarlo, para que lo llenes con tu historia, tus palabras y tus pensamientos.

Este puede ser un camino virtuoso o doloroso, sea como sea, llénalo de cicatrices, de sueños, de rabia y de esperanza. No busques la perfección, busca ser tú mejor versión en cada hoja que reflexiones. Porque este diario no solo guarda palabras, guarda la historia de tu transformación.

Porque al final, como decía Marco Aurelio:

"La felicidad de tu vida depende de la calidad de tus pensamientos."

Toma el lápiz. Escribe. Crea.

Tu transformación empieza aquí.

Autores:

Carlos Oliveira & Alberto Bosquet

SOBRE LOS AUTORES:
ESTOICOS DEL SIGLO XXI

Carlos Oliveira   **Alberto Bosquet**

MI HISTORIA PERSONAL
Carlos Oliveira

Soy Carlos Oliveira, tengo 3 hijas y estoy felizmente casado.

Soy licenciado en Ciencias Empresariales por la Universidad Complutense y MBA por el IESE. Tengo más de 25 años de experiencia directiva en grandes empresas multinacionales como Johnson & Johnson, donde fui Director Comercial y General Director de Vision Care para España y Portugal, Kellogg's Company, donde fui Director Comercial para España y Portugal, IFA Group, donde fui Director Internacional y Director de Desarrollo de Negocio o EVO Banco (100% Bankinter Digital Bank) donde fui Director Corporativo del Laboratorio de Clientes, siendo responsable de Big Data, Analytics, UX, desarrollo de App, canales, innovación, Marketing, Publicidad y Alianzas Estratégicas hasta 2021.

En paralelo a mi carrera ejecutiva y, tras el fallecimiento de mi primera esposa, me certifiqué como Co-Active Coach hace más de 13 años y descubrí mi verdadera vocación: Ayudar a las personas.

Desde entonces he tenido el honor de trabajar con más de 600 altos Directivos y emprendedores, tanto a nivel nacional como internacional.

He desarrollado metodologías efectivas que ayudan a las personas, en tiempo récord a:

* Definir su carrera profesional y lograr el objetivo que se proponen.

* Descubrir y lograr su propósito de vida y vivir con plenitud y felicidad para toda la vida.

* Descubrir y trabajar en lo que es nuestro significado trascendente último, nuestro legado.

MI HISTORIA PERSONAL
Alberto Bosquet

Cuando se separaron mis padres y apenas tenía 11 años me quedé solo.

No sé lo que es el amor de una madre, el consejo de un padre o el sabor de la comida de una abuela o que te cuiden cuando enfermas. No celebré cumpleaños ni Navidades.

Desde entonces he luchado por mantenerme fuerte, quizás la visión de crecer sin familia fue la que me llevó a obsesionarme por entrenar y comer mejor. La necesidad me hizo desarrollar una mentalidad de disciplina y resiliencia.

La falta de protección familiar me hizo refugiarme en las artes marciales, el boxeo y la lucha. La vida fue mi universidad. Irónicamente, terminé protegiendo a otros, liderando un grupo de seguridad y escolta para grandes empresarios.

Crecí en medio de conflictos y guerras, pero eso no me impidió entrenar y cuidarme, lo que me salvó de la muerte. La cárcel fue un golpe duro, pero también una fuente de aprendizaje y luz. Con esta experiencia, abrí mi propio gimnasio, doy conferencias de desarrollo personal e imparto cursos sobre mentalidad y crecimiento.

Mis clientes pasan a ser amigos, y sus vidas a ser parte de las mías.

Mi libro.

"Diario de un estoico tatuado"

Cuenta todas estas batallas, pero no es solo para leerlo, es para estudiarlo, ya que habla de estoicismo y de cómo ser una mejor versión de uno mismo. Hoy sigo entrenando, comiendo sano, viviendo feliz y en paz, aunque cada día atravieso por las mismas dificultades que todos, las mismas mierdas, cosas de la mente, historias que nos contamos. Seguramente tus miedos son muy parecidos a los míos, también tu estrés.

Dediqué mi vida a proteger a los demás, hoy lo sigo haciendo. Creando cuerpos más fuertes, más sanos. Mentes más resilientes, personas más exitosas.

He diseñado mi propio sistema, he entrenado a este "cabrón" para una mentalidad a prueba de guerras mentales, cambio de hábitos y resiliencia a través del estoicismo, y el entrenamiento.

Organizo retiros donde aplicamos técnicas de alto impacto, entrenamiento de la mente y meditación, donde atravesamos los miedos del inconsciente y rompemos las creencias del pasado para liberar el potencial humano de, CUERPO, MENTE Y ESPÍRITU.

ÍNDICE

El Sello de Autenticidad: Memento Mori 13

CONÓCETE A TI MISMO 15

MI HERMANO MAYOR: Carlos 17

    Epicteto: El maestro de la libertad interior, Alberto 18

    Marco Aurelio: El filósofo emperador: Carlos 18

    Epicteto y Marco Aurelio: Dos formas de enfrentarse a la vida, pero con la misma brújula 19

    Alberto y Carlos: El Epicteto y Marco del siglo XXI 20

    Después del retiro 21

    Cómo se lee este libro 22

MI HERMANO: Alberto 24

    Cómo nace este libro y cómo leerlo 26

1 Enero - Marco Aurelio 29

2 Febrero - Epicteto 61

3 Marzo - Séneca 91

4 Abril - Zenón de Citio 123

5 Mayo - Musonio Rufo 155

6 Junio - Hierocles 187

7 Julio - Arriano 219

8 Agosto - Catón el Joven 251

9 Septiembre - Cleantes.. 283

10 Octubre - Posidonio.. 315

11 Noviembre - Crisipo 347

12 Diciembre - Panecio de Rodas................................... 379

"CONSTRÚYETE A TI MISMO"..411

El Sello de Autenticidad: Memento Mori

Cada página de este libro lleva nuestra marca, nuestra verdad, nuestro *sello de autenticidad*: *Memento Mori*. No es solo un lema estoico ni una frase bonita, es el recordatorio más crudo y poderoso que existe: **"Recuerda que vas a morir."** Pero lejos de ser una sentencia de muerte, es una invitación a vivir con propósito, a aprovechar cada instante, sin quejas, sin excusas, sin aplazamientos.

Carlos y yo escribimos este libro desde un lugar auténtico, desde nuestras cicatrices, porque ambos entendemos que la vida no te da garantías. Este sello no está aquí por casualidad, sino porque encierra una historia. En la Antigua Roma, cuando un general regresaba victorioso de la guerra, desfilaba entre los aplausos y vítores de la multitud. Pero detrás de él, siempre iba un esclavo cuya única tarea era susurrarle al oído: *"Memento Mori"*, recordándole que, aunque parecía un dios en ese momento, seguía siendo humano, y que un día moriría.

Ese mensaje, que atravesó siglos hasta llegar aquí, nos toca igual a nosotros. Porque a veces nos perdemos en nuestras pequeñas victorias, en las distracciones del día a día, y olvidamos lo esencial: el reloj no se detiene. La muerte nos pisa los talones, no como una amenaza, sino como un maestro paciente que nos enseña a vivir con intención, a priorizar lo que importa y a soltar lo que no.

Este sello, grabado en cada palabra de estas páginas, es nuestra promesa de autenticidad. Aquí no hay teorías sacadas de libros de autoayuda ni discursos de cartón. Aquí hay vida vivida, aprendizajes reales, errores y triunfos que Carlos y yo decidimos compartir contigo para recordarte que no estás solo en tu lucha, y que tu tiempo es tu mayor tesoro.

Memento Mori no está para deprimirte; está para liberarte. Para recordarte que no tienes tiempo para la mediocridad, para esconderte o para vivir según las expectativas de otros. Es un llamado a dejar tu propio sello en este mundo, uno auténtico, que hable de quién eres y de lo que realmente importa.

Pregunta para ti: Si la muerte estuviera detrás de ti, susurrando *Memento Mori*, ¿te sentirías orgulloso de lo que estás construyendo? ¿Estás viviendo de verdad o solo dejando que los días pasen?

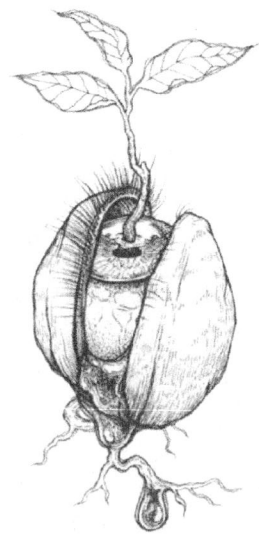

La semilla

CONÓCETE A TI MISMO

(Gnothi Seauton en griego) es una de las máximas más famosas de la filosofía antigua y está asociada al Templo de Apolo en Delfos, donde estaba inscrita en la entrada. Es un principio fundamental que resonó profundamente en la filosofía griega y más tarde en la estoica.

Esta frase se atribuye tradicionalmente a los Siete Sabios de Grecia, en particular a Quilón de Esparta o Sócrates, aunque no se sabe con certeza su autor. Sócrates la popularizó como una guía filosófica, y enseñaba que el autoconocimiento es la base de la sabiduría y la virtud.

En el contexto del Templo de Delfos, la frase servía como un recordatorio para los visitantes de su condición humana: reconocer sus limitaciones, comprender su lugar en el universo y aceptar su mortalidad.

Desde la perspectiva estoica, **"Conócete a ti mismo"** es una forma de reflexionar sobre tus pensamientos, emociones y acciones. Es una frase corta, pero inmensa, recibía a quienes llegaban buscando respuestas: *"Conócete a ti mismo."* Tres palabras que, más que un consejo, son un desafío. Porque no hay tarea más difícil ni más importante que mirar hacia dentro y enfrentarnos con honestidad a lo que realmente somos.

Escribimos este libro para acompañarte en ese proceso. No somos gurús ni tenemos todas las respuestas. Lo que tenemos son cicatrices, aprendizajes y una convicción: el verdadero cambio empieza cuando dejas de buscar fuera y decides mirarte a dentro, no para juzgarte, sino para conocerte. Porque solo entendiendo tus virtudes y tus defectos, tus miedos y tus propósitos, podrás vivir en armonía contigo mismo.

El estoicismo no es una filosofía para recitar, es una brújula para navegar. Marco Aurelio, Séneca, Epicteto... Todos ellos hablaban de este trabajo interno como la clave para una vida plena. Pero esta no es solo la filosofía de los grandes pensadores; también es para ti, para mí, para cualquiera que esté dispuesto a detenerse, reflexionar y tomar el control de su vida. Este libro no es una guía definitiva, porque la vida no viene con manual de instrucciones. Es un compañero, una colección de ideas, preguntas y reflexiones que te invitan a mirar hacia dentro, a conocerte, a descubrir quién eres y que viniste a completar en esta vida.

Lo que encontrarás aquí es una incomodidad, porque te fuerza a cuestionar tus valores. Habrá momentos en los que te desafíe, en los que te haga preguntas que quizás preferirías evitar. Pero esa es la esencia del autoconocimiento: no se trata de ser perfecto, se trata de ser auténtico, de aceptar quién eres para poder trabajar en quién quieres llegar a ser.

Conócete a ti mismo. No como una obligación, sino como un acto de amor propio. Porque solo cuando te conoces, puedes vivir con propósito. Y solo cuando vives con propósito, puedes dejar tu marca en el mundo.

Este es nuestro deseo para ti: que este libro sea el comienzo de un viaje hacia ti mismo. Un viaje donde la valentía y la verdad sean tus aliados.

Alberto y Carlos.

MI HERMANO MAYOR: Carlos

Había llegado a Tarragona para pasar cinco días inmerso en las técnicas de alto impacto que iba a recibir. No te lo he contado, pero me formé como Coach en técnicas de alto impacto por Firewallk Institut. Una formación que decidí regalarme para poder tener más herramientas en mis retiros. (Lo que no sabía es que el mayor regalo vendría de otra forma)

Allí estaba yo rodeado de coaches, terapeutas y personas de todo tipo. Al principio me creí fuera de contexto, ya que no sabía si estaba en el lugar correcto. ¿Pero quién dice qué es lo correcto? Todo lo que sucede es para nuestro crecimiento. Estábamos alojados en una comuna de literas, un espacio realmente austero dependiendo de con qué lo compares. Al menos no tenían "chinches" como en la cárcel.

Ya habíamos decidido cada uno nuestro lugar, y cómo no, la parte de abajo de una litera siempre es más cómoda que la de arriba. Así que me puse a deshacer mi maleta y en el último momento apareció aquel hombre fornido.

Él era Carlos, un hombre con una sonrisa y gracia especial para relacionarse, me sentí atraído por su personalidad. Al llegar él último, el único lugar que le quedaba era la parte de arriba de mi litera. Mientras deshacía su maleta, y al verlo agobiado, entendí que no le hacía gracia esa elección. Así que, como siempre, busque la forma de poder "ayudar" y le cedí mi sitio. Y justo en esa litera empezó una amistad que acabó en una inquebrantable hermandad.

A la mañana siguiente empezamos el desarrollo de las pruebas, y tengo que decirte que son 30 dinámicas que nos forman como coaches expertos en alto impacto. El tipo no era cualquier persona normal, yo le veía esa actitud en las pruebas que denotaba valentía, acción, fortaleza y decisión. Y aunque como Marco Aurelio, su estado físico no era el de un atleta, su mentalidad podía compararse a la del emperador.

A nada le temía, y se enfrentaba a todos los desafíos con una actitud digna de un guerrero, y eso me conecto con él. Eso y que decidimos por magia del destino unir fuerzas en las pruebas que superábamos juntos una y otrora vez. Éramos, Epicteto y Marco Aurelio.

Por si no lo sabías, Epicteto fue un referente en el estoicismo. Fue un esclavo liberado que se convirtió en maestro estoico. No tenía riquezas ni poder político, pero poseía algo invaluable: una mente indomable y una filosofía sólida. Su enfoque siempre estuvo en lo que podemos controlar y en soltar todo lo demás.

Epicteto: El maestro de la libertad interior, Alberto

Autodominio: Para Epicteto, la verdadera libertad viene de dentro. Si dominas tus pensamientos y emociones, nadie puede esclavizarte. Y así soy yo, gané esa libertad en cientos de desafíos en la vida. Te lo cuento en mi libro **"Diario de un estoico tatuado"**.

Disciplina: Cada día es una oportunidad para vivir conforme a tus valores. No hay excusas. La disciplina es parte de mi vida, te lo cuento en mi segundo libro **"Disciplina Espiritual"**. Sin disciplina no hay crecimiento, mi vida es un decálogo de lo que representa ser disciplinado.

Resiliencia: Veía los problemas como maestros. El dolor y las adversidades eran pruebas para fortalecer el alma. He pasado por cientos de desafíos y batallas que me hicieron crear un carácter, un personaje del que hoy por hoy me apoyo para ayudar a las personas en mis mentorías. Epicteto, a diferencia de Marco, era más práctico, directo y rígido. Su tono es casi militar: "Esto es lo que hay.

Marco Aurelio: El filósofo emperador: Carlos

Quién era: Marco Aurelio, el emperador romano, lideraba el imperio más grande del mundo en su época. Pese a sus responsabilidades monumentales, luchaba por mantenerse fiel a los principios estoicos. Es el ejemplo del líder con humanidad y equilibrio. Esa es la figura de Carlos, un tío que lideró durante años el cargo en empresas con su empatía y conexión. Una persona que no se considera ser más que nadie, y es por eso que se pone a la altura de directivos y trabajadores y entiende que todos somos personas.

Magnanimidad: En la victoria y el poder, Marco Aurelio mantuvo la humildad. Sabía que la grandeza real está en tratar a los demás con justicia. Y es así Carlos, puedes tener un sueldo mileurista o gestionar miles de millones, él siempre habla con el alma de las personas.

Sabiduría: Reflexionaba profundamente sobre la vida y las responsabilidades humanas. Sus "Meditaciones" son un mapa para navegar los retos cotidianos. Como Carlos en sus mentorías y en nuestra comunidad, Skool "Diariodeestoicos" te hace reflexionar con su "cuaderno de pensar".

Humanidad: Aunque tenía todo el poder, entendía que el ego era su mayor enemigo. Siempre buscaba ser útil a los demás. Carlos es una persona que alcanzó la libertad financiera, un experto en finanzas, un maestro de encajar piezas que te lleven a gestionar y crecer tu dinero, un líder del propósito y la trascendencia. Pero con la humildad de vivir, una" riqueza silenciosa". Sin increíbles coches o mansiones, una forma de vivir en libertad que le permite "trabajar solo en lo que le llena".

Marco Aurelio tenía un enfoque más reflexivo y empático. Mientras Epicteto lanza verdades como flechas, Marco Aurelio se toma un momento para considerar las emociones y el contexto. Su liderazgo muestra equilibrio entre la cabeza y el corazón. Haz lo mejor que puedas con ello." Es el coach estoico que no acepta excusas.

Epicteto y Marco Aurelio: Dos formas de enfrentarse a la vida, pero con la misma brújula

Epicteto no te abraza, te empuja. Es el maestro que te dice: "Deja de quejarte y empieza a actuar. Lo que puedes controlar está en tus manos, y lo demás no merece ni un pensamiento."

Este tipo vivió como esclavo y, aun así, llegó a ser libre de verdad. Su lema no era "Pobrecito de mí," sino: "Haz lo mejor que puedas con lo que tienes." La libertad, para Epicteto, no está en el mundo externo, sino en tu mente.

Por otro lado, Marco Aurelio, el emperador filósofo, no tenía tiempo para excusas, pero su enfoque era distinto. Llevaba el peso de un imperio en los hombros y, aun así, cada noche escribía en sus "Meditaciones" como si fuera un tipo común intentando entender la vida. Él no te grita ni te empuja como Epicteto; te invita a reflexionar. "¿Es esto justo? ¿Es útil? ¿Qué pasará si mañana ya no estoy aquí?"

Epicteto te diría: "¿Por qué pierdes el tiempo con tonterías que no puedes controlar? Levántate, haz lo que te toca."

Marco Aurelio te miraría y diría: "Sé justo contigo y con los demás. Vive con virtud, porque no sabes cuánto tiempo tienes."

Ambos tienen razón. Epicteto es la bofetada que necesitas para dejar de procrastinar. Marco Aurelio es el amigo sabio que te recuerda que, aunque falles, lo importante es intentarlo con humanidad y paciencia.

Alberto y Carlos: El Epicteto y Marco del siglo XXI

Aquí entramos nosotros: **Alberto**, el Epicteto del grupo, directo y sin filtro. Si estás quejándote, él te dirá: "¿Eso te está ayudando? Pues déjalo." Mientras tanto, **Carlos**, nuestro Marco Aurelio, te invita a observar antes de reaccionar. "No te dejes llevar por el impulso. Respira. Actúa desde tu mejor versión."

¿Y tú? ¿Eres más de Epicteto o de Marco Aurelio? ¿Te mueves con disciplina férrea o reflexionas buscando equilibrio?

(La vida no espera, pero tú puedes decidir cómo enfrentarte a ella. Ya sea como Epicteto o como Marco, lo importante es que lo hagas con intención y virtud.)

Después del retiro

Después del retiro seguimos conectando, aprendía mucho de su forma de ver el mundo y de su visión de trasmitir el amor por la belleza de la vida, de la entrega a los demás. Quise aprender de él todo aquello que no supe aprender de otros mentores y así conseguí un lugar en su vida. Carlos es una persona que razona, que debate, que se alegra de tus logros, tiene una conexión especial con lo coherente y sabio, y siempre lo admiro por su honestidad e integridad.

Veo el hermano mayor que nunca tuve, veo un padre ejemplar, un marido honesto, y un hermano donde admirar la verdad. Meses más tarde acabamos en México juntos. Yo había ido como "spiker "para una conferencia sobre liderazgo y mentalidad, allí nos juntamos para compartir como coaches otra ponencia de desarrollo personal, junto a otro hermano y coach Lluís Soldevila, Eva y Almudena.

Fue allí donde terminamos de fraguar nuestra hermandad. Si nos conoces en persona verás a dos tipos distintos, pero nada distantes. ¿El esclavo y el emperador? Bueno, es una forma de decirlo, yo vengo de una familia desestructurada, me crié en un barrio con delincuencia y mi universidad fue la vida. Tengo un cuerpo trabajado y la piel llena de tatuajes. Carlos tuvo una vida muy diferente, y cuando nos veis juntos, resalta todo a nuestro alrededor, Carlos, yo lo veo que a primera vista puede parecerte un empresario de "pico fino" un sibarita de Polo ,Ralf Laurent y casita en Marbella. Pero lejos de la realidad, se pone en el escenario y te canta en un grupo de pop rock y te baila una sevillana si hace falta. Aun así, es evidente su estilo clásico y estiloso en la forma de vestir y ver la vida, eso sí, sin nada de ostentación, es pura humildad y eso lo admiro de él profundamente.

Empezamos a hablar de nuestros trabajos, de nuestras mentorías y como en el fondo de lo que se trataba era de ayudar a los demás. Nunca hablábamos del dinero si no de la forma en como transformábamos a quienes confiaban en nosotros. Y es allí donde surgió hacer un evento en la cárcel para los presos, "memento mori".

Cuando acabamos decidimos hacer un pódcast juntos y era increíble la capacidad de ambos de charlar y filosofar sobre la vida, sobre las actitudes, sobre nuestras mentorías. Una cosa nos llevó a la otra y ahora somos socios.

Él vive en Abu Dhabi, yo en unas oficinas reformadas como casa. Él tiene unas capacidades y conocimientos que admiro y quiero en mi vida, él admira otras en mí, juntos nos complementamos para subir las 5 montañas del éxito. ¿Y qué son estas montañas? Aquellas que te llevan a tu mejor versión en el desarrollo personal y profesional, pero no te cuento más. Conócenos en Diariodeestoicos.com y nuestra increíble comunidad.

Cómo se lee este libro

Un **insight** es un término en inglés que se usa para describir un momento de comprensión profunda, una revelación o un conocimiento que te ayuda a ver algo con mayor claridad. Es como un "¡ajá!", mental, una palabra, frase o idea que ocurre cuando entiendes algo de forma inesperada o percibes una verdad oculta. Para mí es como una canalización del universo, de Dios, de Brama o Buda como tú lo quieras llamar.

Surgen espontáneamente de la nada y caen como del cielo, son esas palabras que hacen "pum" y entiendes las cosas, o simplemente conectas con ellas. Pues bien, durante años escribía estas "frases" en un diario. Muchas veces venían de pódcast, libros, conversaciones, películas, todo se combinaba. Después creaba espacios de silencio donde me permitía conectarme con estas palabras y creaba dibujos con ellas, no me preguntes por qué razón, solo sentía que en ese momento me liberaba del ruido exterior, y eso me calmaba. También las apuntaba en pósits para que tenerlas presente y las pegaba por toda la casa como recordatorios de mensajes del universo, de mis guías espirituales.

Dibuje hasta tres diarios completos, los colgaba en las redes sociales y cada frase tenía una profunda reflexión. Cuando conocí a Carlos me hablo de que él hacía algo parecido con la misma intención y empezamos a compartirlos en la comunidad, un día le dije por qué no hacemos un pódcast de estas reflexiones y acabo en este maravilloso libro.

Lo que reflexiono en ellas es desde un punto de vista estoico, ¿qué pensarían los grandes referentes estoicos acerca de mis citas? ¿Cómo traducirían ellos mis insights? Y así empecé a buscar en sus escritos, a bajarlos a tierra en un lenguaje que todos podamos entender, ya sabes que leer puro estoicismo a veces se hace "denso", es difícil de tragar. Pero sí te propongo leerlo en un lenguaje actual, la comprensión es más amable. Espera leer cosas de todo tipo, no hay sentido de orden al leerlas, pero mi consejo es que leas cada página en su "DÍA ORIGINAL".

"Déjame explicarte algo: este no es solo un libro, es un compañero **inmortal, atemporal;** uno que siempre deberías tener cerca. Es el libro que todo el mundo debería regalar, tendría que tenerse en los colegios. Piensa en él como ese aliado perfecto para los momentos que pasas en el trono, tigre wc, o como quieras llamarlo. En lugar de perderte en las redes sociales, ¿por qué no inviertes esos minutos en algo que de verdad te aporte? Este libro está diseñado para que cada día leas una página. Una sola. Reflexiona sobre estoicismo, sobre tus valores, emociones, actitudes y virtudes. Leerlo te hará mejor persona, padre, hija, tía o empresario.

Cada día será una nueva oportunidad para conocerte mejor. En sus 365 páginas encontrarás un espejo donde aprenderás más de ti mismo de lo que jamás imaginaste. Ni todos los terapeutas, coaches y cursos del mundo podrían igualar el trabajo personal que tú mismo debes hacer por ti, tus reflexiones. En tu DIARIO DE ESTOICOS.

Alberto Bosquet Auñón

PD: Recuerda que este libro se escribió donde cada día uno de nosotros comparte sus reflexiones, aunque veas citas estoicas repetidas, no importa. Es así de auténtico de leer.

MI HERMANO: Alberto

A Alberto lo conocí en un curso de técnicas de alto impacto. En un principio, pensé que asistiría a algo puramente físico, donde aprendería a caminar sobre brasas, doblar barras de hierro y superar retos extremos, pero lo que encontré allí fue mucho más profundo, mucho más trascendental.

Llegué a aquel lugar en medio de la montaña, cerca de Tarragona, con la mente puesta en técnicas, pero salí de allí con un amigo, un hermano, un alma que refleja las enseñanzas más puras de la filosofía estoica.

Inocente de mí, no había leído los detalles del curso con suficiente atención. Asumí que nos hospedaríamos en habitaciones individuales, algo que encajaba con mi manera ordenada y un tanto formal de vivir. Mi sorpresa fue mayúscula al descubrir que nos alojaríamos en cuartos compartidos con literas. El lugar era modesto, por no decir austero, lo que en sí ya era un reto para alguien como yo, acostumbrado a otro tipo de comodidades.

Al entrar al cuarto, conocí a Alberto. Su presencia no pasaba desapercibida: calvo, con un bigote imponente, tatuajes que cubrían casi todo su cuerpo y una actitud relajada que contrastaba totalmente con mi formalidad de pantalones chinos y jerséis de pico.

Llegué tarde y las literas de abajo ya estaban ocupadas. Mi mente se llenó de preocupación, imaginando cómo subiría cada noche a la cama de arriba sin tropezar o perturbar el descanso de los demás. Fue entonces cuando Alberto, con una intuición casi mágica, percibió mi incomodidad. En cuestión de segundos, me ofreció su litera de abajo, cambiando su comodidad por la mía, sin siquiera conocerme.

Ese simple gesto me reveló la nobleza que define a Alberto. Me quedé pensando: "Qué tipo tan increíble este Alberto".

Durante aquellos días, entre actividades desafiantes y conversaciones profundas, se fue forjando una amistad sincera. Compartimos momentos que aún guardo como pequeños tesoros en mi memoria: charlas durante las comidas, ejercicios en pareja como doblar una barra de hierro con nuestras gargantas, o aquella vez que Alberto, fiel a su disciplina inquebrantable, nos invitó a bañarnos en la piscina al amanecer, a pesar del gélido invierno de las montañas. Su relación con el hielo es casi espiritual, un reflejo de su fortaleza física y mental.

Nuestra conexión fue creciendo no solo por las experiencias compartidas, sino porque descubrimos que, aunque nuestras apariencias y trayectorias eran opuestas, nuestros valores eran profundamente similares. La combinación de nuestras personalidades, en apariencia tan distintas, creó una química que aún hoy sorprende a quienes nos rodean.

Alberto, con su fuerza imponente y su humildad desarmante, es la definición misma de un estoico moderno. Generoso, disciplinado, y con una voluntad de hierro, se esfuerza cada día en ser mejor.

Su historia de vida está marcada por desafíos que habrían quebrado a cualquiera, pero él ha transformado cada obstáculo en una lección y cada dolor en amor. Tras el curso, nuestras vidas se entrelazaron de maneras que nunca imaginé.

Alberto vino a mi casa, conoció a mi familia, y yo tuve el privilegio de compartir momentos con él y Marta, su pareja. En cada encuentro, todo fluía con naturalidad, como si nuestras almas se entendieran en un nivel más profundo.

Fue en ese contexto donde nació "Diario de Estoicos", un proyecto que mezcla nuestras reflexiones, conocimientos y deseos de aportar al mundo algo significativo.

Empezamos con pódcast, compartiendo ideas sobre el estoicismo y la vida, y pronto nos dimos cuenta del impacto que estábamos generando. Los mensajes de agradecimiento que recibimos de nuestra comunidad nos llenan de alegría y nos recuerdan por qué hacemos esto.

Un momento que siempre llevaré en el corazón ocurrió tras grabar un pódcast sobre el miedo. Compartí que mi mayor temor era que algo les sucediera a mi esposa o a mis hijas. Esa misma tarde, Alberto me envió un audio que aún me emociona al recordarlo. Me dijo que, si algún día yo faltara, mi familia siempre tendría en él a alguien en quien confiar, sin importar dónde estuvieran o qué necesitaran. Ese es Alberto: un hombre cuya generosidad trasciende las palabras, cuya bondad ilumina incluso los días más oscuros.

Alberto es más que un amigo; es un hermano en el sentido más profundo de la palabra. Nuestra amistad es un recordatorio de que las conexiones humanas, cuando se basan en valores sólidos y en el deseo mutuo de crecer, son una de las fuerzas más poderosas de la vida.

Como diría Marco Aurelio, "La verdadera riqueza no reside en lo que poseemos, sino en las almas que tocamos y en los valores que encarnamos". Alberto, mi hermano, es una de esas riquezas que atesoro con gratitud infinita.

Cómo nace este libro y cómo leerlo

Este libro nace de una pasión compartida entre Alberto y yo: las palabras que resuenan, las ideas que trascienden, y las reflexiones que, con el tiempo, nos transforman. Cada página que tienes frente a ti no es solo una recopilación de citas inspiradoras, sino una invitación a detenerte, a reflexionar y a encontrar respuestas en tu interior.

Para mí, las frases siempre han sido un faro en momentos de calma y tormenta. Durante muchos años, he recopilado aquellas que me hablaban de manera especial. Solía recibir una frase diaria de diferentes herramientas y, cuando alguna tocaba una fibra profunda, la guardaba en una presentación. Con el tiempo, estas frases comenzaron a formar parte de mi día a día.

En los diferentes puestos en los que he trabajado, tenía la costumbre de enviar "la frase del día" a mi equipo. Lo hacía como un acto de conexión y reflexión conjunta. Recuerdo que, cuando no lo hacía por falta de tiempo, alguno de ellos me preguntaba: "¿Y la frase de hoy?" Esa costumbre no era solo un detalle; era un pequeño momento de pausa, una chispa para iniciar el día con otra perspectiva.

Esa misma esencia es la que hemos querido trasladar a este libro. Mientras yo he escrito las reflexiones de los días impares, Alberto ha hecho lo propio con los días pares. Las frases que seleccioné son parte de mi vida; muchas me han acompañado durante años, han influido en mis decisiones, y me han ayudado a crecer. Alberto, por su parte, ha aportado su propia mirada estoica y personal, creando un balance perfecto entre nuestras dos voces.

Este libro no requiere más que unos pocos minutos al día. Nuestra recomendación es simple: lee una página al día, no más. Permítete sumergirte en la frase, reflexionar sobre lo que significa para ti, y, si sientes el impulso, responder a las preguntas que te sugerimos o las que te surjan espontáneamente. La magia de este ejercicio reside en su sencillez: dedicar un breve momento diario a pensar en profundidad puede tener un impacto poderoso y transformador.

En un mundo lleno de distracciones y velocidad, este libro te invita a ralentizar, a reconectar contigo mismo, y a encontrar en las palabras de los grandes pensadores y en nuestras reflexiones una guía para la vida. Al final, el propósito de estas páginas es que te acompañen, como lo han hecho conmigo, y que encuentres en ellas pequeños destellos de sabiduría que iluminen tu camino.

Carlos Oliveira.

Las virtudes cardinales de los estoicos son las guías hacia una vida equilibrada y virtuosa.

1
Enero - Marco Aurelio

"El alma en calma en medio de la tormenta."

Marco Aurelio (121-180 d.C.), el "emperador filósofo", gobernó Roma con sabiduría y rectitud, enfrentando guerras y crisis internas. Es uno de los más grandes exponentes del estoicismo, conocido por sus reflexiones filosóficas compiladas en *Meditaciones*, un libro que sigue siendo una guía práctica para la vida.

Características y logros:

- Estoicismo aplicado: Enseñó a aceptar el destino con serenidad y a actuar con virtud incluso en circunstancias difíciles.
- Obra inmortal: *Meditaciones* es un testimonio de su búsqueda personal por la excelencia moral y la paz interior.
- Legado de liderazgo: Su reinado es recordado como un ejemplo de integridad y resiliencia.

1 de enero ENCUENTRA TU PROPÓSITO

Séneca

"No hay viento favorable para el que no sabe a dónde va."

La claridad es poder.

Esta cita nos recuerda que, sin un propósito claro, cualquier esfuerzo puede ser inútil. Imagina un barco que zarpa sin destino: incluso los vientos más fuertes solo lo llevarán a la deriva.

Nuestra vida es igual. Si no definimos hacia dónde queremos ir, terminamos gastando energía sin avanzar realmente.

Séneca, como buen estoico, nos invita a reflexionar sobre nuestras metas y prioridades. Antes de dejarte llevar por la velocidad de la vida, pregúntate: ¿qué estoy persiguiendo? ¿Es algo que realmente tiene valor para mí?

La dirección siempre precede al movimiento efectivo.

Reflexiona

- ¿Qué metas tienes claras para este año que empieza?
- Si hoy fuese el último día de tu vida, ¿tu dirección actual tendría sentido?
- ¿Qué acciones pequeñas puedes tomar hoy para asegurarte de que el viento de la vida te lleve hacia el lugar correcto?

Tu vida es el barco, tus decisiones son el timón, y tus valores son las estrellas que te guían. Asegúrate de navegar con propósito. La dirección siempre precede al movimiento efectivo. Tener claro el "dónde" es lo que convierte el esfuerzo en progreso y el caos en propósito.

2 de enero SÉ RESILIENTE

Texto bíblico

"Dios dijo: el hombre será como una encina que al talarla deja un tocón; este tocón brotará como semilla santa."

Mira, esta frase de Isaías tiene un "flow" poderoso. Nos dice que, aunque te derriben, aunque te corten hasta lo más profundo, siempre queda algo dentro de ti que no se rinde: el tocón. Ese pedazo que parece muerto, pero que lleva vida. Esa semilla santa es tu potencial, tu esencia, lo que nadie ni nada puede quitarte. La vida te va a golpear, eso es seguro, pero el truco está en recordar que no importa cuánto te corten, **siempre puedes brotar de nuevo. Lo que perdemos no define quiénes somos; es nuestra respuesta ante ello lo que nos transforma.**

Reflexiona

Piensa en los momentos cuando sentiste que te lo quitaron todo:

- ¿Qué aprendiste de ti mismo cuando brotaste de nuevo?
- ¿Qué es lo que en tu vida nunca muere, aunque te hayan "talado" emocional, física o espiritualmente?
- Si te ves como ese tocón, ¿qué pasos necesitas dar hoy para empezar a brotar otra vez con más fuerza?

La vida es eso: te rompe, te reinventa, pero siempre depende de ti qué haces con lo que quedó. Cada herida lleva un mensaje, cada caída una lección oculta esperando ser descifrada. Puedes elegir quedarte en los pedazos o construir algo más fuerte, más auténtico.

Recuerda, las cicatrices no solo cuentan historias de dolor, sino también de superación.

DIARIO DE ESTOICOS
365 Reflexiones para una Mente Fuerte,
un Espíritu Libre y un Corazón
Lleno de Amor

3 de enero NADA ES IMPOSIBLE

Julio César

"No hay nada imposible; todo depende de la fortaleza del hombre."

El poder humano no está en la ausencia de límites, sino en nuestra capacidad para superarlos.

Julio César nos desafía a ver los obstáculos como pruebas de nuestra fortaleza interior.

La historia está llena de ejemplos de personas que lograron lo que parecía imposible, no porque fueran especiales, sino porque creyeron en su capacidad y actuaron con determinación.

¿Qué significa esto para ti? Significa que el límite lo defines tú. Tus miedos, tus dudas, tus fracasos son reales, pero también lo es tu fortaleza para enfrentarlos. Este pensamiento no es solo motivacional; es una invitación a asumir la responsabilidad de tu destino.

Reflexiona

- ¿Qué barrera actual en tu vida parece imposible de superar?
- ¿Qué pasos concretos puedes dar hoy para empezar a desafiar esa creencia?
- ¿Qué te inspira o fortalece cuando piensas en tus propias capacidades?

Recuerda, lo que parece imposible solo es un reto esperando tu decisión de enfrentarlo.

4 de enero LO ERES TODO

Texto bíblico: Génesis 28:16, Jacob.

"Realmente el Señor está presente en este lugar y yo no lo sabía."

Reflexión: Menudo ostión de realidad, esa frase me huele a un golpe de esos que te sacude el alma. Es como si de repente despertaras en medio del caos y te das cuenta de que hay algo más grande moviendo los hilos. Llámalo Señor, Universo, destino o como te salga de las narices. La clave aquí no es el nombre, sino entender que incluso cuando piensas que estás solo, algo o alguien te acompaña.

Yo he tenido momentos así, ¿sabes? Estar en la cárcel, en la absoluta oscuridad, y de pronto sentir que ese lugar, por jodido que parece, tenía un propósito. No porque el lugar cambiara, sino **porque yo cambié al verlo desde otro ángulo**. Eso es lo que te enseña el estoicismo: que en todo lugar, en todo instante, hay algo de valor si sabes dónde mirar.

El Señor, la luz, o como lo llames, no está fuera, está dentro. Siempre ha estado. Solo que a veces nos distraemos con el ruido de la vida y no lo notamos. Cuando lo descubres, da igual si estás en un templo o en mitad del barro: entiendes que ese momento es tuyo para crecer, aprender y conectar. Así que, si llegas a sentir esa frase como propia, no lo dudes, **estás exactamente donde debes estar, solo que todavía no lo sabes.**

Reflexiona

- ¿Qué estás pasando por alto que puede cambiar la manera en la que ves tu situación actual?
- ¿Y si hoy miras tu vida como si cada rincón tuviera algo valioso que mostrarte?

5 de enero CREE PARA QUE EXISTA

Gonzalo Torrente Ballester

"Las cosas solo dejan de existir cuando se deja de creer en ellas."

Creer es dar vida. Torrente Ballester nos recuerda que todo lo que tiene valor, propósito o significado en nuestras vidas depende de nuestra fe en ello.

¿Qué sería de los sueños si no creyéramos en ellos? ¿O del amor, si no creyéramos en su fuerza?

Esta idea también es estoica: nuestra percepción moldea nuestra realidad. Cuando dejas de creer en algo, su energía y presencia desaparecen, no porque ya no exista físicamente, sino porque tú le has negado su espacio en tu mente y corazón. Así, las ideas, los vínculos y los propósitos que mantienes vivos son aquellos que eliges alimentar con tu fe.

Reflexiona

- ¿Qué creencias han sostenido las partes más importantes de tu vida?
- ¿Hay algo que dejaste de creer y sientes que has perdido como resultado?
- Si volvieses a creer en algo que parecía perdido, ¿qué impacto tendría en tu vida?

Recuerda, la fuerza de tu mundo está en lo que decides mantener vivo con tu fe. Cultiva tus creencias con cuidado; ellas son las raíces de tu existencia.

6 de enero OBSERVA

León Tolstói

"Hay quien cruza el bosque y solo ve leña para el fuego."

Esta frase siempre me ha resonado como un recordatorio brutal de cómo elegimos percibir la vida. Y no es que tenga algo de malo ver leña —al final todos necesitamos calor—, pero, como he aprendido a lo largo de mi vida, reducir el mundo solo a su utilidad es perderse lo esencial. **El bosque no está ahí solo para servirnos, también es maestro, espejo y refugio.**

Cuando escribí *Diario de un Estoico Tatuado*, hablé mucho de cómo **la vida no sucede, sino que nos responde**. Cada experiencia es un bosque, y lo que veas en él dependerá de cómo **te entrenes para mirar**. Si caminas solo pensando en la próxima hoguera, te perderás las enseñanzas más profundas: la quietud de los árboles, la armonía del caos natural, el recordatorio constante de que hay algo más grande que tú.

El estoicismo me enseñó que la vida no es solo para consumirla, es para experimentarla. Así que, antes de sacar tu hacha mental y convertir todo en "utilidad", detente. **Mira más allá de la leña. Tal vez lo que encuentres sea mucho más valioso que el fuego: la calma, el aprendizaje y un pedazo de ti mismo que creías perdido.**

Reflexiona

- Cuando cruzas tu propio bosque, ¿qué eliges ver: la leña para el fuego o las enseñanzas que esperan entre los árboles?
- ¿Qué pasaría si te detuvieras un momento y permitieras que la vida te mostrara algo más profundo?

7 de enero CONSTANCIA

Plinio el Viejo

"Ni un día sin una línea."

El progreso no se mide en grandes saltos, sino en pequeños pasos dados cada día.

Esta frase de Plinio nos invita a practicar la constancia, a avanzar siempre, aunque sea con un solo trazo.

En la escritura, en el trabajo, en el aprendizaje o en nuestras relaciones, cada acción, por pequeña que parezca, suma.

La perfección no se alcanza de golpe; se construye línea por línea, día tras día. Los estoicos hablaban de la importancia de vivir cada día de forma plena y deliberada, y Plinio nos recuerda que no importa cuán pequeño sea el esfuerzo: lo que importa es no detenernos.

Reflexiona

- ¿Qué aspecto de tu vida necesita más constancia hoy?
- ¿Cuál sería tu "línea diaria" para acercarte a tus metas?
- ¿Qué excusas te detienen y cómo podrías superarlas para hacer al menos una acción pequeña cada día?

Recuerda, una vida llena de significado no se escribe en un solo día, pero sí se construye en cada línea que decides escribir. Haz de hoy un paso más en tu historia.

8 de enero AUTENTICIDAD

"Reconoce quién eres y reclama tu herencia."

Es una invitación a volver a la esencia, a ese núcleo que define tu identidad más allá de las etiquetas externas, las historias que te cuentas o las expectativas impuestas por otros. Es un llamado a abrazar tu verdadera naturaleza y aceptar las cicatrices que te han hecho más fuerte, como el arte japonés del kintsugi que transforma las grietas en oro, elevando lo imperfecto a algo hermoso y significativo.

Al igual que el arte japonés del kintsugi, tus heridas son las marcas de una vida vivida plenamente, una prueba de tu capacidad para caer, romperte y levantarte más fuerte.

En el estoicismo, esta frase encuentra el reconocimiento de nuestra capacidad para vivir conforme a la virtud y reclamar el control de lo que realmente importa: nuestras acciones, nuestras decisiones y nuestras actitudes. Marco Aurelio decía: "Mira hacia dentro. Dentro está la fuente del bien, y siempre puede brotar, si siempre la buscas." Esta fuente interna es tu auténtico ser, ese lugar donde habita la calma y la claridad para actuar en alineación con quien realmente eres.

Reflexiona

- ¿Qué partes de tu herencia personal o emocional has ignorado o subestimado?
- ¿Cómo puedes usarlas para forjar la versión más auténtica de ti mismo?
- ¿Qué grietas en ti mismo puedes cubrir de oro para convertirlas en tu mayor fortaleza?

La autenticidad no es un regalo que alguien te da, es un derecho que tú mismo reclamas. ¿Qué vas a hacer hoy para honrarlo?

9 de enero LA FUERZA DE LA CONVICCIÓN

Aníbal

"La victoria fue siempre para quien jamás dudó."

La duda es un peso que paraliza, mientras que la convicción es el fuego que impulsa.

Esta poderosa frase de Aníbal, uno de los grandes estrategas de la historia, nos enseña que la victoria no es solo cuestión de fuerza o habilidad, sino de la firmeza de nuestras creencias y decisiones.

Cuando enfrentas desafíos con plena confianza en tu camino, te vuelves imparable.

Los estoicos también creían en la importancia de la claridad y el coraje ante las adversidades, recordándonos que nuestras acciones deben ser guiadas por principios firmes, no por el temor o la indecisión.

Reflexiona

- ¿En qué área de tu vida necesitas reforzar tu confianza?
- ¿Qué decisiones has pospuesto por miedo o duda?
- Si hoy actuaras con total convicción, ¿qué cambios podrías empezar a ver?

La victoria no siempre es inmediata, pero la seguridad en tus pasos es el principio de cualquier logro. Jamás subestimes el poder de creer en ti mismo y en tu camino.

10 de enero ENTREGA

"Por favor muéstrame lo que necesito."

Esta frase no es un ruego cualquiera. Es una llave. Pero no abre la puerta hacia afuera, sino hacia adentro. Cuando pronuncias esas palabras, no estás pidiendo que alguien o algo externo venga a resolverte la vida. Estás diciendo que estás listo para escuchar lo que tu propia esencia lleva tiempo gritándote en silencio. Es un acto de humildad y de valentía a partes iguales: aceptar que no lo sabes todo y que, tal vez, lo que te falta está justo en aquello que has estado evitando.

Lo que necesitas no siempre es lo que quieres. A veces, lo que necesitas es que la vida te parta en dos para que puedas reconstruirte con más fuerza y claridad. Otras, es aprender a encontrar calma cuando todo arde a tu alrededor, o a soltar algo que llevas cargando mucho tiempo, pero que ya no te sirve. Esta frase es un acto de entrega, pero no de resignación; es un compromiso con la idea de que no siempre controlas el camino, pero sí cómo decides recorrerlo. **Lo que necesitas te está esperando al otro lado de tus preferencias.**

Reflexiona

- ¿Estás dispuesto a aceptar lo que la vida te muestre, aunque no sea lo que esperabas?
- ¿Tienes el valor de mirarte al espejo y enfrentarte a lo que ves?
- ¿Qué parte de ti estás evitando escuchar porque temes lo que podría decirte?

La verdadera entrega no es rendirse; es confiar en que, aunque no siempre entiendas el camino, estás avanzando hacia lo que necesitas ser. ¿Qué vas a hacer con lo que la vida te muestra hoy?

11 de enero PASA A LA ACCIÓN

Ramón y Cajal

"Las ideas no duran mucho, hay que hacer algo con ellas."

Las ideas son como chispas: brillan intensamente, pero se apagan si no se convierten en fuego.

Ramón y Cajal nos desafía a no quedarnos en la contemplación, sino a actuar.

Tener una gran idea no tiene valor si no la transformamos en algo tangible.

Los estoicos enseñaban que la acción virtuosa es la esencia de una buena vida, y este pensamiento resuena aquí: lo importante no es solo pensar bien, sino hacer el bien. Cada idea que dejamos pasar sin actuar sobre ella es una oportunidad perdida de cambiar algo, de construir algo, de crecer.

Reflexiona

- ¿Qué idea tienes en mente que aún no has llevado a cabo?
- ¿Qué te detiene? ¿Es miedo, procrastinación o falta de un plan?
- ¿Qué pequeño paso puedes dar hoy para transformar esa idea en realidad?

Recuerda, una idea es el inicio, pero la acción es lo que la convierte en legado. Haz algo con ella, no la dejes morir.

12 de enero ESENCIA

"No soy mi cuerpo, tampoco soy mi mente, soy el que observa."

Esta idea, vista desde el estoicismo, nos lleva a una lección clave: la capacidad de diferenciar entre lo que controlamos y lo que no. El cuerpo envejece, se enferma, se fortalece, se debilita, pero no somos nosotros. Es nuestra herramienta, no nuestra esencia. Lo mismo sucede con la mente: está llena de pensamientos, emociones, juicios, pero no somos esos contenidos. Somos quien los ve pasar, quien puede decidir qué hacer con ellos.

Epicteto decía: **"No son las cosas las que nos perturban, sino las opiniones que tenemos de ellas"**. Tú no eres esas opiniones ni esos juicios automáticos. Eres quien tiene el poder de elegir qué significan para ti.

Marco Aurelio lo explica aún mejor: **"Tu alma se tiñe con el color de tus pensamientos"**. Aquí está la clave: si eres el observador, no estás obligado a teñirte de lo que pasa por tu mente o por tu cuerpo. Puedes elegir responder desde la virtud, desde la calma, desde un lugar más elevado.

Entender esto no es teoría filosófica para adornar la mente, es una práctica diaria, una forma de vivir. Cada vez que te identificas demasiado con el cuerpo —"no me gusta mi reflejo"— o con la mente —"soy lo que pienso"—, te encadenas a algo que no puedes controlar. Pero si recuerdas que tú eres quien observa, quien puede decidir su respuesta, encuentras libertad.

Reflexiona

- ¿Qué pasaría si comenzaras a actuar desde el observador, desde esa parte de ti que siempre está en calma y que nadie puede tocar?

13 de enero PALABRAS Y ACTOS: EL VERDADERO REFLEJO

Luis Vives

"No hay espejo que mejor refleje la imagen del hombre que sus palabras."

Carlos Oliveira

"No hay espejo que mejor refleje la imagen del hombre que sus actos."

Tus palabras son ventanas a tu pensamiento, pero tus actos son los que verdaderamente muestran quién eres.

Luis Vives nos enseña que lo que decimos revela nuestras creencias, valores y emociones. Sin embargo, tus palabras, por elocuentes que sean, carecen de peso si no están respaldadas por tus acciones.

Los actos son el reflejo más honesto del carácter de una persona. Los estoicos insistían en la coherencia entre lo que decimos y lo que hacemos, porque la verdadera virtud se expresa en la acción.

Reflexiona

- ¿Tus palabras reflejan lo que realmente piensas y sientes?
- ¿Tus acciones están alineadas con los valores que defiendes con tus palabras?
- Si alguien solo pudiera conocerte por tus actos, ¿qué imagen proyectarías?

Recuerda, la integridad es el equilibrio entre lo que dices y lo que haces. Tus palabras pueden inspirar, pero son tus actos los que definen quién eres.

14 de enero ACEPTACIÓN

Marta Chulia

"No hay ningún sitio a donde ir, ni nada que resolver."

Esta frase es una invitación brutal a estar presente. Es como si alguien te agarrara por los hombros y te dijera: "Deja de correr, deja de pelear". En el estoicismo, tiene un sentido profundo: no se trata de huir ni de arreglar el mundo, sino de aprender a habitarlo, aceptarlo y actuar siendo tu mejor "versión" en el momento que te toca vivir.

Marco Aurelio lo resumió así: **"No pierdas más tiempo discutiendo sobre cómo debería ser un buen hombre. Sé uno"**. No necesitas buscar respuestas fuera ni posponer tu paz interior para cuando "todo encaje". No hay un destino perfecto al final del camino. **Estás ya en el lugar correcto, porque el único sitio que importa es aquí y ahora.**

Desde mi experiencia, es fácil perderse en esa urgencia por alcanzar algo o solucionar lo que creemos roto. Pero, ¿qué tal si nada está realmente roto? **Tal vez el trabajo no es arreglar, sino aceptar.** No porque te rindas, sino porque desde la aceptación surge la verdadera transformación.

Reflexiona

- ¿Qué harías si dejaras de correr hacia un destino que no existe y simplemente vivieras en el momento presente?
- ¿Qué descubrirías si dejaras de intentar resolverlo todo y aceptaras la vida como es?

15 de enero ROMPER PREJUICIOS: EL VERDADERO DESAFÍO

Albert Einstein

"¡Triste época la nuestra!, es más fácil desintegrar un átomo que un prejuicio."

Einstein nos ofrece una reflexión profunda sobre la resistencia al cambio en la mente humana.

Los prejuicios son cadenas invisibles que nos atan a visiones limitadas, distorsionando nuestra percepción de los demás y del mundo. La ciencia puede desintegrar un átomo con precisión, pero romper un prejuicio requiere valentía, reflexión y apertura de mente.

Los estoicos enseñaban que debíamos cuestionar nuestras creencias y superar los juicios impulsivos para alcanzar la verdadera sabiduría y vivir en armonía con la razón.

Reflexiona

- ¿Qué prejuicios crees que podrías estar cargando, incluso sin darte cuenta?
- ¿Cómo reaccionas ante ideas o personas que desafían tus creencias?
- ¿Qué pasos puedes dar hoy para abrir tu mente y cuestionar lo que siempre has dado por hecho?

Romper un prejuicio es un acto de libertad y fortaleza. Al hacerlo, no solo te transformas a ti mismo, sino que contribuyes a un mundo más justo y consciente.

16 de enero QUIETUD

"Observa el silencio."

Esta frase no es un simple consejo; es una puerta. El silencio no es solo la ausencia de ruido, es el terreno donde tu verdadera voz se escucha. Es ese espacio incómodo que solemos evitar porque ahí no puedes fingir, no puedes escapar de lo que realmente eres. En el silencio, las excusas se caen, y lo que queda es lo auténtico: tus pensamientos, tus miedos, y también tu fuerza.

Los estoicos lo sabían bien. Marco Aurelio escribía en sus diarios no para llenar páginas, sino para escuchar lo que el ruido del mundo no le dejaba ver. Séneca decía que el lugar más tranquilo es el que encuentras dentro de ti. Porque el silencio no es vacío, es plenitud; está cargado de respuestas si tienes el valor de escucharlas.

Observar el silencio no es para cobardes. Es mirar cara a cara a lo que llevas dentro, lo que escondes y lo que temes. Pero también es donde encuentras claridad, esa brújula que te alinea con lo que realmente importa. Así que, antes de buscar más ruido, detente. Siéntate contigo. Escucha lo que hay ahí dentro.

Reflexiona

- ¿Cuánto tiempo al día te regalas para escuchar lo que te dice el silencio?
- ¿Qué descubres cuando dejas de llenar el espacio con ruido y simplemente observas?
- ¿Tienes el valor de sentarte en tu propio silencio y escuchar lo que tiene que decirte? ¿Qué estás evitando al no hacerlo?

17 de enero EL CÍRCULO DE LAS REVOLUCIONES

Franz Kafka

"Toda revolución se evapora y deja atrás el timo de una nueva burocracia."

Kafka nos advierte de un patrón común en la historia: los cambios radicales, cargados de promesas de transformación, a menudo terminan atrapados en las mismas estructuras que buscaban destruir.

La burocracia simboliza ese peso inamovible, la tendencia de las revoluciones a solidificarse en sistemas rígidos que, lejos de liberar, limitan.

Los estoicos también desconfiaban de los extremos y la euforia descontrolada, instando a buscar el cambio desde dentro, con moderación y sabiduría. Tal vez la verdadera revolución no está en derrocar lo externo, sino en transformar lo interno.

Reflexiona

- ¿Qué cambios en tu vida han terminado atrapados en hábitos o rutinas similares a lo que querías cambiar?
- ¿Estás buscando una transformación externa cuando quizás lo que necesitas es trabajar desde dentro?
- ¿Cómo puedes asegurarte de que los cambios que buscas se mantengan fieles a sus principios originales?

Las revoluciones externas pueden fallar, pero las internas son las que realmente transforman. Enfoca tus esfuerzos en cambiar aquello que está bajo tu control.

18 de enero INQUEBRANTABLE

"No negocio con mis pensamientos, no negocio con mi debilidad."

Esta declaración resuena con el espíritu de Epicteto, quien nos recordó: **"Nadie es libre si no es dueño de sí mismo."** Los estoicos comprendieron que nuestra mente puede ser nuestro mayor aliado o nuestro peor enemigo. Negociar con pensamientos destructivos es como firmar un contrato con el diablo. Por eso, no hay lugar para la duda en tu fortaleza interior.

Tienes que aprender a distinguir lo que está bajo nuestro control y lo que no. Tus pensamientos y reacciones son tuyos, **y tu debilidad solo tiene fuerza si se la das**. Así, no negociar es más que una frase: es un compromiso contigo mismo de ejercer tu palabra.

Cuando me encontraba en los momentos más oscuros, en el calabozo de mi propia vida, aprendí a mirar a la debilidad sin miedo. Me decía a mí mismo: **"Esto que siento no es más que una prueba. Si cedo, me define. Si lucho, me transforma."** No negocio con mi debilidad porque hacerlo sería darle permiso para que me domine. Pero tampoco la rechazo: la observo, la estudio, y hago de ella un campo de entrenamiento.

Reflexiona

- ¿Qué parte de tu debilidad estás negociando hoy?
- ¿Qué pasaría si dejases de negociar con el diablo?

19 de enero APRENDER DEL FRACASO

Charles Dickens

"Cada fracaso enseña al hombre algo que necesitaba aprender."

El fracaso no es un enemigo; es un maestro disfrazado. Dickens nos recuerda que, detrás de cada tropiezo, hay una lección esencial para nuestro crecimiento.

Los estoicos abrazaban esta idea, viendo los obstáculos no como barreras, sino como oportunidades para fortalecer el carácter y la virtud.

El fracaso nos obliga a reflexionar, a replantearnos nuestras decisiones y a encontrar nuevas formas de avanzar. Es un recordatorio de que estamos en constante aprendizaje, y que cada caída tiene un propósito en nuestro camino.

Reflexiona

- ¿Qué fue lo último que consideraste un fracaso? ¿Qué lección puedes extraer de esa experiencia?
- ¿Cómo puedes cambiar tu perspectiva para ver el fracaso como una oportunidad en lugar de una derrota?
- ¿Qué pasos concretos puedes tomar hoy para transformar un tropiezo reciente en un impulso hacia adelante?

No temas al fracaso. Abrázalo, aprende de él y deja que te guíe hacia una versión más fuerte y sabia de ti mismo.

20 de enero LA REALIDAD RESIDE EN LA MENTE

"Lo que no cabe en tu mente, no entra en tu vida."

Esta frase es una poderosa afirmación de la relación entre nuestros pensamientos y nuestra realidad. Los estoicos lo entendieron bien: todo comienza en la mente. Marco Aurelio escribió:

"Nuestra vida es lo que hacen de ella nuestros pensamientos." (*Meditaciones*, IV, 3).

Si tu mente no es capaz de visualizar una posibilidad, de comprenderla o de aceptarla, difícilmente se manifestará en tu realidad. Imagina ahora que quisieras cultivar un árbol enorme, como un roble, pero solo tienes macetas pequeñas.

Aunque pongas la mejor semilla, el espacio limitado no permitirá que las raíces crezcan. La mente funciona igual: si no amplías tus pensamientos y creencias, cualquier cosa grande que intentes construir se verá limitada. Vamos, que solo podrás plantar bonsáis.

Entonces, la pregunta es: ¿qué tipo de semillas estás plantando en tu campo mental?

Reflexiona

- ¿Qué creencias están limitando tu capacidad de imaginar una vida mejor?
- ¿Qué necesitas ajustar en tu mente para abrirle paso a lo que deseas?

21 de enero LA EMOCIÓN COMO MOTOR

Donald Calve, Neurólogo

"Mientras la razón lleva a debates y conclusiones, la emoción lleva a la acción."

La razón ilumina el camino, pero es la emoción la que nos pone en marcha.

Este equilibrio entre pensar y sentir es esencial para lograr grandes cosas.

Los estoicos no rechazaban las emociones por completo, sino que buscaban comprenderlas y guiarlas con la razón, para que sirvieran como aliadas, no como enemigas.

Una idea bien razonada puede quedarse en el papel, pero cuando toca nuestras emociones, nos impulsa a actuar. La acción nace del corazón encendido por lo que la mente entiende como valioso.

Reflexiona

- ¿Qué decisiones en tu vida has tomado más con la razón, y cuáles más con la emoción? ¿Cómo resultaron?
- ¿Cómo puedes usar tus emociones como una herramienta para movilizarte hacia tus objetivos?
- ¿Qué causa o propósito despierta en ti una emoción tan fuerte que te motiva a actuar?

La clave está en encontrar el equilibrio: permitir que la razón y la emoción trabajen juntas para convertir las ideas en acciones que transformen tu vida.

22 de enero COHERENCIA

"Abro las puertas de la abundancia en mi vida."

Es una decisión diaria, un acto de disciplina y un ejercicio de gratitud. La abundancia no tiene que ver únicamente con cosas materiales, sino con un estado mental donde encuentras riqueza en lo que ya tienes.

En el estoicismo, Marco Aurelio nos recuerda: **"No te distraigas con lo que no tienes; cuenta con las bendiciones que posees y da gracias por ellas"**. Esa gratitud transforma la perspectiva de escasez en una de prosperidad, porque cuando reconoces la abundancia en lo pequeño, todo lo demás parece un regalo añadido.

Abres las puertas de la abundancia cada vez que eliges agradecer en lugar de quejarte, Ser un imán para la abundancia significa alinear tu mente, energía y acciones con lo que deseas atraer. Como decía Marco Aurelio: **"La vida de un hombre es lo que sus pensamientos hacen de ella"**. Tus pensamientos generan la energía, y tus acciones activan el movimiento. Atraes lo que crees merecer y lo que trabajas por sostener.

La clave es vivir desde la autenticidad, porque solo llega lo que realmente resuena contigo.

Reflexiona

- ¿Estoy vibrando como la persona que merece la abundancia que busco?
- ¿Qué ajustes puedo hacer hoy para atraer más de lo que deseo?

23 de enero NUNCA TE RINDAS

Thomas Edison

"Nuestra mayor debilidad radica en rendirnos. La forma más segura de tener éxito es siempre intentarlo una vez más."

Thomas Edison, un hombre que dedicó miles de intentos a perfeccionar la bombilla, entendió que la perseverancia es la clave del éxito.

No se trataba solo de tener una idea, sino de continuar, incluso cuando las cosas no salían como se esperaba. Cada fracaso era simplemente una lección que le acercaba más a su objetivo.

El estoicismo también valora enormemente la perseverancia frente a las dificultades. Los estoicos nos enseñan que la verdadera fuerza radica en mantenernos firmes ante las adversidades, sin ceder ante el desaliento.

La paciencia, combinada con la acción constante, es la vía para alcanzar nuestras metas.

Reflexiona

- ¿En qué aspectos de tu vida te sientes tentado a rendirte?
- ¿Qué puedes hacer para mantener tu determinación y seguir adelante?

Recuerda: no hay fracaso que te detenga si tienes la perseverancia de seguir probando.

24 de enero RESPONSABILIDAD

"La vida no te sucede, la vida te responde."

Somos los arquitectos de nuestra experiencia. No hay "malos" ahí fuera conspirando contra ti; el mundo no se sienta a decidir cómo joderte el día. Créeme que eso lo piensa tu ego.

Lo que recibes de la vida es, en gran parte, el "boomerang" de lo que tú proyectas. Lo tiras y vuelve, una y otra vez.

Los estoicos lo tenían claro: no podemos controlar los eventos externos, pero sí nuestra actitud hacia ellos. Epicteto lo decía así: **"No nos perturba lo que sucede, sino nuestra opinión sobre lo que sucede"**. Y aquí está el truco: la vida no te arroja retos porque quiera verte fallar, te los pone para que descubras de qué pasta estás hecho.

Cuando algo "malo" te pasa, ¿te quedas quejándote en una esquina o lo miras como una oportunidad para fortalecerte? Cuando alguien te hiere, ¿lo usas como excusa para hundirte o para aprender a ponerte límites? Cada respuesta que da la vida es un examen de cómo estás cultivando tu carácter. Y sí, puede ser una lección dura, pero, como me enseñó mi propia experiencia, las lecciones más duras son las que más transforman.

Reflexiona

- ¿Qué le estás diciendo a la vida con tus pensamientos, tus actos y tus palabras?
- ¿Qué harás hoy para que la vida responda con algo que valga la pena?

25 de enero LA INSENSATEZ DE LA GUERRA

Herman Melville

"Todo lo que se refiere a la guerra es una bofetada al buen sentido."

La guerra, con su caos y destrucción, es la antítesis de la razón y la humanidad.

Melville nos enfrenta al absurdo de resolver los conflictos mediante la violencia, sacrificando vidas y recursos en nombre de ideales que podrían defenderse con diálogo y comprensión.

Para los estoicos, la virtud de la sabiduría y el autocontrol debían guiar nuestras acciones.

La guerra, en cambio, nace de pasiones descontroladas: ambición, miedo, odio. Es el fracaso de la razón colectiva, una señal de que hemos abandonado el buen sentido por la fuerza bruta.

Reflexiona

- ¿Qué conflictos, grandes o pequeños, podrías resolver hoy con diálogo en lugar de confrontación?
- ¿Qué emociones o pensamientos contribuyen a las "guerras" internas que a veces libras contigo mismo?
- ¿Cómo puedes ser un agente de paz en tu entorno inmediato, evitando las "bofetadas" de la insensatez?

La verdadera fuerza no está en la guerra, sino en evitarla. Busca siempre la paz, dentro de ti y con los demás.

26 de enero EQUILIBRIO

"Cuerpo fuerte, mente de estoico, espíritu guerrero."

Esta es mi trifecta, el eje sobre el que gira mi vida. El cuerpo es tu primera línea de defensa, tu herramienta para actuar en el mundo. Si lo descuidas, pierdes la capacidad de enfrentarte a los desafíos. La mente estoica es el comandante que organiza el caos, porque si no hay orden dentro, el desorden fuera te devora. Y el espíritu guerrero... ese es el fuego que nunca se apaga, el que te levanta cuando todo parece perdido. El coraje no es ganar; es seguir de pie después de cada caída.

Cuidar el cuerpo desde el respeto por ti mismo. Entrenarlo es un ritual de preparación, porque la vida no te avisa cuándo llegarán los golpes. La mente, en cambio, no se entrena con pesas, sino con reflexión, lectura y silencio. Es como una espada que se templa con cada pensamiento. Y el espíritu... El espíritu es esa voz que dice: *"Levántate, no has terminado"*. Cuando las fuerzas fallan, es el espíritu el que toma el mando.

Epicteto lo dijo mejor que nadie: **"Ningún hombre es libre si no puede dominarse a sí mismo". Y esa libertad se conquista trabajando estas tres caras de tu ser.**

Cuerpo, mente, espíritu: tres pilares que sostienen tu vida.

Reflexiona

- ¿A cuál le estás dando menos atención?
- ¿Qué vas a hacer hoy para fortalecerlo?

27 de enero LA LIBERTAD DE NO POSEER

Santa Teresa

"El verdadero señorío es no poseer nada."

Esta frase es un recordatorio brutal de cuánto peso cargamos al acumular cosas que, muchas veces, no necesitamos. Cuanto más acumulamos, más nos atan y nos distraen de lo esencial. Como siempre decimos: cuando posees algo, ¿quién posee a quién?.

Los estoicos compartían esta visión: la verdadera libertad radica en no depender de lo externo, en no estar esclavizado por deseos o bienes materiales. Séneca afirmaba: "Es rico no el que tiene mucho, sino el que necesita poco." Porque lo que te falta no es más cosas, sino menos ansias de ellas

No se trata de renunciar a todo, sino de poseer sin ser poseído. De encontrar la riqueza en lo que no se puede comprar: la virtud, la paz interior, y la conexión con lo que trasciende lo material. Vivir ligero es un acto de liberación, no de pérdida. Es abrir espacio para que lo esencial tenga cabida en tu vida.

Reflexiona

- ¿Qué posesiones o deseos materiales sientes que te están controlando más de lo que te gustaría?
- ¿Cómo te sentirías si pudieras desprenderte de lo superfluo y centrarte en lo esencial?
- ¿Qué pasos puedes dar hoy para liberar espacio en tu vida, tanto físico como emocional?

Recuerda, la verdadera riqueza no se mide en lo que tienes, sino en lo que eres. Vive ligero, porque cuando no cargas tanto, caminas más lejos.

28 de enero LIBERACIÓN

"El odio y el miedo son espejos; el amor, una ventana."

El odio y el miedo son espejos que no mienten. Reflejan tus inseguridades, tus heridas y tus mierdas internas. Esas sombras que cargas y no quieres enfrentar. Son incómodos, sí, pero necesarios. Porque, como estoicos, entendemos que lo que nos duele también nos enseña. Mirar esos espejos sin apartar la vista requiere coraje, el tipo de fortaleza que se cultiva enfrentando lo que te rompe. Marco Aurelio lo dijo claro: **"El alma se fortalece al resistir."**

Pero el amor… El amor es una ventana. No te atrapa en el reflejo; te libera. Te abre al mundo, a los demás y a la vida misma. No niega lo que hay en el espejo, pero te da algo más: perspectiva, propósito, sentido. Como estoicos, aprendemos que amar no es un sentimiento pasivo; es un acto de valentía. Amar es aceptar, no con resignación, sino con gratitud por la oportunidad de ser más grandes que nuestros miedos.

Musonio Rufo decía: **"Es más necesario curar el alma que el cuerpo, pues donde se cometen más errores es en la vida del alma."** Si no curas tu interior, esos espejos te seguirán persiguiendo, pero si eliges abrir la ventana, puedes encontrar algo más poderoso que cualquier reflejo: **la libertad de vivir plenamente.**

Reflexiona

- ¿Qué ves en tus espejos hoy?
- ¿Qué ventana necesitas abrir para dejar entrar la luz?

29 de enero EL CAMINO HACIA TI MISMO

Mahatma Gandhi decía: **"No corras. Ve despacio. Adonde tienes que ir es a ti mismo."** Estas palabras son un faro en un mundo donde el éxito se mide en rapidez y resultados, recordándonos que lo verdaderamente valioso no está allá afuera, sino dentro de nosotros."

Ir despacio no es perder tiempo, sino ganarlo para conocernos, escucharnos y crecer. Porque, ¿de qué sirve llegar lejos si ni siquiera sabes quién eres? Los estoicos lo sabían bien: solo al mirar hacia adentro podemos vivir con sabiduría y en armonía con la naturaleza

Gandhi nos recuerda que el viaje más importante es hacia nuestro interior. Ir despacio no es perder tiempo, sino ganarlo para conocernos, escucharnos y crecer.

Los estoicos también valoraban la introspección y la pausa, entendiendo que solo al mirar hacia adentro podemos vivir con sabiduría y en armonía con la naturaleza. La prisa puede llevarnos lejos, pero solo la calma nos lleva a casa.

Reflexiona

- ¿Cuándo fue la última vez que te tomaste un momento para escucharte a ti mismo?
- ¿Qué prisas actuales podrías replantearte para avanzar con más conciencia y propósito?
- Si te dieras permiso para ir despacio hoy, ¿qué descubrirías de ti mismo en el proceso?

No tengas prisa. La vida no es una carrera; es un viaje que comienza y termina en ti. Camina al ritmo de tu esencia, porque ahí es donde encontrarás la verdadera paz.

30 de enero CONFIANZA

"Me abro a recibir la abundancia de las semillas que planté."

La vida es un campo donde cada pensamiento, cada palabra y cada acción son semillas que lanzamos al suelo. Algunas brotan rápido, otras tardan años, y otras ni siquiera las vemos crecer. Lo aprendí con sangre, sudor y paciencia: el fruto no llega cuando quieres, sino cuando tiene que llegar. Y esa es la parte difícil. Como estoico, lo entiendo así: no puedes controlar los resultados, pero sí asegurarte de sembrar con intención, con disciplina y con amor.

Abrirme a recibir no es sentarme a esperar como si fuera un regalo pasivo. **Es tener el coraje de reconocer que cada gota de esfuerzo, cada decisión difícil, cada caída y cada levantada son el agua y el sol que hicieron crecer lo que ahora cosecho**. También es aceptar que no todo fruto será dulce; algunos serán amargos y otros estarán vacíos. Pero, como dijo Séneca: *"El tiempo descubre la verdad; cura lo que la razón no puede."* Y la verdad es que la abundancia no siempre se mide en lo que recibes, sino en lo que te conviertes durante el proceso.

Cuando pienso en las semillas que planté, no puedo evitar preguntarme: ¿hice lo suficiente? Pero justo ahí está la enseñanza: la abundancia empieza con la gratitud, con aprender a valorar lo que ya tengo y lo que vendrá, sin expectativas, pero con los brazos abiertos.

Reflexiona

- ¿Qué semillas estás sembrando hoy?
- ¿Tienes el coraje de recibir los frutos, sea cual sea su sabor?

DIARIO DE ESTOICOS
365 Reflexiones para una Mente Fuerte,
un Espíritu Libre y un Corazón
Lleno de Amor

31 de enero LA FUERZA DE LA NO VIOLENCIA

Mahatma Gandhi

"La no violencia es la ley de los hombres; la violencia es la ley de los animales."

Con esta frase, Gandhi nos señala la esencia de nuestra humanidad: la capacidad de resolver conflictos desde la razón, la empatía y el diálogo.

La violencia es instintiva, una reacción primitiva que no requiere reflexión. La no violencia, en cambio, exige coraje, paciencia y un control firme sobre nuestras emociones.

Para los estoicos, el dominio de uno mismo era el mayor signo de fortaleza. Actuar con calma y sabiduría nos eleva, mientras que sucumbir a la violencia nos reduce.

Reflexiona

- ¿Cómo respondes ante los conflictos: con calma o con reacciones impulsivas?
- ¿Qué situaciones recientes podrían haber sido resueltas mejor con un enfoque no violento?
- ¿Cómo puedes incorporar más autocontrol y empatía en tus relaciones diarias?

El verdadero poder no está en dominar a otros, sino en dominarse a uno mismo. Practica la no violencia como un acto de fortaleza y humanidad.

2
Febrero - Epicteto

"La verdadera libertad es controlar tu mente."

Epicteto (50-135 d.C.) fue un filósofo estoico nacido como esclavo en Hierápolis (actual Turquía). A pesar de su origen humilde y una discapacidad física, se convirtió en uno de los maestros más influyentes del estoicismo.

Características y logros:

- **Disciplina interna:** Enseñó que la clave para la libertad y la felicidad está en enfocarse solo en lo que podemos controlar: nuestras propias acciones y pensamientos.

- **Obra principal:** Aunque no escribió directamente, su discípulo Arriano recopiló sus enseñanzas en el *Enchiridion* (Manual) y los *Discursos*, obras fundamentales del estoicismo.

- **Resiliencia y humildad:** Epicteto es un ejemplo viviente de la capacidad de superar la adversidad con dignidad y serenidad.

- **Influencia duradera:** Sus enseñanzas han inspirado a líderes y pensadores como Marco Aurelio y siguen siendo estudiadas hoy como guías para la vida práctica.

1 de febrero ACEPTA LO QUE ES

Epicteto

"No busques que todo suceda como deseas, sino desea que todo suceda como realmente sucederá, entonces tu vida fluirá bien."

Esta enseñanza estoica nos invita a soltar el control sobre lo incontrolable. El famoso *Amor Fati*. Sólo tenemos el control sobre aproximadamente el 10% de lo que nos sucede.

La mayoría de nuestras frustraciones provienen de desear que la realidad sea distinta de lo que es.

Epicteto nos propone un cambio de perspectiva: en lugar de resistirnos a lo que sucede, aprendamos a aceptarlo y a alinear nuestros deseos con la naturaleza de los hechos. Al hacerlo, reducimos el sufrimiento y encontramos serenidad en el flujo natural de la vida.

Reflexiona

- ¿Cuándo fue la última vez que te sentiste frustrado porque las cosas no salieron como esperabas? ¿Cómo podrías haber aceptado esa situación en lugar de resistirte?
- ¿Qué áreas de tu vida te están pidiendo que sueltes el control y confíes más en el proceso?
- ¿Cómo puedes practicar hoy el deseo de armonizarte con lo que sucede en lugar de luchar contra ello?

La vida fluye mejor cuando dejamos de remar contra la corriente y aprendemos a navegar con ella. Acepta, adapta y sigue adelante.

2 de febrero LEGADO

"Que la fuerza y la guía de mis ancestros me guíen."

Somos el eco de quienes vinieron antes, el resultado de sus luchas, sus errores y sus victorias. Cada paso que damos lleva la huella de sus decisiones, su amor y su sacrificio. Nuestros ancestros nos dejaron un legado que, aunque a veces olvidemos, vive en nosotros: en nuestra sangre, en nuestras palabras, y en la fuerza con la que enfrentamos la vida.

Pedir su guía no es misticismo; es recordar que no estamos solos. Su historia es un mapa que podemos leer para encontrar dirección. Su fuerza nos impulsa, porque si ellos sobrevivieron a tormentas, guerras, hambre y desafíos impensables, nosotros podemos superar lo que nos toca vivir. Como estoicos, entendemos que en nuestros genes existen sus victorias y la fortaleza. Son cadenas que conectan generaciones, un linaje que representa quienes somos.

Séneca decía: *"La vida más dichosa es aquella que está en conformidad con nuestra propia naturaleza."* ¿Y qué es nuestra naturaleza si no la suma de quienes nos precedieron? Ellos enfrentaron sus pruebas para que hoy podamos tener la oportunidad de vivir con honor y coraje de la sangre de nuestros muertos.

Reflexiona

- ¿Qué legado de tus ancestros reconoces hoy?
- ¿Cómo honras su fuerza en tu vida diaria?
- ¿Qué legado llevas de ellos que te impulsa, y cuál deberías soltar para ser más tú mismo?

3 de febrero LA PEREZA: EL TIEMPO DETENIDO

Jaime Balmes

"Un hombre con pereza es un reloj sin cuerda."

La pereza es una forma de detener el tiempo, de quedar atrapados en la inacción mientras la vida sigue su curso.

Balmes nos recuerda que, como un reloj sin cuerda, la pereza nos priva de propósito y de la capacidad de avanzar.

Los estoicos valoraban el uso diligente del tiempo, viendo cada momento como una oportunidad para el crecimiento, la virtud y el servicio. La inercia nos roba, mientras que la acción, incluso en los pequeños pasos, nos acerca a una vida plena.

Como dice siempre mi socio y hermano el gran Alberto Bosquet; una vez que sabes lo que quieres; "No pienses, ejecuta".

Reflexiona

- ¿Qué áreas de tu vida están detenidas por la inercia o la procrastinación?
- ¿Qué pequeñas acciones puedes tomar hoy para avanzar, aunque sea un paso?
- ¿Cómo te sientes cuando actúas con diligencia en comparación con cuando te entregas a la pereza?

Recuerda: el tiempo es un recurso finito. Ponle cuerda a tu reloj interno y aprovecha cada instante con intención y energía.

4 de febrero CONTROL

"No puedes evitar que los pájaros de la preocupación vuelen sobre tu cabeza, pero sí puedes evitar que aniden en ella."

La preocupación es como esos pájaros que surcan el cielo: vienen y van, a veces de forma inesperada, revoloteando sin cesar. No puedes evitar que pasen, porque la vida está llena de incertidumbre, desafíos y dudas. Ahora bien, es tu responsabilidad si permites que construyan un nido en tu mente, que se queden ahí alimentando tus miedos, es una decisión que solo tú puedes tomar.

Los estoicos lo sabían bien. Epicteto nos recordaba que no son los eventos los que nos afectan, sino los juicios que hacemos sobre ellos. En otras palabras, **no puedes controlar lo que sucede fuera de ti, pero sí puedes decidir cómo lo interpretas** y qué lugar le das en tu interior. La preocupación no desaparece luchando contra ella, sino observándola, aceptándola y luego soltándola.

Cuando sientas que esos pájaros empiezan a sobrevolar, pregúntate: ¿Esto está bajo mi control? Si no lo está, deja que se vayan. No alimentes con tus pensamientos a algo que solo se mantiene vivo si tú lo permites.

Reflexiona

- ¿Qué preocupaciones estás dejando que aniden en tu mente?
- ¿Qué puedes hacer hoy para soltarlas y recuperar tu calma?

5 de febrero EL TESORO IGNORADO

Umberto Eco

"El mundo está lleno de libros preciosos que nadie lee."

Umberto Eco nos lleva a reflexionar sobre la riqueza del conocimiento y la belleza que permanece desaprovechada.

En los libros encontramos ideas, historias y sabiduría que pueden transformar nuestra visión del mundo, pero solo si elegimos acercarnos a ellos.

Esta frase también nos habla de las oportunidades no tomadas, de las puertas abiertas que ignoramos por comodidad, desinterés o prisa.

Los estoicos creían en el poder del aprendizaje constante como parte del crecimiento personal y la preparación para la vida.

Reflexiona

- ¿Qué libros preciosos tienes cerca que aún no has leído? ¿Qué te está deteniendo?
- ¿Qué aprendizajes o ideas podrían cambiar tu perspectiva si te permitieras explorarlos?
- ¿Cómo puedes incorporar más tiempo de lectura y aprendizaje en tu rutina diaria?

Los libros son ventanas a mundos desconocidos y espejos de nuestra propia alma. Atrévete a abrirlos y descubrir lo que tienen para ofrecerte.

6 de febrero ACEPTACIÓN

"No puedes cambiar aquello que no te pertenece."

Cuántas veces me he desgastado queriendo arreglar lo que no es mío. Las decisiones de otros, el pasado, las circunstancias que están fuera de mi control. Lo aprendí por las malas: lo que no te pertenece no te escucha, no responde y, sobre todo, no cambia. Es como empujar una pared esperando que se convierta en una puerta.

Lo que sí puedo cambiar es cómo enfrento esas cosas. Puedo cambiar mi reacción, mi perspectiva, mi actitud. Marco Aurelio lo decía bien: *"Recuerda que no tienes poder sobre la mente de los demás, solo sobre la tuya."* Ahí está la clave, es reconocer dónde poner la energía.

Tu ego quiere salvar el mundo, quiere que los otros cambien.

Aceptar que lo externo no me pertenece no es rendirme, es liberar peso de mi espalda. Si paso la vida intentando cambiar lo que no está en mis manos, solo consigo joderme a mí mismo. Pero si vuelco mi fuerza en aquello que sí puedo transformar —mis acciones, mis pensamientos, mi manera de ser—, ahí es donde encuentro poder y libertad.

Reflexiona

- ¿En qué estás gastando hoy tu energía inútilmente?
- ¿Cómo puedes redirigirla hacia lo que realmente depende de ti?

7 de febrero EL MEJOR DÍA ES HOY

Ralph Waldo Emerson

"Grabad esto en vuestros corazones: cada día es el mejor del año."

Emerson nos invita a vivir cada día como un regalo único e irrepetible. Todos lo sabemos, pero parece que se nos olvida continuamente. ¿Pensamos acaso que vamos a ser eternos? Sabemos que no; pero actuamos como si fuéramos inmortales.

Cuando reconocemos el valor del presente, dejamos de añorar el pasado o de preocuparnos excesivamente por el futuro.

Cada amanecer trae consigo la posibilidad de empezar de nuevo, de aprovechar las oportunidades que tenemos frente a nosotros.

Para los estoicos, vivir el presente con plenitud y gratitud era fundamental para alcanzar la serenidad y la virtud.

Reflexiona

- ¿Qué hace especial al día de hoy para ti?
- ¿Cómo puedes cambiar tu perspectiva para valorar este momento, incluso si las circunstancias no son ideales?
- ¿Qué acciones puedes tomar hoy para convertirlo en un día significativo?

Recuerda: el mejor día no es uno que quedó atrás ni uno que está por venir. Es el que tienes ahora. Haz que cuente.

8 de febrero DESPERTAR

"Somos observadores de nuestro destino y no somos conscientes de lo que estamos observando."

La mayoría de las veces vivimos en piloto automático. Miramos nuestra vida pasar como si fuese una película, pero sin entender realmente lo que estamos viendo. Nos distraemos con los ruidos, las dudas, los "y si hubiera" o los "¿por qué a mí?" Y mientras tanto, el destino sigue ahí, esperando que lo tomemos en serio, que lo enfrentemos despiertos.

El estoicismo me enseñó que observar no es lo mismo que ser consciente. Puedes mirar el camino y no entender hacia dónde te lleva si no te detienes a reflexionar. Epicteto decía: *"No te conformes con vivir como un mero espectador; vive como alguien que actúa."* Porque ser consciente de tu destino no significa controlarlo todo, sino participar en él con los ojos bien abiertos. Si no despiertas y participas activamente, tu destino no será más que una serie de eventos que otros decidieron por ti. **Observar con claridad significa detenerte, reflexionar, y sobre todo, cuestionar:**

La vida no se trata de predecir el final del viaje, sino de caminar cada paso sabiendo que estás presente. Si te limitas a observar sin cuestionar, te perderás lo más importante: la oportunidad de decidir cómo vas a recorrer ese camino.

Reflexiona

- ¿Estás viendo tu vida pasar, o estás participando en ella?
- ¿Qué puedes hacer hoy para mirar tu destino con más intención y claridad?

9 de febrero EL CORAZÓN POSITIVO DEL SER HUMANO

Carl Rogers

"El núcleo de la naturaleza humana es esencialmente positivo. La esencia de la personalidad es positiva."

Carl Rogers, padre de la terapia centrada en el cliente, confiaba en la bondad fundamental del ser humano y su capacidad innata para el crecimiento.

Esta perspectiva nos recuerda que, incluso en las circunstancias más difíciles, llevamos dentro de nosotros una chispa de positividad, una fuerza que nos impulsa hacia la mejora, la conexión y la realización personal.

En sintonía con los estoicos, Rogers plantea que nuestras elecciones y nuestra actitud pueden alinearse con esa esencia positiva, transformando nuestra vida y la de quienes nos rodean.

Reflexiona

- ¿Qué aspectos positivos de tu personalidad reconoces en ti mismo?
- ¿Cómo puedes nutrir tu esencia positiva para que brille más en tu día a día?
- ¿De qué maneras podrías ayudar a otros a conectar con lo mejor de sí mismos?

Confía en la bondad que llevas dentro y úsala como guía en tus pensamientos, palabras y acciones. Es tu esencia más pura.

10 de febrero LIGEREZA

"Cuando materializas mucho la vida, la complicas."

La vida es simple, pero nosotros nos empeñamos en hacerla difícil. Cada cosa que acumulamos —dinero, objetos, títulos— añade un peso que, en lugar de liberarnos, nos encadena. Te pasas el día cuidando, persiguiendo o pagando, y de repente te das cuenta de que las cosas no te pertenecen; tú empiezas a pertenecerles a ellas.

Lo entendieron los estoicos hace siglos. Epicteto decía: *"La riqueza no está en tener muchas cosas, sino en necesitar pocas."* Y no se trata de rechazar lo material, sino de darle su justo lugar. Cuanto más pones tu felicidad en lo externo, más complicada y frágil se vuelve tu vida. Lo esencial nunca está en lo que posees, sino en cómo eliges vivir con lo que tienes.

Simplificar no es renunciar; es aprender a valorar lo importante. Es soltar lo innecesario para vivir más ligero de equipaje por la vida, y así con más libertad. Porque la felicidad no está en cuánto posees, sino en cómo te relacionas con lo que tienes.

Reflexiona

- ¿Qué estás acumulando que ya no necesitas?
- ¿Qué podrías soltar hoy para vivir con más libertad?

11 de febrero VIVIR CON PASIÓN Y LIBERTAD

Anónimo

"Trabaja como si no necesitaras dinero. Ama como si nunca te hubieran herido. Y baila... como si nadie te estuviera viendo."

Esta frase anónima nos desafía a vivir con autenticidad y entrega total.

Trabajar con pasión, amar sin reservas y expresarnos con libertad son actos que nos conectan con nuestra esencia más verdadera.

Los estoicos también nos animaban a actuar con plenitud, sin preocuparnos por las opiniones externas ni por las cicatrices del pasado.

La vida se enriquece cuando dejamos atrás el miedo y abrazamos la posibilidad de vivir intensamente cada momento.

Reflexiona

- ¿Qué harías diferente si trabajaras únicamente por el placer de hacerlo?
- ¿Qué pasos podrías dar para amar con valentía, incluso después de haber sido herido?
- ¿Qué te está deteniendo de expresarte con libertad, como si nadie te estuviera juzgando?

Vivir plenamente no requiere condiciones ideales, solo la decisión de entregarte a cada instante con toda tu alma. Haz que hoy sea un reflejo de esa elección.

12 de febrero CRECIMIENTO PERSONAL

"Dulces son los frutos de la adversidad."

La adversidad es amarga cuando la enfrentas, pero dulce cuando la superas. Cada desafío, cada caída y cada cicatriz son semillas que germinan en fortaleza, sabiduría y resiliencia. No es el dolor lo que te define, sino lo que haces con él. Aprender a ver la adversidad como una oportunidad, no como un castigo, transforma tu vida.

Los estoicos entendían y Marco Aurelio decía: *"El fuego intensifica lo que lanzas en él: el obstáculo se convierte en el camino."* Los frutos de la adversidad no llegan inmediatamente, pero cuando aparecen, son dulces porque los ganaste, porque te transformaron.

Es en las pruebas más duras donde encontramos nuestras mayores virtudes. Enfrentar lo difícil con valentía nos permite saborear el éxito no como un regalo, sino como un merecido resultado.

Reflexiona

- ¿Qué adversidad estás enfrentando hoy?
- ¿Qué fruto esperas cosechar de ella?

13 de febrero LA CLAVE ESTÁ EN LA ACTITUD

José Antonio García Monge

"En las relaciones interpersonales lo definitivo es la actitud interior."

Esta reflexión nos recuerda que el éxito en nuestras relaciones no depende tanto de lo que decimos o hacemos, sino de cómo nos posicionamos internamente.

La actitud interior —compuesta por nuestra intención, apertura y disposición emocional— es lo que define la calidad de nuestras interacciones.

Los estoicos también destacaban la importancia de centrarnos en aquello que podemos controlar, y nuestra actitud es precisamente uno de esos aspectos.

Reflexiona

- ¿Qué actitud llevas a tus relaciones más importantes?
- ¿Estás realmente presente y abierto a escuchar y comprender al otro?
- ¿Cómo podrías ajustar tu actitud interior para nutrir vínculos más significativos y genuinos?

Recuerda: las palabras y acciones son importantes, pero la actitud desde la que surgen es lo que realmente crea conexión y confianza.

14 de febrero PERSPECTIVA

"El mundo está lleno de realidades que no son verdades."

Vivimos rodeados de cosas que damos por ciertas. Opiniones, creencias, juicios… todo parece ser "verdad", pero muchas veces son solo espejismos que nos confunden. Lo que sientes o piensas puede parecer real, pero eso no significa que sea verdad.

Lo aprendí por experiencia: confundir las apariencias con la esencia solo te lleva a vivir en una mentira disfrazada de realidad. Marco Aurelio lo dijo mejor: *"Todo lo que escuchamos es una opinión, no un hecho. Todo lo que vemos es una perspectiva, no la verdad."* El problema es que, sin darnos cuenta, construimos nuestra vida sobre esas falsas verdades.

Piénsalo: ¿Cuántas veces alguien te ha juzgado sin conocerte? Quizás dijeron que no eras capaz de algo, y por un momento tú también lo creíste. Esa era su realidad, pero no la verdad. Si te hubieras aferrado a ese juicio, ¿qué puertas te habrías cerrado?

Cuestionar es el primer paso para liberarte. No se trata de desconfiar de todo, sino de observar con atención, preguntarte si lo que crees es tuyo o impuesto. Porque mientras sigas atrapado en las ilusiones que otros te han vendido, no podrás ver lo que realmente importa.

Reflexiona

- ¿Qué creencias estás tomando como verdades hoy?
- ¿Qué podrías cuestionar para empezar a vivir con más claridad?

15 de febrero LA VERDAD COMO FUNDAMENTO

Julián Marías

"Sólo se puede construir sobre la verdad, porque es coherente, resplandeciente aun cuando sea dolorosa."

Julián Marías nos recuerda que la verdad es el único cimiento sólido para nuestras acciones, relaciones y decisiones.

Aunque a veces duela, su luz ilumina el camino correcto, permitiéndonos avanzar con coherencia y paz interior.

Para los estoicos, vivir en armonía con la verdad era esencial, pues la falsedad y el autoengaño nos desvían de la virtud y nos enredan en conflictos internos.

Reflexiona

- ¿En qué áreas de tu vida puedes ser más honesto contigo mismo o con los demás?
- ¿Qué costo has pagado alguna vez por evitar la verdad? ¿Qué aprendiste de ello?
- ¿Cómo puedes integrar la verdad, incluso cuando es incómoda, como una práctica diaria?

La verdad es un faro que, aunque cegador al principio, nos guía hacia un camino más auténtico y libre. Construye siempre sobre ella.

16 de febrero INTUICIÓN

"Confía más en lo que sientes y menos en lo que piensas."

La mente es una herramienta poderosa, pero también un lugar peligroso si no la controlas. Llena de juicios, dudas y suposiciones, puede convertir una simple decisión en una verdadera tormenta. Lo que sientes, en cambio, viene de un lugar más profundo, más honesto. Es tu brújula interna, esa que no está contaminada por el ruido exterior. Sentir es "sensar" tu cuerpo, calibrar tu estado interior.

Séneca decía: *"A menudo sufrimos más en la imaginación que en la realidad."* Esa imaginación está hecha de pensamientos que alimentamos y que, muchas veces, nos alejan de lo que de verdad necesitamos. Pensar está bien, pero cuando lo haces sin conexión con lo que sientes, terminas perdido.

Piensa en esa vez que la lógica te dijo una cosa, pero el corazón gritaba otra. Quizás decidiste desde la cabeza y, al final, sentiste que te habías traicionado. Me ha pasado, demasiadas veces. Hasta que entendí que **sentir no es debilidad, sino claridad**. Escuchar tus emociones no significa ignorar la razón, sino darle un papel secundario.

Reflexiona

- ¿Qué estás razonando en exceso hoy?
- ¿Qué pasaría si confiaras más en lo que sientes?

17 de febrero LO VALIOSO SE GANA

Julián Marías

"Ni a los individuos ni a los pueblos se les dan regaladas las cosas valiosas. Es menester imaginarlas, desearlas, conseguirlas con un esfuerzo continuado."

Esta frase nos enseña que lo verdaderamente importante en la vida –ya sea la libertad, el conocimiento o la realización personal– nunca llega sin esfuerzo.

Requiere imaginación para visualizarlo, deseo para impulsarlo y perseverancia para alcanzarlo.

Los estoicos también valoraban el esfuerzo sostenido como un camino hacia la virtud, entendiendo que las recompensas más significativas solo se obtienen mediante la dedicación constante.

Reflexiona

- ¿Qué es algo valioso que deseas en tu vida? ¿Has imaginado realmente cómo sería alcanzarlo?
- ¿Qué pasos estás dispuesto a dar y qué esfuerzos estás dispuesto a sostener para conseguirlo?
- ¿Cómo puedes encontrar satisfacción en el proceso, no solo en la meta?

Recuerda: lo que vale la pena en la vida no se regala, se conquista. Abraza el esfuerzo como parte del camino hacia lo que anhelas.

18 de febrero SERENIDAD

Marco Aurelio

"Cuanto más cerca esté un hombre de una mente calmada, más cerca estará de su fuerza."

La calma no es pasividad, es poder. Es en la quietud de la mente donde surge la claridad, y con ella, la verdadera fuerza. Una mente agitada se debilita; se dispersa en preocupaciones, dudas y miedos. Pero una mente calmada… esa es imbatible. Porque desde la calma tomas decisiones claras, actúas con entereza y enfrentas los desafíos con la energía bien dirigida.

Epicteto lo decía de forma contundente: ***"El hombre que está en calma tiene poder sobre sí mismo."*** La calma no es algo que ocurre por azar; es un estado que se entrena, una virtud que se cultiva. Es aprender a respirar en medio de la tormenta, a no reaccionar impulsivamente, a mantenerte firme cuando todo a tu alrededor parece caer.

Piénsalo: ¿Cuántas veces has perdido tu centro en momentos de estrés y después te has arrepentido de cómo actuaste? Quizás dijiste algo de lo que no estás orgulloso, o tomaste una decisión impulsiva que complicó las cosas. Ahora imagina qué diferente habría sido si hubieras actuado desde la calma.

La fuerza no es gritar más fuerte ni reaccionar más rápido. La fuerza está en controlar tu mente antes de que el mundo te controle a ti.

Reflexiona

- ¿Qué estás haciendo hoy para cultivar una mente calmada?
- ¿Cómo podrías encontrar más fuerza en la quietud?

19 de febrero DIÁLOGOS CON LO DIVINO

Viktor E. Frankl

"Dios es el interlocutor de nuestros soliloquios más íntimos. Es decir, cada vez que te diriges a ti mismo de la forma más honesta posible y en completa soledad, la entidad a la que te estás dirigiendo puede muy bien llamarse Dios."

Frankl nos invita a reconocer que en nuestros momentos más profundos de introspección, cuando la honestidad es absoluta y la soledad nos envuelve, encontramos una conexión con algo superior.

Esa voz interna, que guía y desafía, puede ser interpretada como la presencia divina.

Los estoicos también veían en la introspección un camino hacia el logos, la razón universal que conecta al ser humano con el cosmos y lo trasciende.

Reflexiona

- ¿Cuándo fue la última vez que tuviste un diálogo completamente honesto contigo mismo?
- ¿Qué sientes al pensar que tus reflexiones más profundas podrían ser escuchadas por algo superior?
- ¿Cómo puedes integrar estos soliloquios en tu vida diaria para encontrar mayor claridad y propósito?

Al hablar con total sinceridad a nuestro interior, quizá estemos dialogando con aquello que da sentido a la existencia. Escucha, reflexiona y confía.

20 de febrero PROFUNDIDAD

"La mente entiende, el alma comprende."

La mente analiza, disecciona, busca patrones y explicaciones. Es una herramienta poderosa, pero limitada a lo que puede medir y razonar. El alma, en cambio, no necesita explicaciones. Comprende desde un lugar más profundo, más conectado con lo esencial. Lo que la mente ve como piezas, el alma lo percibe como un todo.

Epicteto nos enseñó: *"No debemos contentarnos con aprender las lecciones, debemos vivirlas."* Y esa es la diferencia. Entender es quedarse en la superficie, mientras que comprender es integrar lo aprendido, sentirlo como parte de ti. Es la diferencia entre saber algo y vivirlo.

Piénsalo: cuando enfrentas un desafío, la mente puede darte mil razones para actuar o no, pero es el alma la que sabe lo que necesitas hacer. Ese saber no siempre tiene lógica, pero lleva tu verdad. Cuando ambas trabajan juntas —la mente entendiendo y el alma comprendiendo— es cuando encuentras equilibrio.

Reflexiona

- ¿Qué estás intentando entender con la mente que quizás deberías sentir con el alma?
- ¿Cómo puedes integrar ambas para vivir con más claridad?

21 de febrero UNA BENDICIÓN PARA EL CAMINO

Bendición Irlandesa

"Que los caminos se abran a tu encuentro, que el sol brille templado sobre tu rostro, que la lluvia caiga suave sobre tus campos, que el viento sople siempre a tu espalda, y que hasta el día en que volvamos a encontrarnos. Dios te tenga en la palma de sus manos."

Esta bendición nos recuerda que la vida es un viaje lleno de desafíos y encuentros inesperados. Nos anima a confiar en la providencia y a recibir el apoyo de las fuerzas invisibles que nos rodean, mientras deseamos lo mejor para los demás.

Los estoicos también valoraban la serenidad frente al destino, entendiendo que, aunque no podemos controlar los vientos ni las lluvias, sí podemos mantenernos firmes y agradecidos por el viaje que la vida nos ofrece.

Reflexiona

- ¿Qué significa para ti que los "caminos se abran" en tu vida?
- ¿Cuándo fue la última vez que deseaste sinceramente bienestar a alguien que amas?
- ¿Cómo puedes caminar con mayor confianza, sabiendo que no estás solo en el camino?
- La vida puede ser impredecible, pero con una actitud agradecida y un corazón dispuesto, cada paso puede ser una bendición.

22 de febrero CALMA

"Las prisas y el ruido mental enferman; el silencio sana."

Correr por la vida sin detenerte, saltando de una preocupación a otra, no es vivir, es desgastarte. Las prisas y el ruido mental nos separan de nosotros mismos. Nos quitan claridad, nos agotan y, poco a poco, nos enferman. En cambio, el silencio —ese espacio donde no hay urgencias ni pensamientos locos— tiene el poder de sanar. En el silencio encuentras la pausa que necesitas para escuchar lo que realmente importa.

Marco Aurelio lo sabía: *"La tranquilidad perfecta consiste en el orden de la mente."* Pero ese orden no llega en medio de la prisa o el caos; llega cuando detienes el ruido y te permites estar presente.

Piénsalo: ¿Cuántas veces has tomado decisiones de urgencia, empujado por la presión del momento, y luego te has arrepentido? Ahora piensa en esas veces en que te diste tiempo para respirar, reflexionar y actuar desde la calma. El resultado siempre es diferente cuando dejas que el silencio te guíe.

El silencio no es vacío, es espacio. Y en ese espacio, tu mente se aclara, tu cuerpo descansa y tu alma se fortalece.

Reflexiona

- ¿Qué ruidos mentales necesitas callar hoy?
- ¿Cómo puedes regalarte un momento de silencio para recuperar la calma?

23 de febrero LA ORACIÓN COMO CALMANTE

William James

"La oración practicada habitualmente debería ser considerada como el más natural de todos los calmantes nerviosos."

William James nos invita a redescubrir la oración no solo como un acto espiritual, sino como una herramienta para calmar la mente y el alma.

La oración, en su esencia, es un momento de pausa, de conexión con algo superior o con nuestro interior más profundo.

Los estoicos también valoraban los momentos de introspección y reflexión, entendiendo que el diálogo interno y la meditación ayudaban a mantener la calma en medio del caos.

Reflexiona

- ¿Qué prácticas te ayudan a encontrar serenidad en momentos de estrés o ansiedad?
- ¿Cómo podría la oración o la meditación diaria convertirse en un refugio para tu mente y espíritu?
- ¿Qué palabras o pensamientos elegirías para un momento de oración que calme tus preocupaciones?
- La oración, cuando se practica con sinceridad, no solo tranquiliza los nervios, sino que alinea el corazón con la paz que todos anhelamos.

24 de febrero ADAPTABILIDAD

"El mayor guerrero es el que navega por la incertidumbre."

La incertidumbre es el terreno donde pocos quieren caminar. Nos da miedo no saber lo que vendrá, no tener garantías ni certezas. Pero ahí es donde se forjan los verdaderos guerreros, aquellos que no necesitan mapas porque confían en su capacidad de adaptarse, de enfrentarse a lo que venga en la vida.

Séneca decía: *"No existe viento favorable para quien no sabe a dónde va."* Y aunque el destino no siempre es claro, lo importante no es controlarlo todo, sino navegar con templanza, confiando en tus valores y tu capacidad para ajustar el rumbo cuando sea necesario.

Piénsalo: ¿Cuántas veces has pospuesto decisiones o acciones porque el camino no estaba completamente claro? La incertidumbre no es el enemigo, es el campo de batalla. Cada vez que eliges avanzar a pesar de ella, te fortaleces, te adaptas y te conviertes en alguien más resiliente.

El mayor guerrero no es el que tiene todas las respuestas, sino el que avanza con confianza incluso cuando no las tiene.

Reflexiona

- ¿Qué incertidumbre estás enfrentando hoy?
- ¿Qué puedes hacer para avanzar, aunque el camino no esté claro?

25 de febrero EL ARTE DE ESCUCHAR

Libro de los Proverbios

"Quien responde antes de oír muestra ser un insensato y digno de confusión."

Este proverbio antiguo encierra una verdad universal: responder sin escuchar es una muestra de arrogancia e imprudencia.

Al no permitir que la información o las emociones del otro lleguen a nosotros, corremos el riesgo de actuar desde la ignorancia y de empeorar las situaciones.

Los estoicos también defendían la importancia de escuchar antes de actuar, viendo en la paciencia una virtud clave para evitar juicios precipitados y conflictos innecesarios.

Reflexiona

- ¿En qué situaciones tiendes a responder sin escuchar completamente?
- ¿Qué puedes ganar al tomarte un momento extra para escuchar antes de hablar?
- ¿Cómo puedes practicar la paciencia y el silencio activo en tus conversaciones diarias?

Escuchar con atención no solo fortalece nuestras relaciones, sino que también nos permite actuar con mayor sabiduría y empatía.

26 de febrero EMPATÍA

"La verdad sin compasión es crueldad."

Decir la verdad es un acto de valor, pero hacerlo sin compasión puede convertirse en un arma que hiere en lugar de ayudar. La verdad, cuando se entrega con dureza o indiferencia, pierde su propósito. No basta con ser honesto; también hay que ser humano. La verdad tiene que construirse desde el respeto, desde el deseo de ayudar, no de destruir. Cuántas veces hemos dicho; ¡Es que es verdad! Aunque jodamos al otro.

Epicteto nos recordaba: *"Sé bondadoso con todos, pero más contigo mismo."* Esa bondad incluye saber cuándo y cómo decir la verdad. Porque la verdad cruda, sin la suavidad de la empatía, puede ser más devastadora que una mentira. Ser compasivo no es disfrazar la verdad, es darle el espacio para que pueda ser aceptada, comprendida y, con suerte, útil.

Piénsalo: ¿Cuántas veces has dicho una verdad con toda la razón, pero al hacerlo has roto algo en el otro? Tal vez esa persona necesitaba la misma verdad, pero presentada con cuidado, con respeto. La verdad no deja de ser verdad cuando se dice con amabilidad.

Reflexiona

- ¿Cómo puedes practicar la compasión al decir verdades hoy?
- ¿Qué impacto crees que tendría en tus relaciones?

27 de febrero ESFUERZO FRENTE A LA ADVERSIDAD

Miguel de Cervantes

"La baja fortuna jamás se enmendó con la ociosidad y la pereza."

Cervantes nos recuerda que las adversidades no se resuelven esperando pasivamente.

La acción, la perseverancia y el esfuerzo son las únicas respuestas ante los desafíos de la vida.

Los estoicos compartían esta visión: frente a los golpes del destino, la virtud se demuestra a través de la acción consciente, el trabajo diligente y el rechazo a la resignación. La ociosidad es un enemigo silencioso que agrava nuestras dificultades al alejarnos de las soluciones que requieren movimiento y propósito.

Reflexiona

- ¿En qué áreas de tu vida podrías estar cayendo en la inacción?
- ¿Qué pequeños pasos puedes tomar hoy para cambiar tu "baja fortuna"?
- ¿Cómo te inspiran los desafíos para crecer en lugar de resignarte?

El trabajo constante y enfocado transforma las dificultades en oportunidades, y nos eleva por encima de la adversidad. Actúa, porque solo el movimiento genera cambio.

28 de febrero CAPACIDAD OCULTA

"Siempre puedes ofrecer un poco más."

La mayoría de las veces creemos que ya lo hemos dado todo, que no queda más por hacer. *"No puedo más."* Pero ahí es donde empieza la magia, porque siempre hay algo más dentro de ti, una chispa que solo se enciende cuando decides no rendirte. Dar un poco más no es solo esfuerzo, es carácter. Es demostrarte de qué estás hecho. Ofrecer un poco más no es solo una cuestión de "huevos", es una declaración de quién eres y de lo que estás dispuesto a hacer, incluso cuando ya parece suficiente.

Los estoicos lo entendían bien. Marco Aurelio escribió: ***"Haz cada acto de tu vida como si fuera el último."*** No porque todo deba ser perfecto, sino porque cada momento es una oportunidad para demostrar tu fortaleza, tu compromiso y tu identidad.

Piénsalo: ¿Cuántas veces creíste que no podías más y luego, de alguna manera, lo hiciste? Ese pequeño extra es lo que separa a los que se quedan dónde están de los que crecen. Ese "poco más" es lo que te acerca a lo que quieres, incluso cuando parece que estás lejos. Pero lo hiciste. Ese "poco más" no es solo un logro, es lo que te define.

Reflexiona

- ¿En qué área de tu vida puedes ofrecer un poco más hoy?
- ¿Cómo te sentirías si das ese paso extra, por pequeño que sea?

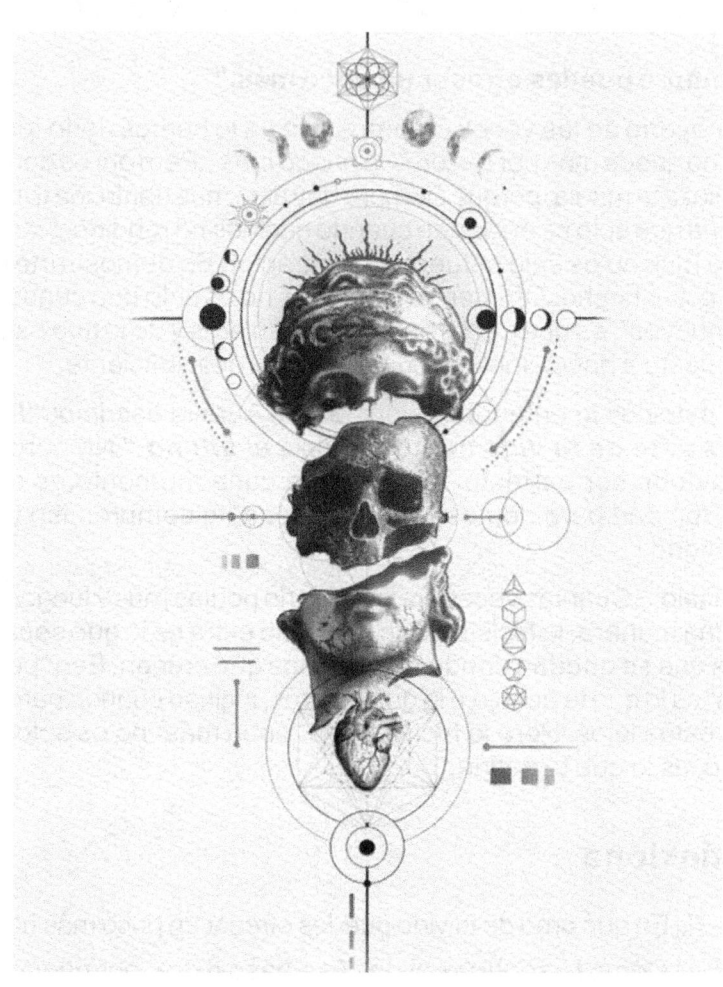

Recuerda que morirás, vive con virtud y serenidad.

3
Marzo - Séneca

"La verdadera riqueza es el dominio sobre uno mismo."

Séneca (4 a.C.–65 d.C.) fue un filósofo estoico, dramaturgo y político romano. Como tutor y consejero del emperador Nerón, tuvo una vida llena de desafíos éticos y contradicciones, pero su legado filosófico sigue siendo atemporal.

Características y logros:

- Escritor prolífico: Sus ensayos y cartas, como *Cartas a Lucilio* y *De la brevedad de la vida*, exploran temas como la ética, el tiempo, la muerte y la serenidad.
- Estoicismo práctico: Séneca enfatizó vivir conforme a la naturaleza, cultivar la virtud y manejar las emociones de forma sabia.
- Vida controvertida: Aunque vivió rodeado de lujos, enseñó la importancia de la simplicidad y la introspección.
- Legado eterno: Su obra sigue inspirando a quienes buscan equilibrio entre la acción y la reflexión.

1 de marzo EL JUICIO MÁS IMPORTANTE

Séneca

"Importa mucho más lo que tú piensas de ti mismo que lo que los otros opinan de ti."

Séneca nos invita a reflexionar sobre la importancia del autoconcepto.

Con frecuencia, nos preocupamos por las opiniones ajenas, buscando validación externa. Sin embargo, el verdadero valor reside en la relación que cultivamos con nosotros mismos.

Los estoicos enseñaban que debemos centrar nuestra energía en lo que podemos controlar, y nuestra percepción de nosotros mismos es una de esas pocas cosas. El juicio ajeno es efímero; el respeto propio es eterno.

Reflexiona

- ¿Qué pensamientos tienes sobre ti mismo cuando estás a solas?
- ¿Cuánto permites que las opiniones de otros influyan en tu bienestar o tus decisiones?
- ¿Qué pasos puedes tomar para fortalecer la confianza y el respeto hacia ti mismo?
- Recuerda: nadie puede arrebatarte el poder de tu propia opinión. La paz interior surge cuando valoras quién eres, más allá del ruido exterior.

2 de marzo HERIDA EMOCIONAL

"Lo que no sanamos nos encuentra."

Puedes intentar enterrarlo, huir o hacer como si no existiera, pero lo que no sanas siempre vuelve. Las heridas no resueltas tienen una forma de perseguirte, escondiéndose en los mismos errores, en relaciones que no funcionan o en ese peso que nunca logras soltar. **Lo que no enfrentas no desaparece**, solo espera su momento para volver a aparecer.

Puedes distraerte todo lo que quieras, pero al final, lo que no curas se convierte en tu sombra. Marco Aurelio lo resumió bien: *"No puedes escapar de lo que llevas dentro."* Y esa es la verdad: hasta que no te sientas con tu dolor, lo entiendas y lo dejes ir, seguirá buscando formas de encontrarte.

Piénsalo: ¿Cuántas veces te has encontrado con el mismo problema, solo con una cara diferente? Una discusión que se repite, un miedo constante, un sentimiento que nunca desaparece del todo. Eso es la vida diciéndote: *"Es hora de sanar."* Y sanar no es olvidar ni borrar, es aceptar y liberarte del peso, para que puedas avanzar sin que esa carga te siga.

Reflexiona

- ¿Qué herida llevas contigo que aún no has sanado?
- ¿Qué harías hoy si supieras que enfrentarla te liberará?

3 de marzo MIRAR HACIA ADELANTE

Alejandro Casona

"Vale más sembrar una cosecha nueva que llorar la que se perdió."

Casona nos recuerda que quedarse atrapado en la pérdida no solo prolonga el sufrimiento, sino que también nos roba la energía para crear un futuro mejor.

La vida está llena de ciclos: unos terminan y otros comienzan, y nuestra capacidad de prosperar radica en aprender a soltar lo que ya no puede ser cambiado.

El lamento nos encadena al pasado, mientras que la acción nos libera hacia nuevas oportunidades. Sembrar una nueva cosecha no solo es un acto de esperanza, sino de fortaleza y sabiduría.

Reflexiona

- ¿Qué "cosecha perdida" sigues lamentando y cómo podrías soltarla?
- ¿Qué semillas podrías plantar hoy para construir un futuro mejor?
- ¿Qué actitud necesitas cultivar para mirar hacia adelante con optimismo?

El pasado puede enseñarnos, pero no debe detenernos. La vida avanza, y nuestra mejor opción siempre es avanzar con ella.

4 de marzo ENSEÑANZA

"Adoro la violencia que me enseñó esa cicatriz, y aunque sanó, también dolió."

Cada cicatriz tiene una historia, un recuerdo de algo que nos golpeó, que nos puso a prueba, y que, de alguna manera, nos cambió. No son solo marcas en la piel o el alma; son lecciones vivas. Adorar una cicatriz no significa disfrutar del dolor, sino honrar lo que aprendiste gracias a él. Porque sí, sanó, pero dolió. Y en ese dolor estaba el aprendizaje, la transformación.

Los estoicos lo entendían bien: cada golpe de la vida es una oportunidad para fortalecerte. Séneca lo decía claro: *"El hombre fuerte ama los desafíos porque lo forjan."* Las cicatrices son testigos de que sobreviviste, de que no solo enfrentaste la tormenta, sino que saliste más fuerte.

Piensa en una herida de tu pasado. Tal vez fue un golpe físico, o tal vez fue una pérdida, una traición, un fracaso. Sí, dolió. Pero mira dónde estás ahora gracias a eso. Esa cicatriz que un día te quemaba ahora te recuerda de qué estás hecho, y te muestra de que eres capaz. **A veces en la vida, la herida es el propósito**.

Reflexiona

- ¿Qué cicatriz llevas contigo que todavía te enseña?
- ¿Cómo honrarías hoy el dolor que te hizo crecer?

5 de marzo ACEPTAR Y UTILIZAR

Epicteto

"Lo que sucede, conviene, si sabemos usarlo correctamente."

La sabiduría de Epicteto nos invita a transformar lo inevitable en una oportunidad.

No se trata de negar el dolor o las dificultades, sino de aceptar la realidad tal como es y encontrar en ella un propósito.

Cada acontecimiento, por adverso que parezca, puede ser una lección o una herramienta para crecer.

Resistirnos a lo que sucede solo aumenta nuestro sufrimiento; en cambio, abrazar los hechos con serenidad y reflexión nos permite convertirlos en aliados para nuestra mejora personal.

Reflexiona

- ¿Qué situaciones difíciles en tu vida podrías reinterpretar para encontrarles un valor positivo?
- ¿Cómo puedes transformar lo que parece un obstáculo en un paso hacia adelante?
- ¿Qué lecciones te ha dejado la última adversidad que enfrentaste?

La vida no siempre sigue el guion que imaginamos, pero cada giro tiene el potencial de fortalecernos si estamos dispuestos a aprender y adaptarnos.

6 de marzo GENEROSIDAD

"Tú no das para recibir, tú das porque eres abundante."

Dar no es un trueque, no es esperar algo a cambio. Dar es una declaración de lo que llevas dentro, de lo suficiente que te sientes contigo mismo. Cuando das porque tienes, porque eres abundante, porque entiendes que lo importante no es lo que posees sino lo que puedes compartir, ahí es donde se encuentra la verdadera generosidad.

Lo aprendí cuando no tenía casi nada, pero sentía que podía compartir. Dar una palabra, un gesto, una mirada, un aliento, un poco de tiempo. La abundancia no está en el tamaño de tu cuenta bancaria ni en lo que acumulas, sino en lo que decides ofrecer sin esperar nada a cambio. La vida provee a quien sabe que dando siempre está recibiendo. Es como un espejo que refleja lo que hay delante.

Esa es la magia de dar desde la abundancia, desde un lugar donde lo que entregas no te empobrece, sino que te enriquece. Porque al final, dar no te vacía; te llena.

Como decía Epicteto: *"La riqueza no consiste en tener muchas posesiones, sino en tener pocas necesidades."*

Piénsalo: ¿Qué estás recibiendo de la vida? Lo que estás dando.

Reflexiona

- ¿Cómo podría dar más de aquello que más necesito?

7 de marzo VIVIR SIRVIENDO

Santa Teresa de Calcuta

"Quien no vive para servir, no sirve para vivir."

Santa Teresa nos recuerda que la esencia de una vida plena se encuentra en el acto de servir. El servicio no solo transforma a quienes lo reciben, sino que también moldea nuestro carácter, conectándonos con una causa más grande que nosotros mismos. En la entrega sincera a los demás, encontramos propósito, paz y una forma auténtica de trascendencia.

Los estoicos consideraban el servicio una expresión de virtud, especialmente de la justicia, que implica dar a cada uno lo que le corresponde y actuar en beneficio del bien común. Marco Aurelio decía que los humanos somos como las partes de un cuerpo: nuestra función natural es trabajar juntos. Servir no solo es noble; es nuestra naturaleza. En cada acto de ayuda desinteresada, estamos alineándonos con el orden racional del universo y fortaleciendo nuestra conexión con la humanidad.

Reflexiona

- ¿En qué aspectos de tu vida puedes contribuir más al bienestar de otros?
- ¿Qué pequeño gesto de servicio puedes realizar hoy, por insignificante que parezca?
- ¿Cómo cambiaría tu perspectiva si vieras el servicio como una oportunidad, no como una obligación?

Recuerda: vivir con propósito no significa acumular, sino entregar. En el servicio encontramos no solo a los demás, sino también a nosotros mismos.

8 de marzo AUTENTICIDAD

"La mejor forma de impactar es siendo quién eres."

Hoy vivimos en un mundo donde es fácil caer en la trampa de las redes sociales. Vemos perfiles perfectos, vidas que parecen brillantes, y de repente sentimos que para ser alguien debemos imitar lo que vemos. Pero ahí está el error: intentar ser como otros no solo te aleja de lo que eres, sino que también borra lo único que tienes para aportar al mundo: **tu autenticidad.**

Marco Aurelio nos enseñó: *"Sé tú mismo, no imites a otros."* Y aunque no tenía Instagram ni TikTok, su mensaje sigue siendo igual de claro. Compararte con lo que ves en redes, con esas versiones editadas de vidas que parecen perfectas, solo te lleva a un camino vacío. La autenticidad no se filtra, no se maquilla; es lo que realmente conecta y deja huella.

¿Te imaginas a un gato ladrando, y un perro maullando intentando imitar al otro? La autenticidad es como una raza de semilla única, inimitable.

Piensa en esto: ¿Cuántas veces te sentiste insuficiente viendo la vida de otros en redes? Ahora pregúntate, ¿cuántas de esas vidas son reales? No necesitas copiar a nadie para impactar. Lo que inspira no es cuántos seguidores tienes, sino cómo vives tu verdad, con fallos y todo.

Reflexiona

- ¿Qué partes de ti estás escondiendo o cambiando para encajar?
- ¿Cómo podrías empezar a compartir desde tu autenticidad hoy?

9 de marzo PERDÓN Y SUFRIMIENTO

Casona

"Siempre hay que perdonar a los que sufren."

El sufrimiento a menudo lleva a las personas a actuar de formas que no siempre entendemos.

Perdonar a quienes están atrapados en su dolor no solo es un acto de compasión hacia ellos, sino también un alivio para nuestra propia alma.

El perdón no borra el daño, pero nos ayuda a superar el rencor y encontrar la paz.

Desde el punto de vista estoico, el perdón es una muestra de fortaleza interior. En lugar de reaccionar ante el sufrimiento ajeno con resentimiento, podemos responder con empatía y comprender que las acciones dañinas suelen ser fruto de una lucha interna.

Reflexiona

- ¿Qué emociones sientes hacia quienes te han lastimado?
- ¿De qué manera el perdón podría ayudarte a encontrar paz en esas situaciones?
- ¿Qué pasos puedes dar hoy para practicar el perdón con quienes sufren?

Recuerda: perdonar no es olvidar, sino liberar. Es el camino hacia una vida más serena y equilibrada.

10 de marzo RESPONSABILIDAD

"Eres merecedor de la vida en la que habitas."

La vida que tienes no llegó por casualidad. Todo lo que te rodea —lo bueno, lo difícil, lo que celebras y lo que te pesa— es parte de lo que has construido con tus decisiones, tus esfuerzos y tus aprendizajes. A veces cuesta aceptarlo, pero no es para culparte, es para empoderarte. Estás exactamente donde debes estar para aprender y avanzar.

Séneca lo dejó claro: *"El destino guía a quien lo acepta y arrastra a quien lo rechaza."* Si sigues viendo tu vida como algo que "te pasa", nunca entenderás el poder que tienes para transformarla. Aceptar que eres merecedor de lo que habitas no es conformarte, es reclamar lo que es tuyo y decidir qué vas a hacer con ello.

Piénsalo: ¿Cuántas veces te has sentido como si no merecieras lo que tienes o lo que sueñas? Esa sensación es una trampa. No se trata de esperar que la vida te dé permiso, sino de tomar las riendas y hacerla tuya, con todas sus luces y sombras.

Reflexiona

- ¿Qué parte de tu vida estás dejando de reclamar como tuya?
- ¿Qué harás hoy para vivirla con más intención y fuerza?

11 de marzo AFRONTAR EN VEZ DE HABLAR

Henry Ford:

"La mayoría de las personas gastan más tiempo y energías en hablar de los problemas que en afrontarlos."

Reflexionar sobre los problemas no es lo mismo que enfrentarlos.

Hablar sin actuar puede convertirse en una trampa que nos da la falsa sensación de estar avanzando. Sin embargo, las soluciones surgen cuando dejamos de lado las excusas y tomamos medidas concretas.

La acción es el verdadero antídoto contra la parálisis del análisis.

Desde el punto de vista estoico, enfrentarse a los problemas con coraje es fundamental. Los estoicos nos enseñan a enfocarnos en lo que está bajo nuestro control: nuestras decisiones y acciones. Hablar de los desafíos no debe ser una forma de evitarlos, sino el preámbulo para resolverlos con determinación.

Reflexiona

- ¿Cuánto tiempo pasas hablando de tus problemas en lugar de buscar soluciones?
- ¿Qué es lo primero que puedes hacer hoy para avanzar en una situación que te preocupa?
- ¿Cómo puedes asegurarte de que tus palabras se traduzcan en acciones?

Recuerda: el cambio comienza cuando pasas del discurso a la acción. Solo enfrentando los desafíos podrás crecer y superarte.

12 de marzo LIGERO DE EQUIPAJE

"Cuando dejamos algo atrás, creamos espacio para crecer."

Aferrarnos a lo que ya no suma nos estanca. Nos convencemos de que necesitamos eso –una relación, un hábito, una creencia– para sentirnos seguros, pero lo que no soltamos se convierte en un lastre. Dejar algo atrás no es olvidar ni rechazar lo que fue, es reconocer que ya cumplió su propósito. Soltar no significa perder; significa liberarte para avanzar.

Lo aprendí a base de caídas. Por mucho que quieras seguir arrastrando lo viejo, la vida no deja espacio para lo nuevo si no te atreves a soltar. Epicteto lo decía claro: *"Ningún gran avance se logra sin esfuerzo, y a menudo sin renuncia."* También dice que la disciplina y el progreso personal requieren dejar de lado placeres o apegos que no contribuyen al crecimiento. Dejar ir es abrir la puerta a algo más grande, a algo que puede transformarte si le das la oportunidad.

Piénsalo: ¿Qué estás cargando que ya no necesitas? Tal vez sea un miedo, una relación que ya no vibra contigo o una idea de ti mismo que te mantiene pequeño. Soltar cuesta, pero cuando lo haces, te das cuenta de todo lo que puedes crear en el espacio que quedó.

Reflexiona

- ¿Qué es lo que hoy podrías dejar atrás?
- ¿Qué posibilidades se abrirían si te atreves a soltar?

13 de marzo LA DIRECCIÓN DE TU ATENCIÓN

Epicteto

"Te conviertes en lo que das tu atención."

Nuestra mente tiene un poder increíble sobre nuestra vida. Lo que elijamos en lo que enfocarnos, eso es lo que definirá nuestra realidad.

Si dirigimos nuestra atención a los problemas, al miedo o al fracaso, esos serán los filtros a través de los cuales veremos el mundo. Pero si decidimos poner nuestra atención en lo que realmente importa, como nuestros valores, metas y crecimiento personal, nos transformamos en una versión más fuerte y positiva de nosotros mismos.

Desde el punto de vista estoico, nuestra atención es uno de los pocos elementos que realmente podemos controlar. Al concentrarnos en lo que es virtuoso y beneficioso, cultivamos la sabiduría, la tranquilidad y la acción alineada con nuestros principios. Lo que sea que llenemos de energía mental, eso dominará nuestra vida.

Reflexiona

- ¿A qué estás dirigiendo tu atención en este momento?
- ¿En qué áreas de tu vida te gustaría enfocar más energía para mejorar?
- ¿Qué pensamientos o distracciones necesitas dejar atrás para centrarte en lo que realmente importa?

Recuerda: donde pongas tu atención, estarás dirigiendo tu vida. La calidad de tu atención es la clave para transformar tu destino.

14 de marzo RENOVACIÓN

"Meditar es: abrir el cuerpo, limpiar lo oscuro, sembrar la luz."

Meditar no es cerrar los ojos para escapar; es abrirlos hacia dentro, hacia lo que has estado evitando. Es un momento de confrontación, pero también de sanación. En el silencio, te encuentras con lo oscuro: las tensiones, las dudas, los miedos. No se trata de luchar contra ellos, sino de observarlos, aceptarlos y dejarlos ir. Cuando limpias ese peso, haces espacio para que la luz, tu propia claridad, vuelva a brillar.

Epicteto lo dijo con sencillez: *"Nada grandioso se logra con prisa."* La meditación no es una solución mágica, es un proceso. Un ritual que, con el tiempo, transforma cómo te relacionas con lo que llevas dentro. Eso es meditar: soltar lo que no necesitas, sin prisa, sin juicio, y permitir que lo bueno tome su lugar.

Lo aprendí en momentos donde parecía que todo hundirse. Detenerme, respirar y escuchar el ruido interno fue incómodo, pero necesario. Porque cuando limpias lo oscuro, te das cuenta de que siempre hubo luz esperando salir.

Reflexiona

- ¿Qué oscuridad podrías empezar a limpiar hoy?
- ¿Qué pasaría si te regalas el tiempo para sembrar más luz dentro de ti?

15 de marzo DEBERES ANTE DERECHOS

Gandhi

"El Ganges de los derechos brota en el Himalaya de los deberes."

Esta reflexión resalta una verdad fundamental: los derechos y las libertades que disfrutamos no surgen de la nada, sino de un profundo sentido del deber.

Cuando cumplimos con nuestro deber, contribuimos al bienestar común, creando un entorno donde los derechos pueden florecer. La clave está en entender que la libertad y la justicia deben estar balanceadas con la responsabilidad.

Desde una perspectiva estoica, el cumplimiento de nuestros deberes es fundamental para vivir una vida virtuosa. Los estoicos enseñaban que no se puede disfrutar de la libertad sin antes haber cumplido con las obligaciones hacia uno mismo y los demás. El deber nos conecta con la naturaleza, con la sociedad y con nuestra propia moralidad.

Reflexiona

- ¿Qué deberes consideras fundamentales en tu vida diaria?
- ¿Cómo puedes equilibrar tus derechos con las responsabilidades que tienes hacia los demás?
- ¿Qué acciones puedes tomar hoy para cumplir con tus deberes de forma más consciente y plena?

Recuerda: los derechos crecen en la tierra fértil de los deberes cumplidos. No puedes exigirlos si no estás dispuesto a contribuir a su creación.

16 de marzo INTROSPECCIÓN

"Cuando rascamos por dentro, nos damos cuenta de lo jodidos que estamos."

Es fácil andar por la vida fingiendo que todo está bien, moviéndote en la superficie de las cosas. Pero cuando te sientas en silencio y rascas, cuando te enfrentas contigo mismo de verdad, te das cuenta de lo que has estado cargando. Miedos, heridas, culpas que nunca soltaste. Rascas un poco y lo que parecía tranquilo empieza a doler. Y sí, jode. Pero también libera. Porque hasta que no enfrentas lo que llevas dentro, no puedes hacer nada para cambiarlo.

Séneca lo dijo bien: ***"No hay mayor sufrimiento que ignorar el origen de tu dolor."*** Mirar hacia dentro no es debilidad, es valentía. Es decidir que prefieres enfrentar tus sombras antes que seguir cargándolas. Lo entendí tarde, pero lo entendí: escarbar duele, pero también te da la claridad que necesitas para avanzar.

Piensa en esto: ¿Qué has estado evitando? ¿Qué sigues tapando para no sentir? Rascas un poco y al principio molesta, pero si sigues, te das cuenta de que el único camino hacia la paz interior es pasar por ese dolor.

Reflexiona

- ¿Qué parte de ti mismo llevas demasiado tiempo sin mirar?
- ¿Qué ganarías si te atreves a enfrentarlo hoy?

17 de marzo LA FUERZA DE LA COLABORACIÓN

Anónimo

"Valen más dos navegantes que un capitán solitario."

Nadie puede navegar en solitario por las aguas turbulentas de la vida sin ayuda. La cooperación y el apoyo mutuo no solo facilitan el camino, sino que lo enriquecen, permitiendo que se superen obstáculos de forma más eficiente y efectiva.

Desde una visión estoica, la colaboración no solo se valora como un medio para alcanzar objetivos, sino como un principio que alimenta el bienestar colectivo. La idea de "navegar juntos" está profundamente alineada con la comprensión de que somos parte de un todo más grande y que nuestro destino está entrelazado con el de los demás. Ayudar, compartir responsabilidades y caminar en equipo nos hace más fuertes.

Reflexiona

- ¿Cómo puedes colaborar más efectivamente con los demás en tu vida diaria?
- ¿En qué áreas de tu vida estás intentando avanzar solo cuando podrías buscar ayuda o apoyo?
- ¿Qué pasos puedes tomar hoy para trabajar de manera más colaborativa, fortaleciendo tu red de apoyo?

Recuerda: nadie alcanza grandes horizontes solo. Juntos, somos más capaces de navegar las tormentas y alcanzar nuestros destinos.

18 de marzo SUPERACIÓN

"No existen los límites, existen las limitaciones."

Los límites son ilusiones. Barreras que creemos que están ahí para detenernos, pero que, al final, son solo miedos disfrazados. Las limitaciones, en cambio, son reales: el cansancio, la falta de experiencia, los obstáculos del camino. Pero aquí está la diferencia: las limitaciones no son definitivas. Se pueden superar, sortear o incluso convertir en impulso.

Séneca lo explicó bien: *"Lo que no puedes alterar, debes soportarlo, y lo que puedes cambiar, debes enfrentarlo."* Las limitaciones no están ahí para frenarte, están ahí para probar de qué estás hecho. Es tu decisión quedarte dónde estás o convertirlas en pasos hacia algo más grande.

Lo aprendí enfrentando mis propios "no puedo". Pensaba que eran límites, pero eran **excusas**. Cada vez que decidí ir más allá, descubrí que lo que parecía inalcanzable estaba esperando a que yo tuviera el coraje de intentarlo.

Reflexiona

- ¿Qué limitación estás confundiendo hoy con un límite?
- ¿Cómo podrías usarla como un trampolín en lugar de una **barrera?**

19 de marzo EL CAMINO POR HACER

Khalil Gibran

"No progresas mejorando lo que ya está hecho, sino esforzándote por lograr lo que aún queda por hacer."

Este pensamiento nos recuerda que el verdadero progreso no proviene de perfeccionar lo que ya hemos hecho, sino de seguir avanzando hacia lo que aún está por hacer.

Mientras más nos enfoquemos en lo que podemos mejorar y aprender, más nos acercamos a la verdadera evolución. Cada nuevo desafío y meta es una oportunidad para seguir creciendo.

Desde una perspectiva estoica, el progreso se entiende como un proceso continuo. Los estoicos no creían en la perfección final, sino en la constante búsqueda de la virtud, el autoconocimiento y la sabiduría.

En lugar de quedarnos estancados en lo que ya hemos alcanzado, debemos enfocarnos en lo que aún podemos lograr.

Reflexiona

- ¿Qué aspecto de tu vida sientes que necesita un esfuerzo renovado?
- ¿En qué áreas puedes desafiarte a ti mismo para seguir avanzando?
- ¿Qué pasos concretos puedes tomar hoy para progresar en tus metas?

Recuerda: el verdadero progreso no está en lo que ya has alcanzado, sino en lo que aún está por venir.

20 de marzo SANACIÓN

"Todo lo que está en la oscuridad está buscando salir a la luz."

Lo que escondes, lo que no te atreves a mirar, no desaparece. Se queda en las sombras, como un nudo en el pecho que nunca termina de soltarse. Esa oscuridad —el miedo, la culpa, los recuerdos que duelen— no está ahí para destruirte. Está ahí porque necesita ser vista. Porque todo lo que guardas en la sombra no quiere quedarse atrapado; quiere salir a la luz para liberarte.

Séneca lo dijo bien: ***"No hay nada más difícil que gobernarse a uno mismo."*** Y esa lucha interna, la de enfrentarte a lo que te da miedo o duele, no es debilidad. Es el acto más valiente que puedes hacer. Traer lo oscuro a la luz te hace más fuerte, fortalece tu carácter.

Piensa en esto: tal vez llevas años cargando con algo que no quieres soltar. Un error que no te perdonas, una relación que terminó mal, o algo que te hicieron y que sigues recordando como si pasara hoy. A mí me pasó. Una vez cargué tanto resentimiento que me consumía sin darme cuenta. Creía que ignorarlo era suficiente para que desapareciera, pero solo creció. Y fue cuando lo enfrenté, cuando me permití sentir el dolor y entenderlo, que empecé a soltar. La sombra no era tan grande; yo la estaba alimentando al no mirarla.

Reflexiona

- ¿Qué herida sigues evitando?
- ¿Qué pasaría si hoy te atreves a sacarla a la luz para empezar a sanarla?

21 de marzo EL CAMBIO COMO MOTOR DEL PROGRESO

Ralf Brennan

"Sin cambio no hay progreso."

El cambio es la fuerza que impulsa el crecimiento personal y colectivo.

Sin adaptarnos, sin modificar lo que ya no nos sirve, no podemos avanzar.

El progreso no es algo que simplemente llega, es algo que se construye a través de nuestras acciones y decisiones en un entorno en constante transformación.

Desde el punto de vista estoico, el cambio es inevitable y, por lo tanto, debe ser aceptado con serenidad. Los estoicos entendían que no se puede progresar sin abrazar la impermanencia. Al no resistirnos al cambio, nos convertimos en agentes activos de nuestro propio desarrollo.

Reflexiona

- ¿En qué aspectos de tu vida estás resistiéndote al cambio?
- ¿Qué puedes hacer para aceptar mejor las transformaciones que están por venir?
- ¿Cómo puedes tomar el control de tu proceso de cambio y convertirlo en progreso?

Recuerda: el progreso requiere cambio. Aceptarlo es el primer paso para avanzar hacia tus metas.

22 de marzo DETERMINACIÓN

"El futuro pertenece a los que creen en la belleza de sus sueños."

El futuro no se trata de esperar a que pase algo, se trata de construirlo. Y para construirlo, primero tienes que creer en lo que sueñas, en eso que te llena el alma y te hace imaginar una vida diferente. Creer no es solo pensar que es posible, es comprometerte. Es decirte: *"Esto vale la pena, y voy a hacer lo que sea necesario para llegar ahí."*

Séneca decía: *"No nos atrevemos a muchas cosas porque son difíciles, pero son difíciles porque no nos atrevemos a hacerlas."* Los sueños grandes siempre asustan. Te hacen dudar, te enfrentan a tus límites. Pero ahí está la clave: si no crees en ellos, nadie lo hará por ti.

Piensa en esto: ¿Cuántas veces te has frenado porque pensaste que no eras suficiente o porque el camino parecía demasiado largo? A mí me pasó, más de una vez. Pero aprendí que los sueños no se cumplen en un salto, se construyen paso a paso. Y cada pequeño avance te demuestra que no era el sueño lo imposible, era tu miedo el que te decía que no lo intentaras.

Reflexiona

- ¿Qué sueño estás ignorando por miedo o inseguridad?
- ¿Qué podrías hacer hoy, aunque sea un paso pequeño, para acercarte al futuro que deseas?

23 de marzo EL RESPETO EN LAS RELACIONES

George Bernard Shaw

"Lo que diferencia a una dama de una florista no es cómo se comporta, sino cómo es tratada."

Esta cita nos invita a reflexionar sobre el impacto que tiene el trato que damos a los demás.

El respeto y la dignidad con los que tratamos a las personas definen la calidad de la relación que podemos tener con ellas.

La esencia de alguien no cambia por el estatus social, sino por el valor que se le da como ser humano.

Desde una perspectiva estoica, tratar a los demás con respeto es una manifestación de nuestra propia virtud. Los estoicos enseñaban que nuestra actitud hacia los demás refleja nuestra moralidad interna.

Tratar a los demás con dignidad es una forma de vivir en armonía con los principios éticos más profundos.

Reflexiona

- ¿Cómo tratas a los demás en tu vida cotidiana?
- ¿Qué tipo de respeto necesitas dar o recibir para fortalecer tus relaciones?
- ¿Cómo puedes cultivar una actitud de respeto genuino, sin importar la situación?

Recuerda: el respeto que das refleja la calidad de tu propia humanidad.

24 de marzo TRANSFORMACIÓN

"Todo lo que ves arder, en realidad te está iluminando."

Cuando algo en tu vida arde, duele. Quema, desordena todo y parece que no queda nada en pie. Pero si miras con atención, te das cuenta de que ese fuego no solo destruye, también **ilumina**. Las pérdidas, los fracasos, las pruebas que parecen insoportables están ahí para enseñarte algo que no podrías aprender de otra manera. El fuego no solo consume; **revela.**

Epicteto lo dejó claro: *"El sufrimiento ocurre cuando no aceptamos lo que nos sucede."* El fuego se vuelve insoportable cuando lo rechazas, cuando solo ves la destrucción. Pero si eliges mirar lo que ilumina, ese mismo fuego puede guiarte hacia algo más grande.

Lo viví más veces de las que me gustaría admitir. Creí que había perdido todo, pero en medio de las cenizas, siempre encontré algo: una lección, una nueva dirección, o incluso la fuerza que no sabía que tenía. El fuego no te quema para acabar contigo, lo hace para **transformarte**.

Reflexiona

- ¿Qué parte de tu vida está ardiendo ahora mismo?
- ¿Cómo puedes usar ese fuego para iluminar el camino hacia algo mejor?

25 de marzo PRODUCTIVIDAD COMO ELECCIÓN INTERIOR

Peter Drucker

"La productividad es una actitud."

La productividad no se trata solo de estar ocupado, sino de enfocarse en lo que realmente importa. Es una cuestión de mentalidad y enfoque, de elegir qué es lo esencial y actuar en consecuencia.

La actitud que adoptemos frente al trabajo y los desafíos define cuán efectivos podemos llegar a ser, más allá de las horas que dedicamos.

Desde el punto de vista estoico, la productividad está ligada al control de nuestra mente y emociones. Los estoicos enseñaban que debemos dirigir nuestra energía hacia lo que podemos controlar, y eso incluye cómo gestionamos nuestro tiempo y esfuerzo.

Una actitud consciente nos permite enfocarnos en lo que es realmente valioso.

Reflexiona

- ¿Qué actitud adoptas frente a tus tareas diarias?
- ¿Cómo puedes mejorar tu enfoque y concentrarte solo en lo esencial?
- ¿Qué cambios puedes hacer hoy para aumentar tu productividad con propósito?

Recuerda: la productividad comienza en tu mente. Una actitud correcta te permite lograr más con menos esfuerzo.

26 de marzo SUPERACIÓN

"La única forma de no enfrentar problemas es estar muerto."

Es una verdad incómoda, pero real. Los problemas son el precio de estar vivo. No puedes evitarlos, porque son parte de lo que significa caminar este mundo. Pero eso no los hace enemigos; los problemas son maestros disfrazados. Están ahí para desafiarte, para mostrarte de qué estás hecho, para obligarte a mirar lo que no quieres ver.

Séneca lo dejó claro: ***"El fuego prueba el oro, las dificultades prueban al hombre."*** Cada problema, grande o pequeño, es una oportunidad para elegir: ¿Te quejas y te hundes, o lo enfrentas y creces? La vida no te pide que seas perfecto, solo que te presentes, que sigas moviéndote incluso cuando todo parece que va en tu contra.

Piénsalo: ¿Qué sería de ti si nunca hubieras enfrentado un problema? Sin desafíos, sin caídas, no habría aprendizaje, ni carácter, ni crecimiento. Tal vez duele, tal vez quema, pero cada vez que superas algo, demuestras en ti, la pasta de "lo que estás hecho".

Reflexiona

- ¿Qué problema te está poniendo a prueba ahora?
- ¿Cómo podrías mirarlo no como un castigo, sino como una oportunidad para descubrir algo más de ti mismo?

27 de marzo SENTIDO COMÚN Y MODERACIÓN

Anónimo

"Querer algo mucho y creer que es inalcanzable es perjudicial para el estado de ánimo. Trata de desear menos y ser más oportuno."

El deseo intenso por algo que parece fuera de nuestro alcance puede generar frustración y ansiedad.

La clave está en aprender a reconocer lo que es posible en el momento presente y aceptar que algunas cosas requieren su tiempo. Es un recordatorio de que la paciencia y la moderación en nuestros deseos pueden traer paz y claridad.

Desde una perspectiva estoica, la aceptación del presente es esencial para alcanzar la tranquilidad. Los estoicos enseñaban a enfocarnos en lo que está dentro de nuestro control y a desear con mesura, lo cual nos ayuda a mantener un equilibrio emocional. La vida fluye cuando sabemos esperar el momento adecuado.

Reflexiona

- ¿Cuáles son tus deseos más intensos en este momento y cómo afectan tu bienestar?
- ¿Qué cosas puedes dejar ir y aceptar tal como son?
- ¿Cómo puedes ajustar tus deseos para ser más oportuno y realista?

Recuerda: el momento adecuado siempre llega, solo es necesario ser paciente y saber esperar sin ansiedad.

28 de marzo VALENTÍA INTERNA

"Cuando puedas soportar tu propio vacío, serás libre."

Ese vacío que sientes, ese hueco incómodo que intentas llenar con ruido, con metas o con personas, no desaparece. Puedes intentar taparlo todo lo que quieras, pero siempre estará ahí, esperando que lo mires de frente. Y cuando decides hacerlo, cuando te quedas contigo mismo en silencio, descubres algo que te cambia: no necesitas llenar ese vacío, necesitas **aceptarlo**.

Séneca lo explicó mejor de lo que yo podría: *"El que está siempre en calma no se siente pobre; el que siempre desea más, es miserable." (Cartas a Lucilio, IX)*. Ese vacío no es tu enemigo; es un espacio que puedes llenar de calma, de claridad, de ti mismo. Pero primero necesitas dejar de huir de él, dejar de buscar afuera lo que solo puedes encontrar dentro.

A mí me pasó. Por años intenté llenarlo con cosas externas: logros, relaciones, validación. Todo parecía funcionar un rato, pero el vacío siempre volvía. Fue cuando me quedé quieto y lo miré de frente que entendí: no necesitaba más, necesitaba menos. Menos ruido, menos expectativas, menos cosas que no me pertenecían.

Reflexiona

- ¿Qué estás intentando llenar hoy para evitar sentir tu vacío?
- ¿Cómo podrías empezar a habitarlo y encontrar la libertad que hay en él?

29 de marzo APRENDER DE LOS DEMÁS

Isaac Newton

"Si he visto más lejos ha sido estando aupado sobre gigantes."

Newton nos recuerda que el progreso y el descubrimiento no surgen de la nada, sino del conocimiento acumulado y compartido por aquellos que nos precedieron.

Al igual que un gigante puede elevar nuestra visión, los aprendizajes y las experiencias de los demás nos permiten alcanzar nuevas alturas. Reconocer y aprender de quienes nos rodean es un acto de humildad y sabiduría.

Desde una perspectiva estoica, este principio refuerza la importancia de la modestia. Los grandes filósofos estoicos, como Séneca y Epicteto, enseñaban que la sabiduría no se encuentra solo en la experiencia propia, sino en la capacidad de aprender de otros y ser parte de una tradición de conocimiento compartido.

Reflexiona

- ¿Qué lecciones valiosas has aprendido de los demás que te han permitido avanzar?
- ¿Cómo puedes aprovechar el conocimiento de los "gigantes" en tu vida diaria?
- ¿Qué pasos puedes tomar hoy para seguir aprendiendo de los que te rodean?

Recuerda: no hay vergüenza en apoyarse en otros para alcanzar nuevas alturas. La sabiduría compartida es un puente hacia el progreso.

30 de marzo ALTRUISMO

"Solo ayudando a los demás podemos ayudarnos a nosotros mismos."

El acto de ayudar no es solo para quien recibe; también transforma a quien da. Cuando extiendes la mano, cuando escuchas, cuando ofreces apoyo, algo en ti cambia. Te conectas con lo humano, con lo esencial, y encuentras en los demás un reflejo de ti mismo. Al ayudar, estás practicando virtud, y en ese ejercicio también creces.

Marco Aurelio lo entendió profundamente: *"Lo que no es útil para la colmena, no es útil para la abeja." (Meditaciones, VI, 54)*. Al igual que las abejas, formamos parte de un todo, y nuestro bienestar individual está íntimamente conectado al bienestar colectivo. Cuando ayudas, contribuyes no solo a los otros, sino al equilibrio de tu propia vida. Esto mismo buscamos en nuestra comunidad *"diariodeestoicos"*.

Piénsalo: ¿Cuántas veces, al dar un consejo o apoyar a alguien, has encontrado claridad para tus propios problemas? Al ayudar a los demás, practicas empatía, paciencia y fortaleza, y esos son los pilares que también necesitas para ayudarte a ti mismo.

Reflexiona

- ¿A quién podrías ayudar hoy para construir algo más grande que tú mismo?
- ¿Qué parte de ti podría crecer al hacerlo?

31 de marzo LIBRARSE DE LA IRA

Efesios 4 (La Biblia)
"Que no se ponga el sol sobre tu ira."

Este consejo bíblico nos invita a no dejar que la ira se convierta en un peso que arrastramos de un día para otro.

La ira no resuelve nada, y al aferrarnos a ella, solo prolongamos nuestro sufrimiento. Liberarse de la ira es un acto de autocontrol, permitiéndonos vivir en paz y armonía con nosotros mismos y con los demás.

Desde una perspectiva estoica, filósofos como Epicteto nos enseñan que no podemos controlar lo que ocurre a nuestro alrededor, pero sí podemos elegir cómo reaccionamos. La ira es una reacción emocional ante lo que no podemos controlar, y los estoicos nos aconsejan liberarnos de esos impulsos y enfocarnos en lo que está dentro de nuestro dominio: nuestra respuesta ante las circunstancias.

Reflexiona

- ¿Cuánto tiempo sueles dejar que dure tu ira antes de liberarla?
- ¿Cómo puedes practicar la calma ante los eventos que normalmente te encolerizan?
- ¿Qué beneficios traerá a tu vida el dejar ir la ira rápidamente?

Recuerda: la ira no es un compañero que te ayuda, sino una carga que te frena. El verdadero poder reside en la serenidad.

4
Abril - Zenón de Citio

"Vive conforme a la naturaleza y encontrarás la virtud."

Zenón de Citio (334-262 a.C.), originario de Chipre, fundó el estoicismo en Atenas tras inspirarse en el pensamiento cínico y socrático. Su filosofía buscaba enseñar a las personas a vivir en armonía con la naturaleza y la razón.

Características y logros:

- Enseñanzas prácticas: Enfatizó la importancia de la autodisciplina, la justicia y la aceptación de lo que no podemos controlar.

- El Pórtico Pintado: Fundó la escuela estoica en el Pórtico Pintado (Stoa Poikilē) en Atenas, que se convirtió en el centro de su enseñanza.

- Legado filosófico: Aunque sus escritos originales no han sobrevivido, su influencia se percibe en los trabajos de filósofos posteriores como Séneca, Epicteto y Marco Aurelio.

1 de abril EL EJEMPLO COMO MOTOR DE CAMBIO

Philip Crosby

"Las políticas son útiles pero el ejemplo lo es todo."

Las políticas establecen las reglas, pero el ejemplo es lo que realmente inspira y mueve a las personas.

Un líder, por ejemplo, no necesita solo establecer directrices; su comportamiento, sus decisiones y su actitud ante las dificultades son los que guían a su equipo.

Al igual que los estoicos nos enseñan, nuestra conducta tiene un impacto directo en el mundo que nos rodea. Vivir conforme a nuestros valores es la forma más poderosa de influir en los demás.

Desde una perspectiva estoica, el comportamiento virtuoso no solo es una cuestión de ideales, sino de acción constante. La sabiduría, la justicia, la valentía y la templanza no se enseñan con palabras, sino con el ejemplo diario. Si queremos cambiar algo, debemos empezar por transformar nosotros mismos.

Reflexiona

- ¿Qué ejemplo estás dando a los demás, tanto en lo personal como en lo profesional?
- ¿Qué cambios pequeños puedes hacer hoy para que tus acciones reflejen mejor tus valores?
- ¿Cómo puedes ser un modelo de virtudes en tu entorno?

Recuerda: las palabras pueden ser olvidadas, pero las acciones perduran. El mejor ejemplo es el que mostramos cada día.

2 de abril FLOW

La elasticidad mental y emocional crea guerreros de la mente.

La vida no espera ni avisa. Si te mantienes rígido, creyendo que todo debe ser como esperas, terminarás rompiéndote ante el primer cambio. La verdadera fuerza está en la elasticidad: una mente que se adapta y un corazón que aprende a fluir. Eso es lo que convierte las caídas en lecciones y los obstáculos en impulso.

Marco Aurelio lo entendió bien: *"El universo es cambio, nuestra vida es lo que hacen nuestros pensamientos de ella."* **(Meditaciones, IV, 3)**. Ser mental y emocionalmente flexible no significa ceder en tus valores, sino encontrar nuevas formas de enfrentarte a lo que llega. Porque cuando eliges adaptarte, el cambio deja de ser un enemigo y se convierte en tu mayor aliado.

Piénsalo: quizás perdiste algo que creías tuyo, como un trabajo o una relación. La rigidez te lleva a quedarte atrapado en el dolor, repitiendo: *"Esto no debía pasarme."* Pero la elasticidad te permite aceptar lo sucedido y encontrar nuevas oportunidades, como descubrir una pasión que habías dejado de lado o fortalecer tu relación contigo mismo.

La elasticidad no te debilita; te fortalece, porque te enseña que siempre puedes avanzar, sin importar lo difícil que parezca el camino.

Reflexiona

- ¿En qué parte de tu vida estás siendo demasiado rígido?
- ¿Qué pasaría si eliges adaptarte en lugar de resistir?

3 de abril GENEROSIDAD

Anónimo

"Amar es darle al otro lo que necesita y no lo que a ti te sobra."

El amor verdadero no se basa en lo que nos es fácil dar, sino en lo que la otra persona realmente necesita.

Muchas veces confundimos amor con un acto de generosidad superficial, ofreciéndole al otro lo que no nos cuesta, lo que sobra o lo que está disponible. Sin embargo, el amor genuino exige sacrificio y una comprensión profunda de las necesidades del otro, más allá de lo que nos resulta conveniente.

Desde un punto de vista estoico, el amor es una virtud activa que se expresa mediante la acción desinteresada y la empatía. Amar es entender lo que la otra persona realmente necesita y no lo que deseamos dar.

Reflexiona

- ¿Cuándo fue la última vez que ofreciste algo sin esperar nada a cambio?
- ¿Estás dando lo que realmente necesita el otro, o solo lo que te es cómodo?
- ¿Cómo puedes practicar un amor más generoso y desinteresado?

Recuerda: el amor verdadero es aquel que va más allá de la comodidad y busca lo mejor para el otro, aunque eso implique sacrificio.

4 de abril PROPÓSITO

"El ego siempre está en el por qué; la conciencia en el para qué."

El ego se obsesiona con buscar culpables, con preguntar *"¿Por qué me pasa esto a mí?"*, y revolverse en la queja. Es una trampa que te mantiene en el pasado, atado al dolor o al sufrimiento. La conciencia, en cambio, mira hacia adelante. No busca explicaciones que te limiten, busca caminos que te liberen. Cuando cambias el por qué por el *para qué*, dejas de sufrir por lo que no puedes controlar y comienzas a aprender de ello.

Epicteto decía: *"No busques que los eventos ocurran como deseas; desea que ocurran como ocurren, y tu vida será serena."* (*Enquiridión*, **VIII**). Es en el *para qué* donde encuentras dirección. Ahí está la clave para transformar lo que te sucede en una herramienta de crecimiento, en lugar de un peso que te hunde.

Piénsalo: tal vez atravesaste una ruptura o un fracaso, y el ego te llevó a buscar *por qué pasó*. Pero cuando te preguntas *"¿Para qué sucedió esto?"*, **encuentras claridad.** Tal vez esa pérdida era necesaria para abrir espacio a algo nuevo o para recordarte lo que realmente necesitas.

Reflexiona

- ¿En qué parte de tu vida estás atrapado en el porqué?
- ¿Qué podrías descubrir si empiezas a buscar el para qué?

5 de abril MANEJAR LOS TIEMPOS

Tom Peters

"Resulta prácticamente imposible pretender efectuar un cambio en cualquier dirección que no venga precedido por cambios visibles en la forma de usar su tiempo."

El tiempo es el recurso más valioso que poseemos, y cómo lo usamos refleja nuestras prioridades y valores.

La clave para lograr cambios duraderos radica en la disciplina diaria y en las elecciones conscientes que hacemos con cada minuto que pasa. Sin un cambio en la forma de emplear nuestro tiempo, el cambio profundo en otros aspectos de nuestra vida resulta poco probable.

Desde la perspectiva estoica, la forma en que utilizamos el tiempo es crucial para nuestra serenidad y crecimiento personal. Los estoicos enseñaban la importancia de vivir en el presente, centrarse en lo que se puede controlar y hacer uso del tiempo con virtud y sabiduría. Cambiar nuestra relación con el tiempo es el primer paso para dirigir nuestra vida hacia la mejora constante.

Reflexiona

- ¿Cómo estás invirtiendo tu tiempo actualmente?
- ¿Qué hábitos necesitas cambiar para enfocarte más en lo que realmente importa?
- ¿Estás dedicando tiempo a lo que realmente contribuye a tu crecimiento y bienestar?

Recuerda: el tiempo no se recupera, y cómo lo uses determinará el camino que sigues hacia el cambio que buscas.

6 de abril EGO

"El ego nos permite conocernos a nosotros mismos a través de los demás."

El ego no es el enemigo, es un espejo. Todo lo que te irrita, lo que te duele, o lo que despierta en ti la necesidad de aprobación, no tiene tanto que ver con los demás como con lo que llevas dentro. Es en esos momentos donde el ego se muestra: en los conflictos, en la envidia, en el deseo de reconocimiento. Y aunque a veces duele verlo, es ahí donde se esconde la oportunidad de conocerte mejor.

Epicteto así lo decía: "Si alguien te critica y te enfureces, reflexiona: seguramente hay algo de verdad en lo que dice, o tu reacción no sería tan intensa." (Disertaciones, IV). El ego reacciona porque te muestra tus sombras, tus inseguridades o aquello que aún no has trabajado. No es para rechazarlo, es para aprender de él.

Lo viví en carne propia. Durante años me molestaban actitudes de los demás, juzgaba y señalaba: la arrogancia, la indiferencia, incluso el éxito de otros. Pero al mirar más de cerca, entendí que lo que veía en ellos era un reflejo de mis propias carencias. No era fácil aceptarlo, pero cada vez que lo hacía, crecía. Porque al final, el ego no es más que una herramienta para enfrentarte contigo mismo, si tienes el valor y la humildad de hacerlo.

Reflexiona

- ¿Qué te están mostrando los demás hoy sobre ti mismo?
- ¿Qué podrías descubrir si eliges ver al ego como un maestro, no como un enemigo?

7 de abril PASOS PARA LA SABIDURÍA

1.- Ser consciente de los sentimientos negativos.

2.- Ese sentimiento solo existe en mí, no en la realidad.

3.- No identificarse nunca con esos sentimientos.

4.- Hay que cambiarse a sí mismo, nunca a los otros.

El mundo está bien, porque me siento bien.

Estos pasos nos invitan a tomar conciencia de los sentimientos negativos y a reconocer que estos no definen nuestra realidad. Los estoicos enseñaban a no identificarnos con las emociones transitorias y a centrarnos en nuestro poder interno para gestionarlas. Cambiar nuestra actitud y respuesta ante las emociones nos lleva a encontrar paz, sin depender de factores externos.

Desde la perspectiva estoica, el verdadero cambio no ocurre en el mundo exterior, sino en nuestra reacción ante él. El control sobre nosotros mismos es lo que nos permite alcanzar serenidad, independientemente de las circunstancias.

Reflexiona

- ¿Te dejas dominar por los sentimientos negativos?
- ¿De qué manera podrías cambiar tu respuesta ante ellos para sentirte mejor?

Recuerda: el control de tus emociones es el primer paso para lograr un cambio interno, y solo a través de este cambio podrás transformar tu relación con el mundo.

8 de abril AUTOGESTIÓN

"El ego busca siempre la causa fuera."

El ego odia mirar hacia dentro. Cuando algo no sale como esperas, busca rápidamente culpables afuera: los demás, el destino, la suerte. Es una estrategia para no asumir la responsabilidad de lo que está bajo tu control. Pero ahí está la trampa: mientras sigas señalando fuera, nunca tendrás la oportunidad de enfrentarte a lo que realmente necesitas trabajar.

Marco Aurelio lo dijo sin rodeos: *"Elimina la opinión, y la queja desaparece." (Meditaciones, VIII, 47)*. Lo que ocurre afuera no es el problema, lo es cómo decides interpretarlo. El ego construye excusas, pero la conciencia busca soluciones. La libertad comienza cuando dejas de culpar al mundo y empiezas a **gobernarte** a ti mismo.

Piensa en ese conflicto reciente que te hizo enfurecer. ¿Realmente todo fue culpa de la otra persona? ¿O fue tu orgullo, tu expectativa, lo que te hizo reaccionar así? Cuando decides mirar hacia dentro, en lugar de buscar la causa fuera, el cambio empieza contigo.

Reflexiona

- ¿Qué situación estás culpando en el exterior?
- ¿Qué podrías cambiar si eliges mirar dentro de ti?

9 de abril BUSCANDO LA FELICIDAD

Pearl S. Buck

Muchas personas se pierden las pequeñas alegrías mientras aguardan la gran felicidad."

En nuestra vida, a menudo nos enfocamos tanto en alcanzar grandes logros o en esperar el momento perfecto para ser felices que dejamos pasar las pequeñas alegrías que están a nuestro alcance.

Las enseñanzas estoicas nos invitan a ser conscientes de los placeres sencillos y de las pequeñas victorias diarias, entendiendo que la felicidad no reside solo en metas lejanas, sino en el presente y en lo que ya tenemos.

Desde la perspectiva estoica, la clave de la felicidad está en aceptar y disfrutar lo que tenemos en el momento presente, sin esperar que las circunstancias externas cambien para sentirnos completos. La felicidad no es un destino, sino una actitud ante la vida.

Reflexiona

- ¿Estás esperando algo grande para ser feliz?
- ¿Reconoces las pequeñas alegrías diarias que ya están presentes en tu vida?

Recuerda: la felicidad está en el presente, en las pequeñas cosas. No dejes que la espera por lo grande te impida disfrutar lo que ya tienes.

10 de abril CONEXIÓN

"La soledad es la máxima expresión del egoísmo."

Estar solo no es lo mismo que sentirse solo. La soledad real no viene de la falta de compañía, sino de la desconexión. Es el ego diciéndote que nadie te entiende, que no necesitas a nadie, o que los demás no pueden aportarte nada. Es egoísmo porque te aleja del mundo, de las relaciones, de lo humano. Y lo humano no es perfecto, pero es indispensable.

Marco Aurelio lo dejó claro: *"Los hombres han sido hechos unos para otros; enséñales o sopórtalos." (Meditaciones, VIII, 59).* Alejarte del mundo puede parecer una solución, pero no lo es. La soledad no te protege, te aísla. Puedes usar momentos de soledad para reflexionar, pero si conviertes el aislamiento en un hábito, pierdes la oportunidad de crecer con otros, de ver en ellos partes de ti mismo.

Piensa en esto: tal vez discutiste con alguien cercano y decidiste alejarte, pensando que era lo mejor. Pero ese espacio no te trajo calma; trajo distancia. Y en lugar de solucionar, te llenaste de resentimiento. Ahora imagina que eliges lo opuesto: hablar, escuchar, intentar entender. Lo que parecía una ruptura puede convertirse en una oportunidad de construir algo más fuerte.

Reflexiona

- ¿Qué soledad estás eligiendo hoy?
- ¿Qué conexión podrías buscar para transformar ese aislamiento en aprendizaje y crecimiento?

11 de abril LA RESPONSABILIDAD DE LA FELICIDAD

Robert Louis Stevenson

"No hay deber que descuidemos tanto como el deber de ser felices."

A menudo nos concentramos en cumplir con las expectativas externas, en satisfacer las necesidades de otros o en cumplir obligaciones que nos parecen urgentes, pero olvidamos una de las responsabilidades más importantes: nuestra propia felicidad.

Los estoicos nos enseñan que nuestra serenidad y bienestar dependen de nuestra actitud ante la vida, y que la felicidad no es algo que se obtiene sólo en función de circunstancias externas, sino en cómo gestionamos nuestras emociones y pensamientos.

Desde la perspectiva estoica, la felicidad es una elección personal y un deber hacia nosotros mismos.

Si no la cultivamos, dejamos de cumplir con nuestra propia responsabilidad de vivir con propósito y paz interior. No debemos dejar que la vida nos lleve sin tomar las riendas de nuestra propia felicidad.

Reflexiona

- ¿Estás tomando responsabilidad por tu felicidad?
- ¿Qué acciones puedes tomar para ser más consciente y activo en tu bienestar?

Recuerda: la felicidad no es algo que solo sucede, es algo que elegimos y cultivamos con nuestras acciones y pensamientos.

12 de abril REFLEXIÓN

"El ego opina sin saber."

El ego siempre quiere decir algo, incluso cuando no tiene idea. Necesita sentirse importante, llenar el silencio, imponer su presencia. Pero, ¿cuántas veces opina por opinar, sin entender realmente lo que está diciendo? Ese impulso de hablar sin pensar, de soltar algo para no quedar "atrás," no es sabiduría, es ruido. Y ese ruido nos desconecta: de la verdad, de los demás, y de nosotros mismos.

Séneca lo dijo con razón: *"Es mejor saber poco, pero con certeza, que mucho, pero con dudas." (Cartas a Lucilio, II).* El ego tiene prisa por opinar, pero la verdadera sabiduría sabe cuándo callar. A veces, la respuesta más poderosa no es una palabra, es el silencio. Ese momento donde eliges escuchar en lugar de reaccionar.

Lo viví en discusiones donde opinaba por impulso, buscando "tener razón." Pero al mirar atrás, me di cuenta de que muchas veces no estaba defendiendo una verdad, sino mi orgullo. Aprendí que guardar silencio no es ceder, es darle espacio a la claridad, a la oportunidad de entender antes de hablar.

Reflexiona

- ¿En qué situación estás hablando por impulso?
- ¿Cómo podrías practicar el silencio y la escucha en lugar de dejar que el ego hable?

13 de abril LA TRAMPA DE LAS ETIQUETAS

José Ortega y Gasset

"Ser de la izquierda es, como ser de la derecha, una de las infinitas maneras que el hombre puede elegir para ser un imbécil: ambas, en efecto, son formas de hemiplejia moral."

Ortega y Gasset hace una crítica a la tendencia humana de encasillarse en ideologías extremas sin cuestionar sus bases.

Estas etiquetas limitan nuestra capacidad de pensar con independencia, actuando como una especie de "ceguera moral" que nos impide reflexionar de manera objetiva y matizada sobre los problemas del mundo.

Desde una perspectiva estoica, el pensamiento rígido y dogmático es un obstáculo para la virtud. Los estoicos enseñaban la importancia de la flexibilidad mental, la reflexión crítica y la objetividad. La virtud no se encuentra en las etiquetas, sino en la capacidad de juzgar cada situación con sabiduría, sin dejarse arrastrar por pasiones o prejuicios.

Reflexiona

- ¿Te identificas fuertemente con alguna ideología sin cuestionarla?
- ¿Cómo puedes mantener una mente más abierta y flexible ante diferentes puntos de vista?

Recuerda: la verdadera sabiduría está en la capacidad de mantener el juicio claro y desapegado de las etiquetas, buscando siempre la verdad más allá de las divisiones.

14 de abril MAESTRÍA

"No hay maestro más grande que aquel que te lleva a tus sombras."

La luz no es el único camino. A veces, lo que más te enseña no está en lo bonito, lo fácil o lo que quieres escuchar. Está en esas sombras que evitas, en esas partes de ti que preferirías no mirar. Y los verdaderos maestros no son los que te aplauden o te dan respuestas cómodas, sino los que te enfrentan a tu propia oscuridad. Porque es ahí, en lo incómodo, donde realmente creces.

Marco Aurelio lo dijo con verdad: *"El alma se fortalece al sobrellevar cada prueba."* **(Meditaciones, X, 3)**. Las sombras no están ahí para hundirte; están ahí para formarte. Pero ignorarlas no funciona. Siguen ahí, esperando que las mires, que las entiendas, que las uses para avanzar.

A mí me pasó con personas que, en su momento, pensé que estaban en mi contra. Sus palabras o sus acciones me empujaron a enfrentar miedos, inseguridades, cosas que no quería aceptar de mí mismo. Al principio dolió, pero después entendí que gracias a esas sombras ahora soy más fuerte, más resiliente. Ellos no eran enemigos, eran **maestros.**

Reflexiona

- ¿Qué sombra estás evitando mirar hoy?
- ¿Qué podrías aprender si eliges verla como una lección en lugar de una amenaza?

15 de abril LO MARAVILLOSO DE LO SIMPLE

Helen Keller, escritora y conferenciante sordociega 1881-1968

"Existen maravillas en todo, aún en la oscuridad y el silencio, y aprendo a estar satisfecha en cualquier estado en que me encuentre."

Helen Keller nos invita a cambiar nuestra perspectiva sobre las dificultades y limitaciones que enfrentamos. A menudo, nuestra tendencia es ver sólo lo que nos falta o lo que no podemos hacer, pero la verdadera satisfacción reside en aprender a encontrar belleza y gratitud incluso en los momentos más desafiantes. Cada circunstancia, por difícil que sea, ofrece una oportunidad para el crecimiento interior y para reconocer las pequeñas maravillas de la vida que de otro modo pasarían desapercibidas.

Desde la perspectiva estoica, la clave para la serenidad está en aceptar lo que no podemos cambiar y centrarnos en nuestra respuesta ante las circunstancias. Los estoicos enseñaban que nuestra paz interior depende de nuestra actitud frente a lo que sucede, no de lo que sucede en sí mismo. En lugar de luchar contra lo que no podemos controlar, debemos aprender a vivir en armonía con el presente.

Reflexiona

- ¿Qué situaciones de tu vida estás resistiendo y cómo podrías cambiarlas por una actitud más abierta?
- ¿Estás reconociendo las pequeñas maravillas en lo cotidiano?

Recuerda: la verdadera paz no se encuentra en cambiar el mundo, sino en cambiar nuestra forma de ver y aceptar lo que la vida nos trae.

16 de abril REVELACIÓN

"El sentido del humor muestra las sombras."

El humor es mucho más que reírse de algo. Es una manera de enfrentarte a lo que no quieres mirar, a esas sombras que te incomodan. Una buena broma, de esas que tocan un nervio y duele. Puede ser como un aviso de lo que intentabas esconder: tus miedos, tus inseguridades, incluso tus contradicciones. El humor te dice la verdad, pero te la dice riendo, para que no te duela tanto.

Séneca lo tenía claro: *"A nadie le aprovecha vivir si no sabe reír."* (*Cartas a Lucilio*, **X**). Porque reír no solo es alivio, también es revelación. Es como cuando alguien hace una broma sobre cómo siempre llegas tarde, y aunque te ríes, sabes que lleva razón. Esa broma no es solo un chiste, es un espejo. Y en lugar de molestarte, puedes usarla para mirarte y cambiar algo si lo necesitas.

Recuerdo una vez que un amigo me dijo, en tono de broma: *"Tú nunca escuchas, solo esperas tu turno para hablar."* Me reí, claro, porque era broma. Pero esa frase se quedó conmigo, porque tenía razón. El humor me permitió ver algo que, si me lo hubiera dicho de forma directa, seguramente habría rechazado.

Reflexiona

- ¿Qué sombra podrías mirar hoy a través del humor?
- ¿Qué verdad puede estar escondida en una risa que te molesta?

17 de abril RIQUEZA INTERIOR

Epicuro

"El que no considera lo que tiene como la riqueza más grande, es desdichado, aunque sea el dueño del mundo."

Epicuro nos invita a reflexionar sobre la verdadera naturaleza de la riqueza. No se trata de poseer bienes materiales o de alcanzar el poder, sino de valorar lo que ya tenemos.

Muchas veces, en nuestra búsqueda constante de más, perdemos de vista lo que ya es valioso en nuestras vidas. El disfrute de lo que tenemos y la gratitud por lo que somos nos proporcionan una paz más duradera que cualquier tesoro exterior.

Desde la perspectiva estoica, la riqueza no reside en las posesiones, sino en la virtud y en la sabiduría interna. Los estoicos nos enseñan a ser felices con lo que tenemos y a no depender de factores externos para nuestra paz interior. La verdadera riqueza se encuentra en nuestra capacidad para encontrar satisfacción en el momento presente y en lo que está dentro de nuestro control.

Reflexiona

- ¿Estás valorando lo que ya tienes en lugar de enfocarte solo en lo que te falta?
- ¿Qué aspectos de tu vida te traen verdadera satisfacción, independientemente de lo material?

Recuerda: la verdadera riqueza se encuentra en la paz interior y en la capacidad de disfrutar plenamente de lo que ya posees.

18 de abril DEJAR IR

"El cambio es igual a la impermanencia: aquello que se acaba se muere."

El cambio es el motor de la vida. Todo lo que empieza tiene un final, y todo final trae consigo un nuevo comienzo. Esa es la esencia de la impermanencia. Lo que muere no se pierde, simplemente deja espacio para lo nuevo. Resistirse a eso es sufrir innecesariamente; aceptarlo, en cambio, te permite fluir con el ritmo natural de las cosas.

Marco Aurelio lo dijo con claridad: *"Todo lo que ves se transforma pronto y no estará más; lo que ves como materia ya se está descomponiendo." (Meditaciones,* **IV, 3).** Aceptar la impermanencia no significa renunciar al valor de lo que tienes, sino entender que su tiempo es limitado y, por lo tanto, no debes apegarte a las cosas, personas y momentos. Porque estos también se acabaran. Debes disfrutarlos sin pensar que son tuyos o te pertenecen.

Piensa en una etapa de tu vida que terminó: un trabajo, una relación, un lugar al que llamabas hogar. Tal vez en el momento sentiste que perdías una parte de ti. Pero al mirar atrás, te das cuenta de que esos finales crearon espacio para lo que vino después: nuevas personas, experiencias y aprendizajes que te transformaron.

Reflexiona

- ¿Qué parte de tu vida está cambiando ahora mismo?
- ¿Cómo puedes aceptar ese cambio como una puerta a algo nuevo?

19 de abril LA IMPORTANCIA DE LA DIRECCIÓN

Laurence J. Peter

"Si no sabes a dónde vas, acabarás en otra parte."

Esta cita subraya la importancia de tener una dirección clara en la vida. Sin un propósito o una visión definida, es fácil perderse en el camino y acabar en lugares no deseados.

Tener metas claras no solo nos da enfoque, sino que también nos permite tomar decisiones conscientes que nos acercan a nuestros objetivos. La falta de rumbo puede llevarnos a la frustración y a la sensación de estar desperdiciando tiempo y energía.

Desde la perspectiva estoica, el tener un propósito claro es esencial para vivir una vida virtuosa y con sentido.

Los estoicos nos enseñan que el autocontrol, la reflexión y la disciplina son fundamentales para avanzar en la dirección correcta. Vivir conscientemente y con claridad nos ayuda a ser más resilientes ante las adversidades y nos proporciona la paz de saber que estamos en el camino correcto.

Reflexiona

- ¿Tienes una visión clara de lo que quieres lograr?
- ¿Qué pasos estás tomando para alcanzar tus objetivos?

Recuerda: si no tienes claro hacia dónde te diriges, cualquier camino te llevará allí. Establece tu propósito y actúa con dirección.

20 de abril INTROSPECCIÓN

"Todo dolor merece indagación."

El dolor no aparece por casualidad. Siempre tiene algo que decir, un mensaje que entregarte. En lugar de ignorarlo o taparlo, el verdadero acto de valentía es detenerte y preguntarte: *"¿Por qué duele? ¿Qué me está mostrando este sufrimiento?"* Porque detrás de cada dolor, físico o emocional, hay una raíz que necesita ser entendida para poder sanar.

Epicteto decía: **"Primero aprende el significado de lo que te sucede, luego podrás enfrentarlo." (Disertaciones, I, 27)**. El dolor es como una señal que te pide mirar más profundo. Tal vez sea un miedo oculto, un límite que has ignorado, o una parte de ti que necesita atención. Lo que sea, no puedes superarlo si no lo entiendes primero.

Piensa en esto: ¿Recuerdas ese momento en que una pérdida o una traición te dejó roto? Tal vez en ese instante el dolor parecía insoportable, pero si te permitiste indagar en él, descubriste lecciones, fuerza y claridad que no habrías encontrado de otra manera.

Reflexiona

- ¿Qué dolor estás ignorando ahora mismo?
- ¿Qué podrías descubrir si te detienes a mirarlo con intención y curiosidad?

21 de abril LA ESPERANZA COMO MOTOR DE ACCIÓN

Mercedes Calderón Sánchez, presidenta del grupo de apoyo a padres de niños con Cáncer en Cuba

"La esperanza no es la convicción de que las cosas saldrán bien, sino la certidumbre de que algo sentido y vale la pena luchar por ello."

La esperanza, según esta cita, no se basa en la certeza de un resultado positivo, sino en el reconocimiento de que lo que emprendemos tiene un valor profundo, independientemente de los resultados. La verdadera esperanza nos motiva a actuar, a persistir, incluso cuando las circunstancias no son favorables. Nos invita a encontrar propósito y significado en nuestras luchas, lo que transforma el esfuerzo en una parte esencial de nuestra vida, más allá de lo que podamos alcanzar.

Desde el enfoque estoico, la esperanza no debe depender de los resultados externos, sino de nuestra propia virtud y de la coherencia entre lo que creemos y lo que hacemos. Al aceptar que el esfuerzo en sí mismo es valioso, descubrimos que la lucha por lo que realmente importa tiene su propia recompensa.

Reflexiona

- ¿Qué es lo que realmente vale la pena para ti, independientemente del resultado?
- ¿Estás dispuesto a luchar por lo que te importa, aunque el futuro sea incierto?

Recuerda: la esperanza no es esperar que todo salga bien, sino saber que el esfuerzo por lo que realmente importa tiene un valor intrínseco.

22 de abril PERSPECTIVA

"Nunca vemos las cosas como son, sino como somos."

Nuestra percepción no es un reflejo puro de la realidad, es un espejo de lo que llevamos dentro. Las cosas, las personas y las situaciones no son buenas o malas en sí mismas, pero las interpretamos según nuestras experiencias, miedos, deseos y expectativas. No es la realidad lo que te afecta, sino lo que decides proyectar sobre ella.

Marco Aurelio lo explicó perfectamente: "Si te afliges por algo externo, no es eso lo que te perturba, sino tu juicio sobre ello. Y está en tu poder cambiar este juicio." (Meditaciones, VIII, 47). Las cosas no cambian, pero tu manera de verlas puede transformarlo todo.

Piensa en esto: imagina a dos personas enfrentando la misma situación, como perder un trabajo. Una lo ve como una oportunidad para reinventarse; la otra, como el fin de su estabilidad. La diferencia no está en el hecho, sino en cómo cada uno lo interpreta. Al final, el mundo es el filtro de tus pensamientos.

Reflexiona

- ¿Qué situación estás viendo hoy desde el juicio?
- ¿Cómo podrías cambiar tu perspectiva para verla con otras gafas?

23 de abril NEGOCIACIÓN Y CORAJE

John F. Kennedy

"Jamás negociemos con miedo, pero jamás temamos negociar."

El miedo puede paralizarnos y nublar nuestro juicio en momentos clave. En las negociaciones, como en la vida, el miedo puede ser un obstáculo que nos lleva a ceder demasiado rápido o a perder la perspectiva de lo que es verdaderamente importante.

La clave es negociar desde la confianza, no desde el temor. No se trata solo de obtener lo que queremos, sino de hacerlo de manera justa y con integridad, sin dejar que el miedo influencie nuestras decisiones.

Desde la perspectiva estoica, la valentía y la sabiduría son fundamentales en las negociaciones. Los estoicos enseñaban que debemos mantener la calma frente a la adversidad y actuar con virtud, sin dejar que los temores nos controlen.

Reflexiona

- ¿En qué áreas de tu vida estás permitiendo que el miedo influencie tus decisiones?
- ¿Qué cambios puedes hacer para negociar o actuar desde una postura más firme y confiada?

Recuerda: el miedo nunca debe ser el motor de nuestras decisiones. La verdadera fuerza radica en actuar con serenidad y sabiduría, sin temores ni inseguridades.

24 de abril REDENCIÓN

Carl Gustav Jung.

"Lo que niegas te somete, lo que aceptas te transforma."

Negar lo que duele nunca funciona. Lo sé porque lo hice. Cuando estuve encerrado, lo primero que sentí fue rabia: contra el sistema, contra las personas que me fallaron, incluso contra mí mismo. Durante semanas me repetía: *"Esto no debería estar pasando, no es justo."* Pero esa negación no hacía más que alimentarme el resentimiento y la frustración. Me estaba sometiendo a una pelea que no podía ganar.

Un día, mientras miraba una cucaracha entre esas cuatro paredes, entendí algo: la cárcel no iba a desaparecer, pero mi forma de verla podía cambiarlo todo. Decidí aceptar lo que era, no con resignación, sino con propósito. Séneca tenía razón cuando dijo: *"El hombre sabio no se queja de la fortuna, sino que la toma con calma y valor."* (*Cartas a Lucilio,* V). La cárcel podía ser mi tumba o mi escuela. Elegí que fuera mi escuela.

Empecé a usar el tiempo para leer, escribir, reflexionar. No fue fácil, porque aceptar no significa que deje de doler. Pero al aceptar mi situación, dejé de ser su víctima. Convertí lo que me oprimía en algo que podía usar para crecer. No salí de esas paredes siendo el mismo. Lo que me transformó no fue la prisión, **fue aceptar lo que me enseñó.**

Reflexiona

- ¿Qué situación estás negando hoy?
- ¿Qué podrías descubrir o transformar si decides aceptarla como parte de tu camino?

25 de abril CADA DÍA ES UN SUEÑO

Anónimo

"La vida no es soñar, ni esperar a que los sueños se cumplan, sino vivir cada día como si fuera un sueño."

Esta cita nos recuerda que la vida no se trata solo de esperar que algo ocurra en el futuro, sino de aprovechar al máximo el presente. Muchas veces, nos sumimos en la expectativa de un futuro mejor, olvidando que el verdadero valor está en lo que hacemos hoy. Vivir cada día con conciencia y plenitud es la verdadera forma de realizar nuestros sueños, sin esperar que se materialicen de manera pasiva.

Desde el punto de vista estoico, se valora el presente y se enseña que nuestra felicidad no depende de lo que venga, sino de cómo vivimos el aquí y ahora. Los estoicos nos invitan a abrazar cada momento con gratitud, ya que el único tiempo que realmente poseemos es el presente. Vivir como si cada día fuera un sueño significa vivir con propósito, sin dejar que el futuro o el pasado roben nuestra paz interior.

Reflexiona

- ¿Cómo puedes vivir más plenamente en el presente?
- ¿Qué aspectos de tu vida estás postergando o esperando que cambien para sentirte satisfecho?

Recuerda: el verdadero tesoro de la vida está en lo que hacemos en este momento. Vive cada día con la conciencia de que ya estás en el lugar que necesitas para ser feliz.

26 de abril FORTALEZA INTERIOR

"Libertad emocional es saber que cada situación tiene una solución y una voluntad de ser."

La libertad emocional no es la ausencia de problemas, es la certeza de que puedes enfrentarlos. Es entender que cada situación, por difícil que sea, trae consigo dos cosas: una **solución** que puedes buscar y una **lección** que puedes aprender. No se trata de controlarlo todo, sino de confiar en que siempre hay un camino, incluso cuando parece todo perdido.

Séneca lo explicó con claridad: *"La fortuna no es tan ciega como dicen; nos deja siempre un resquicio para salir adelante." (Cartas a Lucilio,* **XCIV)**. Incluso en las peores circunstancias, hay algo que puedes hacer, algo que puedes aprender. Libertad emocional es reconocer que la vida siempre tiene un propósito, incluso cuando parece que no lo tiene.

Recuerdo un momento en que sentí que todo estaba fuera de control. Las cosas no salían como esperaba, y mi reacción inicial fue resistirme, frustrarme. Pero cuando me senté a observar lo que pasaba, entendí que esa situación tenía algo para enseñarme: paciencia, humildad y la capacidad de adaptarme. No fue fácil, pero aceptar eso me dio la calma que necesitaba para encontrar la solución.

Reflexiona

- ¿Qué situación estás enfrentando ahora?
- ¿Qué podrías descubrir si eliges verla como una lección en lugar de una barrera?

27 de abril RAZÓN Y EMOCIÓN EN LA ACCIÓN

Donald Calve, Neurólogo

"Mientras la razón lleva a debates y conclusiones, la emoción lleva a la acción."

La razón y la emoción son fuerzas poderosas que guían nuestras decisiones, pero actúan de manera diferente. Mientras que la razón puede hacer que analicemos, debatamos y lleguemos a conclusiones, la emoción tiene la capacidad de movernos a la acción. Las emociones nos impulsan a actuar, mientras que la razón nos ayuda a planificar y tomar decisiones informadas. Sin una de ellas, es difícil lograr una acción efectiva y significativa.

Desde la perspectiva estoica, el equilibrio entre razón y emoción es crucial. Los estoicos enseñaban que, aunque las emociones son naturales, debemos gestionarlas para que no nos desvíen de nuestra virtud y sabiduría. La acción debería ser guiada por la razón, pero impulsada por una emoción que se haya gestionado con prudencia y autocontrol. Solo de esta manera, nuestras acciones pueden alinearse con nuestros principios.

Reflexiona

- ¿Cómo equilibras la razón y la emoción cuando tomas decisiones importantes?
- ¿De qué manera tus emociones te impulsan a la acción y cómo las gestionas?

Recuerda: las emociones son una fuerza poderosa, pero deben ser dirigidas por la razón para asegurar que nuestras acciones reflejen nuestros valores más profundos.

28 de abril OPORTUNIDAD

"Cada adversidad, cada fracaso, llevan consigo una semilla de un beneficio equivalente o mayor."

Los fracasos no son el final, aunque así lo parezcan en el momento. Son semillas que, si las trabajas, pueden convertirse en algo más grande de lo que habrías imaginado. El problema no es caer, es quedarte ahí, sin ver el potencial escondido en lo que parece una pérdida. Cada golpe, cada obstáculo, tiene algo que enseñarte, pero necesitas el coraje de buscar esa lección.

Séneca lo dijo con verdad: *"Los obstáculos fortalecen el ánimo, igual que el ejercicio fortalece el cuerpo." (Cartas a Lucilio, LXVII).* La adversidad no está ahí para derrotarte, sino para ponerte a prueba, para darte algo que no podrías encontrar en la comodidad. Esas semillas de beneficio están esperando que las riegues con esfuerzo y paciencia.

A mí me pasó más veces de las que quisiera recordar. Una de ellas fue cuando me lesione la columna. Me dolió como si me arrancaran algo de dentro. Pero al mirar atrás, entendí que esa pérdida me mostró un nuevo camino que no había imaginado, uno que terminó llevándome más lejos de lo que creía posible. Ese fracaso fue el mejor maestro que pude tener como entrenador. Ese dolor me llevo a cambiar mi forma de entrenar y crear un nuevo sistema que hoy es único en el mundo Bambú.Gym

Reflexiona

- ¿Qué adversidad estás enfrentando ahora mismo?
- ¿Qué semilla de oportunidad podría estar escondida en ella, esperando a que la descubras?

29 de abril LA FELICIDAD EN LA BÚSQUEDA DEL OTRO

Shantideva, Monje budista

"Todos los que son felices lo son por haber buscado la felicidad de los demás, todos los que son desgraciados lo son por haber buscado su propia felicidad."

Shantideva nos invita a reflexionar sobre el verdadero origen de la felicidad. A menudo buscamos la satisfacción personal en la acumulación de logros, bienes o placeres, pero la verdadera felicidad parece radicar en la entrega al bienestar de los demás.

Cuando nos centramos en hacer el bien y buscar el bienestar ajeno, experimentamos una satisfacción profunda y duradera. Por el contrario, la búsqueda egocéntrica de la felicidad tiende a dejarnos vacíos, ya que nunca es suficiente.

Desde la perspectiva estoica, la virtud y el bienestar ajeno son las claves de una vida plena. Los estoicos creían que, al enfocarnos en lo que podemos dar a los demás, cultivamos una serenidad interna que proviene de vivir de acuerdo con nuestra naturaleza más profunda. El egoísmo solo nos aleja de nuestra verdadera paz.

Reflexiona

- ¿En qué medida tus acciones están orientadas a la felicidad de los demás?
- ¿Cómo puedes hacer que el bienestar de los demás forme parte de tu propia felicidad?

Recuerda: la felicidad verdadera no proviene de buscarla para uno mismo, sino en compartirla y contribuir al bienestar de los demás.

30 de abril JUICIO

"Cuando señalas con el dedo, tres dedos te señalan a ti."

Es fácil culpar a los demás por lo que no va bien. Señalar afuera es un deporte nacional, porque te libra de responsabilidad, al menos por un momento. Pero cada vez que apuntas con el dedo, hay tres que te señalan a ti, recordándote que muchas veces el problema no está afuera, sino dentro. Esa culpa que señalas puede ser un reflejo de algo que no quieres aceptar en ti mismo.

Epicteto lo decía con claridad: "Si quieres mejorar, acostúmbrate a que te llamen necio o insensato por preferir lo que es bueno en lugar de lo que parece bueno." (Disertaciones, IV, 8). Antes de culpar, mira tu parte en la historia. Pregúntate: "¿Qué de lo que veo en el otro es un reflejo de mí?" La responsabilidad no te hace débil; te libera.

Recuerdo una discusión en la que estaba convencido de que la otra persona tenía toda la culpa. Apunté, acusé, me defendí. Pero al reflexionar después, me di cuenta de que mi orgullo y mi ego estaban alimentando esa mierda de pensamiento. El verdadero problema no era lo que el otro hizo, era lo que yo no estaba dispuesto a admitir.

Reflexiona

- ¿En qué situación estás señalando a los demás hoy?
- ¿Qué podrías descubrir si eliges mirar primero hacia dentro?

El tiempo es el fuego en el que nos consumimos, pero nuestras acciones son las columnas que permanecen.

5
Mayo - Musonio Rufo

"La filosofía no es solo para pensar, es para vivir."

Musonio Rufo (30-100 d.C.) fue un influyente filósofo estoico romano, conocido como el "Sócrates romano". Maestro de Epicteto, defendió que la filosofía debía practicarse activamente en la vida cotidiana.

Características y logros:

- Filosofía práctica: Enseñó que la virtud se debe practicar en las acciones diarias, no solo contemplarla en teoría.
- Igualdad de género: Fue un defensor temprano de la educación y el desarrollo filosófico para mujeres, una idea revolucionaria en su época.
- Resiliencia personal: A pesar de ser exiliado por sus creencias, continuó enseñando y practicando el estoicismo.

Influencia: Su pensamiento marcó profundamente a Epicteto y a la filosofía posterior.

1 de mayo LOS PECADOS CAPITALES DEL MUNDO

Mahatma Gandhi

"Los siete pecados capitales del mundo:

1.- La riqueza sin trabajo. 2.- El placer sin conciencia. 3.- El conocimiento sin carácter. 4.- El comercio sin moralidad. 5.- La ciencia sin humanidad. 6.- El culto sin sacrificios. 7.- La política sin principios."

Gandhi nos ofrece una reflexión profunda sobre los desequilibrios que pueden surgir cuando los aspectos fundamentales de la vida humana se separan de los valores éticos y de la responsabilidad. Cada uno de estos "pecados" refleja una desconexión entre lo que se hace y el impacto que tiene en los demás y en la sociedad.

Desde la perspectiva estoica, estos "pecados" podrían verse como una invitación a vivir con integridad y coherencia. Los estoicos creían que la verdadera riqueza no viene de lo material, sino de la virtud y la sabiduría; que el placer sin autocontrol no es más que un obstáculo para la paz interior; y que el conocimiento debe ir de la mano con el carácter y la responsabilidad hacia los demás.

Reflexiona

- ¿En qué aspectos de tu vida te falta equilibrio entre lo que haces y los valores que sigues?
- ¿Qué cambios puedes hacer para actuar con mayor coherencia y responsabilidad?

Recuerda: los principios y la ética deben guiar nuestras acciones en todos los ámbitos de la vida. Sin ellos, nuestras decisiones se convierten en vacías y perjudiciales.

2 de mayo MILAGRO

"Cuando veo cosas que no veía, puedo hacer cosas que antes no podía hacer."

La claridad lo cambia todo. A veces no es que las cosas sean imposibles, es que las estamos mirando con los ojos cerrados. Cuando amplías tu perspectiva, cuando te permites observar más allá de lo que creías saber, las soluciones empiezan a aparecer. Ver con más profundidad no solo te transforma por dentro, también cambia lo que puedes hacer afuera.

Marco Aurelio lo decía bien: *"Así como son tus pensamientos, así será tu vida." (Meditaciones, IV, 3)*. Cambiar cómo ves las cosas cambia lo que haces con ellas. Una visión limitada te deja atrapado; una mente abierta te da herramientas para avanzar.

Piénsalo: quizás te pasa algo tan simple como buscar un objeto que crees perdido en tu casa. Lo buscas con prisa, sin observar, y no lo encuentras. Pero cuando te detienes, respiras y miras con atención, aparece en el lugar menos esperado. O quizás enfrentas un problema con alguien cercano y, en lugar de culpar, eliges escuchar y ves algo que antes no entendías. Esa nueva perspectiva te permite actuar de formas que antes parecían imposibles.

Reflexiona

- ¿Qué estás viendo hoy con una mirada limitada?
- ¿Cómo podrías ampliar tu visión para encontrar una solución diferente?

3 de mayo LA PAZ INTERIOR

Confucio

"Si no estamos en paz con nosotros mismos, no podemos guiar a otros en la búsqueda de la paz."

Esta cita nos recuerda que la paz interna es el cimiento fundamental para poder transmitirla a los demás. La calma y serenidad que buscamos en el exterior sólo pueden alcanzarse cuando hemos logrado armonía dentro de nosotros mismos.

No se puede guiar a otros hacia un lugar donde no se ha estado previamente. Si deseamos ser líderes, amigos o guías eficaces, debemos primero cultivar la paz dentro de nuestro propio ser, trabajando nuestras emociones, pensamientos y actitudes.

Desde la perspectiva estoica, los estoicos creían que la verdadera paz no depende de las circunstancias externas, sino de nuestra respuesta interna ante ellas. Solo desde este lugar de calma interna podemos ofrecer un apoyo genuino a los demás.

Reflexiona

- ¿Te sientes en paz contigo mismo?
- ¿Qué aspectos de tu vida contribuyen a tu bienestar interno y cuáles lo bloquean?
- ¿Cómo puedes fortalecer tu paz interior para poder ayudar mejor a los demás?

Recuerda: la paz interna es la base sobre la que se construye la paz con los demás. Cultívala, y verás cómo tu influencia en el mundo se expande.

4 de mayo METAMORFOSIS

"Cuando tú te transformas, todo se transforma."

El mundo no cambia a tu favor por arte de magia. Cambia porque tú lo ves diferente, porque te adaptas, porque decides transformarte desde dentro. Esa transformación personal altera tu perspectiva, tus acciones y, como consecuencia, todo lo que te rodea. El cambio externo siempre empieza por el cambio interno.

Epicteto lo expresó claramente: ***"Primero di a ti mismo lo que quieres ser, luego haz lo que tienes que hacer." (Disertaciones*, III, 23).** Cuando te transformas, el mundo responde. Tus relaciones, tus oportunidades, incluso tus desafíos, empiezan a parecer distintos porque ya no los miras con los mismos ojos.

Me pasó más de una vez. En esos momentos de frustración, cuando todo parecía fuera de lugar, me di cuenta de algo: no podía cambiar a las personas ni controlar lo externo, pero sí podía cambiar cómo respondía. Y cada vez que lo hice, las cosas comenzaron a moverse. Las discusiones se volvieron conversaciones, las barreras oportunidades, y lo que parecía imposible empezó a suceder.

Reflexiona

- ¿Qué parte de tu vida necesita un cambio externo?
- ¿Qué podrías transformar en ti para que todo comience a moverse?

5 de mayo APERTURA AL OTRO

Indira Gandhi

"Con el puño cerrado no se puede intercambiar un apretón de manos."

La cita de Gandhi nos invita a reflexionar sobre la importancia de la apertura y la disposición para conectar con los demás. Un puño cerrado simboliza la resistencia, el orgullo o la agresión, actitudes que dificultan las relaciones humanas. En cambio, una mano abierta representa la confianza, el diálogo y la voluntad de construir puentes. Solo al soltar nuestras defensas y prejuicios podemos entablar relaciones auténticas y fructíferas.

Desde la perspectiva estoica, esta idea resuena profundamente. Los estoicos enseñaban que debemos actuar con virtud, especialmente en nuestras interacciones con otros, mostrando comprensión y empatía. La apertura es un acto de coraje, ya que implica vulnerabilidad, pero también es el único camino hacia la cooperación y el entendimiento mutuo.

Reflexiona

- ¿Cuántas veces tus miedos o prejuicios han cerrado puertas al entendimiento?
- ¿Podrías ser más abierto en tus relaciones con los demás?
- ¿Qué beneficios podrías encontrar al mostrarte más receptivo y dispuesto a escuchar?

Recuerda: abrir la mano no solo permite el contacto con el otro, sino también la oportunidad de construir algo valioso juntos.

6 de mayo PERSPECTIVA

"No nos hacen daño las cosas, sino las ideas que tenemos sobre ellas."

El verdadero dolor no viene de lo que sucede, sino de cómo lo interpretamos. Las cosas, por sí mismas, no tienen el poder de herirte, pero tus pensamientos, tus creencias y tus juicios sobre ellas sí. Esas ideas son las que convierten una dificultad en un problema o una pérdida en un sufrimiento. Si cambias cómo piensas, cambias cómo te afecta.

Marco Aurelio lo expresó muy claro: *"Si estás afligido por algo externo, no es eso lo que te perturba, sino tu juicio sobre ello. Y puedes revocar ese juicio." (Meditaciones, XII, 22).* El poder no está en lo que ocurre, sino en cómo decides verlo. Ahí es donde nace la libertad emocional.

Lo que sucede no tiene el poder de herirte, pero lo que piensas sobre ello sí. Si puedes cambiar cómo ves las cosas, cambias cómo te afectan. No es magia, es perspectiva.

Piénsalo: quizás un comentario de alguien te molestó profundamente, pero si te detienes a analizar, descubres que lo que duele no son sus palabras, sino cómo las interpretaste. Tal vez las tomaste como un ataque cuando no lo eran, o tocaron una inseguridad que llevas dentro. Cambiar esa perspectiva puede cambiarlo todo. Tú decides que dejas entrar en tu cabeza.

Reflexiona

- ¿Qué situación te está afectando ahora?
- ¿Qué pasaría si eliges cambiar la idea que tienes sobre ella?

7 de mayo EL ÉXITO

Albert Camus

"El éxito es fácil de obtener. Lo difícil es merecerlo."

Camus nos lleva a considerar que el éxito, en su forma más superficial, puede ser alcanzado con esfuerzo y suerte, pero su verdadero valor reside en la integridad y el mérito detrás de él.

Alcanzar logros sin ética o virtud convierte cualquier triunfo en algo vacío y efímero. Es en las acciones justas, el trabajo honesto y el impacto positivo que generamos donde encontramos el éxito que realmente importa y que podemos sostener con orgullo.

Desde la perspectiva estoica, el mérito radica en alinear nuestras acciones con los valores de justicia, sabiduría y coraje. No se trata solo de alcanzar objetivos, sino de hacerlo de manera que contribuya al bienestar propio y al de los demás, respetando siempre la virtud como brújula principal.

Reflexiona

- ¿Tus logros reflejan tus valores más profundos?
- ¿Qué estás haciendo hoy para merecer el éxito que deseas?
- ¿Cómo puedes asegurarte de que tus esfuerzos no solo te beneficien a ti, sino también a los demás?

Recuerda: el verdadero éxito no se mide solo por lo que logras, sino por quién te conviertes en el camino.

8 de mayo AUTENTICIDAD

"No dejes que los que han sido domesticados te digan cómo vivir."

Hay quienes han decidido conformarse con la comodidad, aceptar las reglas sin cuestionarlas, y adaptarse a un mundo que les pide obedecer en lugar de soñar. Pero si eliges ese camino solo porque otros lo hacen, ¿es realmente tu vida? No puedes permitir que quienes han dejado de buscar libertad y autenticidad te digan cómo deberías vivir la tuya.

Marco Aurelio lo decía con firmeza: *"No sigas discutiendo sobre cómo debe ser un hombre bueno. Sé uno."* (*Meditaciones*, X, 16). Vivir según lo que otros esperan no es vivir, es rendirse. Tu camino no tiene que parecerse al de nadie más, porque solo tú sabes qué significa ser auténtico contigo mismo.

Piénsalo: tal vez alguna vez has dejado de hacer algo que deseabas porque alguien dijo que no era "lo tuyo" o "no merece la pena." ¿Quién dice que tienen razón? Es tu vida, no la de ellos. Cuando eliges escuchar tu voz en lugar de las de quienes se conforman, empiezas a vivir con una fuerza que ellos tal vez nunca conocerán.

Reflexiona

- ¿En qué parte de tu vida estás siguiendo las reglas de otros?
- ¿Qué podrías cambiar si eliges escucharte más a ti mismo?

9 de mayo EVITAR EL MAL

Publio Terencio Afer

"Cuando se puede evitar un mal es necedad aceptarlo."

Terencio nos insta a no ser pasivos ante el mal cuando tenemos la capacidad de prevenirlo.

Aceptar situaciones adversas por comodidad, miedo o indiferencia nos hace cómplices de su perpetuación.

La sabiduría radica en actuar con determinación para corregir lo que está a nuestro alcance, entendiendo que la inacción frente a un mal evitable solo amplifica sus consecuencias.

Los estoicos nos recuerdan que nuestra fortaleza radica en responder con virtud a lo que controlamos. Evitar un mal cuando podemos hacerlo es ejercer esa virtud en forma de justicia y coraje, valores fundamentales para vivir en armonía con nosotros mismos y con los demás.

Reflexiona

- ¿Qué males en tu vida podrías estar aceptando por inercia o falta de acción?
- ¿Estás actuando con valentía para prevenir lo que sabes que puedes cambiar?
- ¿Cómo puedes aplicar la prudencia para identificar y evitar males futuros?

Recuerda: elegir la acción virtuosa sobre la indiferencia define quién eres y el impacto que dejas en el mundo.

10 de mayo AUTORRECONOCIMIENTO

"El ego se ofende cuando le muestran su reflejo."

El ego tiende a protegerse como si todo fuera un ataque. Cuando alguien te muestra algo incómodo, algo que no quieres aceptar de ti mismo, te ofendes, te defiendes o te alejas. Pero no es el reflejo el problema; es tu resistencia a mirarlo. Si eliges observar sin juicio, lo que parece un golpe puede convertirse en una lección de humildad.

Séneca lo explicó bien: *"¿Por qué te enfadas? La verdad nunca te dañará." (Cartas a Lucilio,* **LXXVIII**). Lo que duele no es lo que dicen o hacen los demás, sino tu reacción al verlo. Ese reflejo incómodo no es un enemigo, es una oportunidad de crecer, si te permites aprender de él.

Recuerda esas veces que alguien te dijo algo como: *"Siempre quieres tener la razón,"* y te enfadaste. Tal vez porque en el fondo sabías que era cierto. A mí me pasó más de una vez. En lugar de aceptar, mi orgullo saltaba a la defensiva. Pero con el tiempo aprendí que esas verdades, por más incómodas, eran regalos disfrazados. Recuerda esto, si te pica algo de razón lleva.

Reflexiona

- ¿Qué crítica reciente te incomodó?
- ¿Cómo podrías mirarla con menos orgullo y más aprendizaje?

11 de mayo INDEPENDENCIA

Friedrich Nietzsche

"Ser independiente es cosa de una pequeña minoría, es el privilegio de los fuertes."

Nietzsche destaca que la verdadera independencia es un logro reservado para aquellos con la fortaleza interna suficiente para resistir la conformidad y afrontar las dificultades que conlleva ser fiel a uno mismo.

Ser independiente exige coraje, determinación y la capacidad de soportar la soledad que, a menudo, acompaña a quienes eligen su propio camino.

Desde la perspectiva estoica, la independencia está profundamente ligada al dominio de uno mismo.

La libertad real no radica en escapar de las circunstancias externas, sino en no permitir que éstas controlen nuestras emociones y decisiones. Cultivar esta fortaleza es un signo de verdadera autosuficiencia.

Reflexiona

- ¿Qué tan independiente eres en tus decisiones y acciones?
- ¿Cuánto valoras la opinión externa sobre tu propia visión y valores?
- ¿Qué pasos puedes dar para fortalecer tu independencia emocional y mental?

Recuerda: la independencia no es un camino fácil, pero sí el más auténtico hacia la plenitud personal.

12 de mayo TU LUZ

"Todos llevamos una insospechada fuerza que surge cuando la vida nos pone a prueba."

Hay momentos en los que crees que no podrás con lo que tienes enfrente. Sientes que la carga es demasiado pesada o que la situación te supera. Pero entonces, algo dentro de ti se despierta. Una fuerza que no sabías que tenías emerge y te recuerda de qué pasta estás hecho. No es que la vida sea más fácil; es que tú eres más fuerte de lo que creías.

Marco Aurelio lo dijo con claridad: *"Si algo es posible y pertenece a un hombre, considéralos dentro de tus capacidades."* (*Meditaciones*, VI, 19). Esa fuerza que piensas que no tienes está ahí, esperando el momento en que más la necesites. La vida no te pide ser perfecto, solo te muestra que siempre puedes hacerlo.

Piénsalo: tal vez enfrentaste una pérdida, un fracaso o un desafío que parecía insuperable. En el momento te preguntaste: *"¿Cómo voy a salir de esto?"* Pero lo hiciste, de una forma u otra. Esa fuerza estaba ahí todo el tiempo, esperando que confiaras en ella. Y siempre está allí, esperando el momento que la necesites. Confía.

Reflexiona

- ¿Qué situación te está poniendo a prueba hoy?
- ¿Cómo podrías recordarte que ya tienes dentro de ti lo necesario para superarla?

13 de mayo ÉXITO O VALOR

Albert Einstein

"Intenta no volverte un hombre de éxito, sino volverte un hombre de valor."

Einstein nos invita a reflexionar sobre la diferencia entre el éxito y el valor.

Mientras que el éxito puede ser superficial y transitorio, el valor es duradero y profundamente conectado con nuestra esencia y propósito.

Ser un hombre de valor significa vivir de acuerdo con principios sólidos, aportando algo significativo al mundo más allá de las métricas externas de reconocimiento o riqueza.

Desde el punto de vista estoico, el valor reside en actuar con virtud, en ser fiel a uno mismo y a los ideales elevados, sin dejarse llevar por los elogios o críticas externas. El éxito auténtico es la consecuencia natural de vivir con integridad y propósito.

Reflexiona

- ¿Qué priorizas más en tu vida, el éxito externo o los valores internos?
- ¿Cómo puedes enfocar tus acciones para alinearlas con lo que realmente importa?
- ¿Estás construyendo un legado basado en principios o en logros fugaces?

Recuerda: el éxito es pasajero, pero los valores son la base de una vida plena y trascendente.

14 de mayo SINCRONÍA

"En el universo no existe la casualidad."

Nada pasa porque sí. Aunque a veces la vida parece una locura, cada cosa tiene un propósito, incluso si no lo entiendes en el momento. El universo no desperdicia movimientos: lo que llega, lo que se va, lo que duele y lo que cura, todo está conectado. Tu tarea no es controlar el flujo, sino aprender a leerlo, a confiar en que cada pieza encaja, aunque ahora no lo veas.

Marco Aurelio lo dijo con claridad: ***"Todo lo que sucede, sucede como debe; observa con cuidado y verás que es así."*** (***Meditaciones***, **IV, 10**). No se trata de resignación, sino de aceptar que hay un orden más grande. Lo que llamas azar, muchas veces es el empujón que necesitabas para despertar, para cambiar, para avanzar.

Recuerdo un momento en el que perdí algo que para mí era muy importante. En ese instante todo parecía injusto, como si el mundo estuviera en mi contra. Pero con el tiempo entendí que esa pérdida me llevó a algo más grande: a nuevas personas, a nuevas metas, y, sobre todo, a una versión de mí que nunca habría conocido si no me hubieran sacado de mi zona de confort.

Reflexiona

- ¿Qué situación te está desafiando hoy?
- ¿Qué podrías descubrir si decides confiar en que el universo no se equivoca?

15 de mayo AMOR INCONDICIONAL A LOS HIJOS

Johann Wolfgang Goethe

"No podemos modelar a nuestros hijos según nuestros deseos, debemos estar con ellos y amarlos como Dios nos los ha entregado."

Goethe nos recuerda que los hijos no son un reflejo de nuestras ambiciones, sino seres únicos con su propia esencia y destino.

Intentar imponerles nuestros deseos solo genera frustración y distancia. Amarlos significa aceptar su singularidad y acompañarlos en su camino con comprensión y respeto, brindándoles las herramientas para que descubran su propia identidad y propósito.

Desde la perspectiva estoica, el amor hacia los hijos debe ser guiado por la virtud de la aceptación y la paciencia, reconociendo que no podemos controlar todo lo que son o serán. La verdadera guía proviene del ejemplo y del amor incondicional, no del control.

Reflexiona

- ¿Aceptas plenamente a tus hijos tal como son?
- ¿Estás apoyando su crecimiento sin imponer tus expectativas?
- ¿Cómo puedes ser un ejemplo de virtud y amor en su vida diaria?

Recuerda: los hijos florecen cuando se sienten amados por quienes son, no por lo que esperamos de ellos.

16 de mayo RECEPTIVIDAD

"Prepárate para recibir el amor y la abundancia en todos los niveles."

A veces decimos que queremos más amor, más oportunidades o más claridad en la vida, pero ¿estamos realmente preparados para recibirlo? Las barreras no están afuera, están dentro de nosotros: dudas, creencias limitantes, o ese miedo a no merecer lo bueno. Prepararte para recibir no es solo pedir, es abrirte, confiar y trabajar en tu capacidad de aceptar lo que la vida te ofrece.

Epicteto lo dejó claro: ***"Solo el hombre instruido en el saber de lo que necesita es libre."*** (***Disertaciones*, II, 1)**. La abundancia no llega por azar, llega cuando estás listo para recibirla sin resistencias. Ser libre para aceptar lo bueno significa abandonar el miedo y abrazar lo que mereces.

Piénsalo: ¿Cuántas veces rechazaste ayuda, amor o una oportunidad por sentir que no era para ti? La abundancia no estaba lejos, pero tú mismo la frenaste. Prepararte es derribar esas barreras, recordar que eres suficiente y recibir con gratitud lo que el universo te quiere dar.

Reflexiona

- ¿Qué parte de tu vida necesita apertura?
- ¿Cómo podrías prepararte hoy para recibir todo lo que mereces?

17 de mayo ENTUSIASMO

Anatole France

"Es preciso elevarse con las alas del entusiasmo. Si se razona, no se volará jamás."

El entusiasmo es la chispa que nos impulsa a perseguir nuestras metas y a soñar en grande.

Si bien la razón es fundamental para planificar, es el entusiasmo lo que nos da la energía para iniciar, avanzar y superar los desafíos.

Sin esa pasión que nos eleva, los proyectos más ambiciosos quedan atrapados en la inercia de la duda y la indecisión.

Desde una perspectiva estoica, el entusiasmo debe guiarse con sabiduría. Los estoicos enseñaban que la pasión equilibrada y alineada con nuestros valores nos permite actuar con propósito y lograr resultados verdaderamente significativos.

Reflexiona

- ¿Dejas que el entusiasmo impulse tus decisiones?
- ¿Cómo puedes combinar la emoción de tus metas con la claridad de la reflexión?
- ¿Qué pasos concretos puedes dar hoy para transformar tus sueños en acciones?

Recuerda: los logros más grandes comienzan con el fuego del entusiasmo, pero se consolidan con la dirección y la constancia.

18 de mayo EL OBSERVADOR

"La capacidad de percibir o pensar diferente es más importante que el conocimiento adquirido."

Saber mucho, no siempre te lleva más lejos. Lo que realmente marca la diferencia es tu capacidad de replantearte las cosas, de mirar desde otro ángulo, de dejar a un lado lo que creías cierto para explorar nuevas posibilidades. Pensar diferente no es una señal de debilidad, es un acto de valentía.

Séneca lo dijo bien: *"No aprendemos para la escuela, sino para la vida."* (*Cartas a Lucilio*, CVI). El conocimiento que no se aplica, que no se cuestiona, es peso muerto. Pero cuando te atreves a usar lo que sabes para cambiar tu perspectiva, incluso para desaprender, empiezas a crecer de verdad.

Piensa en algo tan sencillo como una discusión con alguien cercano. Quizás te aferraste a tener razón, seguro de lo que sabías, pero la conversación seguía liándose. ¿Qué pasó cuando decidiste escuchar, pensar diferente y ponerte en su lugar? No fue tu conocimiento lo que resolvió las indiferencias, fue tu capacidad de cambiar cómo lo estabas viendo.

Reflexiona

- ¿En qué área de tu vida estás aferrado a una sola manera de pensar?
- ¿Qué podrías descubrir si decides mirar con nuevos ojos?

19 de mayo VIVIR EN COMUNIDAD

Marco Aurelio

"Lo que no es útil para la colmena, no es útil para la abeja."

En esta sabia reflexión, Marco Aurelio nos recuerda que el bienestar individual está intrínsecamente ligado al bienestar colectivo.

Cada acción que realizamos, por pequeña que parezca, afecta al todo del que formamos parte.

Trabajar en beneficio de los demás no solo fortalece la comunidad, sino que también enriquece nuestra propia vida.

La verdadera prosperidad surge cuando entendemos que somos parte de un sistema más amplio.

Desde el punto de vista estoico, nuestras decisiones deben considerar siempre el impacto que tendrán en la comunidad. Los estoicos valoraban la cooperación y la solidaridad como virtudes esenciales para una vida plena.

Reflexiona

- ¿Tus acciones contribuyen al bienestar común?
- ¿Cómo puedes alinear tus metas personales con el beneficio de los demás?
- ¿Qué impacto positivo puedes generar en tu entorno hoy mismo?

Recuerda: cuidar de la colmena es también cuidar de ti mismo, porque en la unión radica nuestra fortaleza.

20 de mayo GRATITUD

"En el universo, no conoces a nadie por accidente."

Cada persona que llega a tu vida tiene un motivo. Puede que no lo veas al principio, pero todo encuentro trae una lección. Nada pasa porque sí. A veces esas conexiones abren puertas; otras, te empujan a enfrentar algo de ti que no querías mirar.

Marco Aurelio dijo: **"Todo lo que sucede, sucede como debía, y si observas cuidadosamente, encontrarás esto cierto."** (*Meditaciones*, IV, 10). Incluso los encuentros incómodos tienen un propósito, aunque lo descubrimos mucho después.

Recuerdo en las noches como portero de clubs, enfrentándome a clientes agresivos. Mi reacción natural era sacar la ira, pero con el tiempo aprendí que esas experiencias me enseñaron más sobre autocontrol que cualquier consejo filosófico. Me saqué un máster en templanza y dominio interior.

¿Y tú? Piensa en esa persona que te inspira o incluso te desafía. Quizá, sin darte cuenta, está ayudándote a ser más fuerte o a mirar la vida de otra manera.

Reflexiona

- ¿Qué conexión reciente en tu vida crees que no es un accidente?
- ¿Qué podrías aprender si observas más detenidamente?

(Este es tu espacio. Escribe desde el corazón, sin miedo a equivocarte.)

21 de mayo LIBERTAD INTERIOR

Henrik Johan Ibsen

"Pueden prohibirme seguir mi camino, pueden intentar forzar mi voluntad. Pero no pueden impedirme que, en el fondo de mi alma, elija a una o a otra."

Ibsen destaca el poder de la libertad interior, la cual nadie puede arrebatar.

Aunque las circunstancias externas puedan limitarnos, nuestra capacidad para elegir cómo responder ante ellas siempre está bajo nuestro control.

La libertad más auténtica no es la de las acciones, sino la de la mente. Es ahí donde reside nuestra verdadera fuerza.

Los estoicos entendían que la libertad no depende de las circunstancias externas, sino de nuestra actitud frente a ellas.

A pesar de los desafíos y restricciones, siempre tenemos el poder de decidir cómo nos sentimos y cómo nos comportamos.

Reflexiona

- ¿En qué aspectos de tu vida sientes que te han limitado?
- ¿Cómo puedes recuperar tu poder interior frente a las adversidades?
- ¿Qué elecciones puedes tomar hoy para fortalecer tu libertad interior?

Recuerda: aunque no siempre podamos controlar lo que nos sucede, siempre podemos decidir cómo enfrentarlo.

22 de mayo IMPERMANENCIA

"En esta vida, no hay nada que te pertenezca."

Nada en esta vida es realmente nuestro. Ni las cosas materiales, ni las personas, ni siquiera nuestro tiempo. Todo lo que crees poseer está aquí de paso, y cuando lo entiendes, comienzas a vivir con menos apego y más gratitud. Los estoicos nos enseñaban a aceptar esto con serenidad, como dijo Séneca: **"Nada nos pertenece, solo el tiempo es realmente nuestro."** (*Cartas a Lucilio*, 1).

Piénsalo: pasamos la vida acumulando, temiendo perder lo que creemos que nos pertenece. Pero cuando la vida te arranca algo, ya sea un objeto, una relación o un sueño, te está recordando una lección de vida: **todo es prestado**. Un alquiler. Recuerdo cuando perdí mi primera casa. Había puesto todo mi esfuerzo en ella, pero un revés inesperado me dejó sin nada. La cárcel me propuso vivir ligero de equipaje, pero después entendí que lo único que me quedaba era mi actitud para empezar de nuevo. Ese aprendizaje me enseñó que lo importante no es lo que posees, sino lo que eres.

¿Y tú? Quizás te preocupa perder algo que amas o sientes que te falta algo para ser feliz. Pero, ¿y si lo miras desde otra perspectiva? ¿Qué pasaría si soltaras el miedo y aprendieras a valorar cada cosa y persona por lo que son, sin tratar de retenerlas?

Reflexiona

- ¿Qué en tu vida sientes que realmente "te pertenece"?
- ¿Cómo cambiaría tu relación con ello si lo vieras como algo prestado?

(Escribe desde lo que sientes. Cada reflexión te acerca a una mayor libertad interior.)

23 de mayo LA DUDA Y LA SABIDURÍA

Sir Francis Bacon

"Si comienza uno con certezas, terminará con dudas; mas si se acepta empezar con dudas, llegará a terminar con certezas."

Bacon nos invita a considerar la duda como una parte esencial del proceso de aprendizaje y descubrimiento. Empezar con incertidumbre no es signo de debilidad, sino una muestra de apertura mental. La duda nos impulsa a cuestionar, explorar y crecer, mientras que la certeza prematura limita nuestra capacidad de aprender y evolucionar. Es a través de la reflexión constante que podemos encontrar respuestas más profundas.

Desde la perspectiva estoica, aceptar la incertidumbre con serenidad es clave. Los estoicos valoraban la virtud del autoexamen y la capacidad de vivir con la duda, entendiendo que el conocimiento profundo requiere paciencia y humildad. Al cuestionar nuestras creencias y estar abiertos a la incertidumbre, avanzamos hacia una comprensión más sabia de nosotros mismos y del mundo.

Reflexiona

- ¿Cuáles son las certezas que te impiden cuestionar tus creencias actuales?
- ¿Cómo puedes aceptar la duda como una oportunidad para crecer?
- ¿Qué pasos puedes dar para abordar tus dudas con más calma y apertura?

Recuerda: la sabiduría no llega por la certeza, sino por la disposición a explorar con mente abierta.

24 de mayo INTENCIÓN

"La energía es la moneda del universo, cuando prestas atención a algo, compras esa experiencia."

Donde pones tu atención, pones tu energía, y con ello creas tu realidad. Cada vez que te enfocas en algo, estás invirtiendo tu recurso más valioso. Marco Aurelio lo expresó así: **"Tu alma toma el color de tus pensamientos."** (*Meditaciones*, V, 16). Todo aquello en lo que centras tu mente deja una huella en quién eres y cómo vives. Es esa moneda con la que pagas el precio.

Recuerdo una etapa en la que me obsesionaba con los problemas del pasado. Me consumía pensando en mis errores. Fue hasta que entendí que mi energía estaba alimentando ese victimismo y decidí redirigir mi atención a lo que sí podía controlar: **mi presente**. Ese cambio transformó mi forma de vivir.

¿Y tú? Piensa en las cosas que ocupan tu mente a diario. ¿Estás "comprando" experiencias que te fortalecen o estás dejando que tu energía se pierda en preocupaciones y distracciones?

Reflexiona

- ¿Qué estás "comprando" con tu atención hoy?
- ¿Cómo podrías invertir tu energía en algo que realmente te nutra?

(Escribe con honestidad. Este espacio es para recalibrar tu brújula interna.)

25 de mayo ACTITUD FRENTE A LAS CIRCUNSTANCIAS

Quinto Horacio Flaco

"Lo que hace falta es someter a las circunstancias, no someterse a ellas."

Horacio nos recuerda que nuestra respuesta ante las circunstancias es lo que determina nuestra vida.

Aunque no podemos controlar todo lo que nos sucede, sí podemos controlar cómo reaccionamos ante ello. El verdadero poder radica en nuestra capacidad de adaptarnos, tomar decisiones y actuar según nuestros principios, sin dejarnos arrastrar por lo que ocurre a nuestro alrededor. La proactividad y el autocontrol son claves para no ser vencidos por los desafíos que enfrentamos.

Desde el punto de vista estoico, los eventos externos no son lo que nos afecta, sino nuestras reacciones ante ellos. Los estoicos enseñaban que debemos dominar nuestras emociones y pensamientos, ya que, aunque no podemos controlar el mundo exterior, sí podemos decidir cómo vivir dentro de él, guiados por la razón y la virtud.

Reflexiona

- ¿Qué circunstancias te están afectando actualmente?
- ¿En qué áreas de tu vida puedes tomar un mayor control sobre tus reacciones?
- ¿Cómo puedes fortalecer tu voluntad para afrontar los desafíos sin dejarte arrastrar por ellos?

Recuerda: la clave no es cambiar lo que sucede, sino cómo eliges responder ante ello.

26 de mayo ACCIÓN

"Nadie vendrá a salvarte."

En esta vida, no puedes esperar que alguien más cargue con tus problemas o tome las decisiones por ti. Tú eres tu propio salvador. Como dijo Epicteto: **"Nadie es libre si no es dueño de sí mismo."** (*Discursos*, IV, 1). Si buscas fuera lo que solo puedes encontrar dentro, seguirás perdido.

Recuerdo el día en que me di cuenta de esto: tenía 12 años y estaba solo en casa, con una clavícula rota tras un accidente. No había nadie para cuidarme, nadie que me diera la mano. Al principio sentí rabia, luego miedo. Pero después entendí que, si no me hacía responsable, nadie vendría a salvarme. Esa lección marcó el inicio de mi camino hacia la autodisciplina y la fuerza interior.

Ahora, piensa en tu vida. Tal vez esperas que alguien venga a solucionar tus problemas, o que las circunstancias cambien para darte el empujón que necesitas. Pero esa ayuda externa rara vez llega. Eres tú quien debe levantarse, tomar decisiones y avanzar.

Reflexiona

- ¿Qué estás esperando que alguien más solucione por ti?
- ¿Cómo podrías empezar a tomar control de eso hoy *mismo?*

(Este es tu espacio para trazar el plan de tu rescate. Tú tienes las herramientas; úsalas.)

27 de mayo HONOR Y NEGOCIO

Francisco de Quevedo y Villegas

"Aquel hombre que pierde la honra por el negocio, pierde el negocio y la honra."

Quevedo nos advierte sobre la importancia de mantener la integridad por encima de cualquier interés material. La búsqueda del éxito y el beneficio económico no debe llevarnos a comprometer nuestros valores y principios. Cuando la honra se sacrifica en favor de un negocio, no solo perdemos el respeto propio, sino que también comprometemos la base sobre la cual construimos cualquier éxito duradero. La verdadera prosperidad está fundada en la virtud, no en el detrimento de nuestra moralidad.

Desde una perspectiva estoica, el honor es un bien interno que no debe depender de los logros materiales. Los estoicos valoraban la virtud por encima de todo, enseñando que lo único que está bajo nuestro control es nuestra conducta y carácter. El dinero y el poder son efímeros, pero el honor, basado en la rectitud y la coherencia, permanece.

Reflexiona

- ¿Qué principios estás dispuesto a defender en tu vida profesional y personal?
- ¿Has tenido que enfrentar situaciones donde el negocio o la ética entran en conflicto?
- ¿Cómo puedes mantener tu honor y, al mismo tiempo, alcanzar el éxito?

Recuerda: la verdadera riqueza proviene de vivir con integridad y coherencia, sin sacrificar lo que somos por lo que queremos lograr.

28 de mayo AUTOCONTROL

"Conviértete en observador"

Ser observador es dar un paso atrás antes de lanzarte de cabeza. En vez de reaccionar al primer impulso, te tomas un respiro, miras la situación desde fuera y decides con calma. Epicteto lo dijo así: **"¿Qué es la filosofía? Una guía. ¿De qué trata? De conservar la parte gobernante de tu ser en armonía con la naturaleza. ¿Por qué sufres? Porque juzgas que algo ha salido mal. Corrige ese juicio, detente y observa."** (*Discursos*, III, 24).

Imagina que estás en el súper y alguien se mete en la fila. Lo primero que te sale es decirle algo o ponerte de malas. Pero si paras un segundo, te das cuenta de que no vale la pena cabrearte. Sigues tranquilo y, de paso, ahorras energía para algo más útil. Un hombre demuestra su "calma" en un buen atasco.

O cuando en el curro alguien critica una idea tuya delante de todos. La reacción fácil es saltar, pero ¿y si te aguantas un momento? Igual lo que dice tiene algo de razón, o quizá es mejor dejarlo pasar. No siempre hace falta entrar al ruedo.

Reflexiona

- ¿Cuándo fue la última vez que te hubieras ahorrado un mal rato si te detenías a observar?
- ¿Cómo puedes empezar a practicar este enfoque hoy mismo?

(Este diario es tu espacio para poner las cosas en perspectiva. Escribe lo que te salga, sin filtros.)

29 de mayo ACTITUD FRENTE AL DOLOR

Viktor Frankl

"Si no está en tus manos cambiar una situación que te produce dolor, siempre podrás escoger la actitud con la que afrontes ese sufrimiento."

Frankl nos invita a reflexionar sobre el poder interno que tenemos sobre nuestras respuestas emocionales ante el sufrimiento. A menudo, no podemos controlar los eventos externos que nos afectan, pero siempre podemos elegir cómo enfrentarlos. Elegir una actitud positiva o constructiva es una de las libertades más grandes que poseemos.

Desde el punto de vista estoico, el sufrimiento es una parte inevitable de la vida, pero nuestra reacción ante él es lo que realmente define nuestra paz interior. Los estoicos enseñaban que no debemos dejarnos dominar por las emociones ante lo incontrolable. En lugar de resistirnos al sufrimiento, debemos aceptarlo y buscar el crecimiento dentro de la adversidad.

Reflexiona

- ¿Qué situaciones dolorosas en tu vida podrían mejorar si cambiamos tu enfoque hacia ellas?
- ¿En qué aspectos de tu vida has dejado que el sufrimiento te controle en lugar de ser tú quien controle la actitud ante él?
- ¿Qué actitud puedes elegir hoy para enfrentar los desafíos con mayor serenidad?

Recuerda: aunque no siempre podemos cambiar lo que sucede, siempre podemos elegir cómo enfrentarlo, y esa elección es lo que nos otorga poder.

30 de mayo PACIENCIA

"Deja que se derrita el cubito de hielo"

Hay cosas que no puedes forzar, como si quisieras apurar un trozo de hielo a derretirse en tus manos. Lo mismo pasa con los problemas y los conflictos: a veces, la solución no es empujar más fuerte, sino esperar y dejar que el tiempo haga su parte. Séneca lo expresó así: **"El tiempo descubre la verdad; no hay necesidad de apresurarse. Es como si la naturaleza misma se tomara su tiempo para que todo madure en el momento justo."** (*Cartas a Lucilio*, 102).

Imagínate discutiendo con alguien cercano. Sientes esa urgencia de resolverlo al instante, pero cada palabra que dices parece empeorar las cosas. ¿Qué pasaría si simplemente dejas que el enfado se enfríe? Si permites que el cubito de emociones se derrita solo, con calma, el conflicto quizá se resuelva por sí mismo o, al menos, tendrás la cabeza más clara para afrontarlo.

O piensa en esos proyectos del trabajo que parecen atascarse. A veces, por mucho que empujes, no avanzan. Pero si das un paso atrás y dejas de forzar, las ideas empiezan a fluir. Hay cosas que necesitan espacio y paciencia.

Reflexiona

- ¿Qué situación en tu vida estás forzando sin necesidad?
- ¿Cómo puedes practicar más paciencia y confianza en el tiempo?

(Escribe con calma, como si dejaras que las palabras fluyan y se derritan solas.)

31 de mayo MADUREZ

Albert Einstein

"Comienza a manifestarse la madurez cuando sentimos que nuestra preocupación es mayor por los demás que por nosotros mismos."

Esta transición refleja un crecimiento hacia una mayor empatía y altruismo, que es esencial para el bienestar colectivo. La madurez no se mide solo por la capacidad de manejar nuestros propios problemas, sino por la voluntad de apoyar a los demás en sus luchas.

Desde la perspectiva estoica, la virtud reside en vivir de manera que nuestras acciones beneficien tanto a nosotros mismos como a la comunidad. Los estoicos enseñaban que el bienestar del individuo está conectado con el bienestar de todos, y que nuestra paz interior se fortalece cuando actuamos con integridad, pensando en el bien común. En este camino, el amor y la compasión por los demás se convierten en una prioridad, lo que nos lleva a una vida más plena y significativa.

Reflexiona

- ¿En qué áreas de tu vida te has centrado demasiado en ti mismo y has dejado de lado las necesidades de los demás?
- ¿Cómo podrías comenzar a priorizar el bienestar de otros sin descuidar el tuyo propio?

Recuerda: la verdadera madurez se alcanza cuando encontramos alegría en el bienestar de los demás, y cuando nuestra vida se orienta hacia el servicio y la colaboración.

6
Junio - Hierocles

"Extiende tu círculo de empatía hacia toda la humanidad."

Hierocles (siglo II d.C.) fue un influyente filósofo estoico conocido por su teoría de los "círculos concéntricos", que simbolizan la interconexión entre los individuos y la humanidad.

Características y logros:

- Ética universal: Enseñó que la virtud no solo es personal, sino que también implica actuar con justicia y compasión hacia los demás.
- Círculos concéntricos: Esta teoría invita a expandir nuestro cuidado desde nosotros mismos hasta nuestra familia, comunidad y, finalmente, toda la humanidad.
- Sencillez y virtud: Defendió que la verdadera riqueza radica en vivir una vida sencilla y virtuosa, alineada con la naturaleza.

1 de junio LA MORAL

Ernest Hemingway

"La moral es lo que hace a uno sentirse bien y lo inmoral es lo que hace a uno sentirse mal."

Hemingway ofrece una visión personal e íntima de la moralidad, asociándola con el sentimiento interno que guía nuestras acciones. Más allá de las normas sociales o religiosas, este enfoque sugiere que la moralidad tiene una conexión directa con nuestra conciencia y nuestras emociones. Sin embargo, depender únicamente de cómo nos sentimos puede ser engañoso, ya que nuestras emociones pueden estar influenciadas por el contexto, las creencias y nuestras experiencias pasadas.

Desde el punto de vista estoico, la moralidad no depende solo de cómo nos sentimos, sino de vivir en armonía con la naturaleza y los principios de virtud, como la sabiduría, la justicia, el coraje y la templanza. Los estoicos argumentaban que actuar moralmente no siempre será cómodo o placentero, pero es el camino correcto para alcanzar la paz interior y el respeto propio.

Reflexiona

- ¿Tus acciones se alinean con tus principios o a veces te dejas llevar solo por lo que te hace sentir bien momentáneamente?
- ¿Qué valores fundamentales guían tu sentido de la moralidad?
- ¿Cómo puedes diferenciar entre lo que sientes y lo que sabes que es lo correcto?

Recuerda: la verdadera moralidad no siempre es sencilla, pero nos brinda una vida de integridad y propósito. Actuar según lo correcto, más allá de las emociones pasajeras, fortalece nuestra humanidad y nuestro carácter.

2 de junio GRATITUD

"Tengo todo para ser feliz, repite."

Muchas veces buscamos la felicidad fuera, como si necesitáramos algo más para sentirnos completos: más dinero, un mejor trabajo, la aprobación de alguien. Pero la verdad es que ya lo tienes todo para ser feliz, porque la felicidad no está en lo que tienes, sino en cómo decides vivirlo. Marco Aurelio lo expresó así: **"No busques la felicidad en otro lugar que no sea dentro de ti. Si piensas que tu alegría depende de algo externo, nunca serás dueño de tu propia vida."** (*Meditaciones*, XII, 14).

Piensa en tu día a día. Quizás te quejas del tráfico, del jefe, o de que las cosas no salen como quieres. Pero, ¿y si cambiaras el enfoque? Mira lo que ya tienes: el techo sobre tu cabeza, una comida caliente, el apoyo de quienes te rodean. A menudo, la felicidad está ahí, escondida entre los detalles más pequeños.

Por ejemplo, una tarde cualquiera en la que el sol se cuela por la ventana, un café caliente que sabe mejor de lo esperado, o la caricia de tu gato. La felicidad no necesita un gran motivo; solo necesita que te permitas verla.

Reflexiona

- ¿Qué tienes hoy, en este momento, que podrías valorar más?
- ¿Cómo podrías entrenar tu mente para ver la felicidad en lo que ya es tuyo?

(Escribe con gratitud. Cada palabra es un paso hacia esa felicidad que ya llevas dentro.)

3 de junio LA FAMA

Dante Alighieri

"Vuestra fama es como la flor; que brota y muere; y la marchita el mismo sol que la hizo nacer de la acerba tierra."

Dante nos recuerda la naturaleza efímera de la fama, comparándola con una flor que, aunque hermosa, está destinada a marchitarse. La misma fuerza que la eleva puede ser la que la consume. Este pensamiento nos invita a reflexionar sobre cuánto valor damos a aquello que, por su propia naturaleza, es transitorio y fuera de nuestro control. La búsqueda de la fama, si no está fundamentada en valores profundos, puede ser tan breve como insatisfactoria.

Desde la perspectiva estoica, la fama es externa y, por tanto, no debe dictar nuestra felicidad ni nuestras decisiones. Los estoicos enseñaban a centrarse en la virtud y en lo que depende de uno mismo, dejando de lado el deseo de reconocimiento o la validación externa. La verdadera grandeza reside en nuestras acciones y en el impacto duradero que dejamos en los demás, no en el brillo fugaz de la fama.

Reflexiona

- ¿Estás buscando dejar una huella duradera o simplemente brillar momentáneamente?
- ¿Cómo puedes enfocar tu energía en lo que realmente importa, más allá de la aprobación externa?

Recuerda: la fama puede ser un capricho del momento, pero vivir con integridad y propósito crea un legado que trasciende el tiempo.

4 de junio IDENTIDAD

"Solo aquellos árboles cuyas raíces han tocado el infierno pueden llegar hasta el cielo."

El crecimiento verdadero viene de enfrentar la adversidad. Si nunca has sido desafiado, nunca has tenido que luchar, tus raíces no podrán sostenerte cuando lleguen las tormentas. Como dijo Séneca: **"No es porque las cosas sean difíciles que no nos atrevemos; es porque no nos atrevemos que son difíciles. La adversidad es el suelo donde crecen las virtudes."** (*Cartas a Lucilio*, 13).

Piénsalo: esos momentos en los que la vida te ha hecho caer, te han dado las herramientas para levantarte más fuerte. Las raíces que has hundido en la tierra, incluso en los días más oscuros, son las que te han permitido sostenerte y llegar a lo alto.

Como cuando alguien pierde un trabajo y siente que el mundo se le viene abajo. Pero esa experiencia lo lleva a encontrar algo mejor, algo que nunca habría buscado si no fuera por ese golpe. O esas personas que después de una ruptura o enfermedad descubren una fuerza en sí mismas que no sabían que existía.

Reflexiona

- ¿Cuál ha sido tu "infierno" personal?
- ¿Cómo crees que ese desafío te ha ayudado a crecer?

(Escribe desde tus raíces, porque ahí está tu fortaleza.)

5 de junio LA VERDAD INTERIOR

San Agustín

"No vayas fuera, vuelve a ti mismo. En el hombre interior habita la verdad."

San Agustín nos invita a dirigir nuestra mirada hacia el interior en la búsqueda de la verdad.

En un mundo que a menudo nos distrae con estímulos externos, esta reflexión nos recuerda que la clave para comprender la vida y a nosotros mismos radica en el autoconocimiento y la introspección.

La verdad no depende de las circunstancias exteriores, sino de nuestra capacidad de conectar con nuestra esencia y valores más profundos.

Desde una perspectiva estoica, esta enseñanza resuena con la idea de que la paz y la virtud se encuentran en nuestro interior, no en lo externo.

Los estoicos nos instan a cultivar un alma firme y reflexiva, capaz de discernir lo esencial de lo superfluo.

Reflexiona

- ¿Dedicas tiempo a escucharte y comprenderte a ti mismo?
- ¿Qué pasos puedes dar para profundizar en tu autoconocimiento y vivir más alineado con tu verdad?

Recuerda: la verdad más valiosa no está afuera, sino en lo más profundo de tu ser.

6 de junio LUZ INTERIOR

"**Espiritualidad: conocimiento, aceptación o cultivo de la esencia de uno mismo.**"

La espiritualidad no trata de rituales complicados ni de ideas que parecen inalcanzables. Es conocerte, aceptarte y trabajar en lo que puedes ser. Epicteto nos enseña: "El principio de la filosofía es este: observar nuestras propias facultades y saber para qué estamos **hechos. De otro modo, viviremos desperdiciando nuestra vida, como un hombre que entrena a su caballo para un propósito que no comprende y termina usándolo en tareas para las que no fue diseñado.**" (*Discursos*, I, 1).

Es como aprender a usar un mapa. Si no sabes dónde estás ni qué buscas, ¿cómo vas a encontrar tu camino? La espiritualidad empieza cuando dejas de correr en círculos buscando fuera lo que siempre ha estado dentro de ti. Conocerte y aceptarte es el primer paso para vivir con más propósito.

Por ejemplo, cuando decides apagar el ruido del mundo –móvil, noticias, distracciones– y te preguntas cómo estás de verdad, estás practicando espiritualidad. Conocer y aceptar lo que llevas dentro es el primer paso para vivir con más paz.

Reflexiona

- ¿En qué momento del día podrías empezar a conocerte mejor?
- ¿Qué podrías cambiar si dedicases más tiempo a escuchar lo que llevas dentro?

(Escribe sin filtros, como si estuvieras teniendo una conversación contigo mismo.)

7 de junio LIBERTAD

Michel Eyquem de Montaigne

"La verdadera libertad consiste en el dominio absoluto de sí mismo."

Montaigne nos enseña que la auténtica libertad no reside en la ausencia de restricciones externas, sino en la capacidad de gobernarnos a nosotros mismos.

Solo quien tiene control sobre sus emociones, deseos y decisiones puede vivir plenamente libre, sin ser esclavo de impulsos ni circunstancias.

La autodisciplina es la base para alcanzar esa libertad interna que nos permite actuar con integridad y coherencia.

En línea con el pensamiento estoico, el dominio de uno mismo es fundamental para vivir con serenidad y virtud.

Los estoicos creían que la verdadera libertad surge al centrarnos en lo que podemos controlar: nuestras propias acciones y actitudes.

Reflexiona

- ¿Eres dueño de tus emociones y decisiones, o dejas que factores externos te gobiernen?
- ¿Qué prácticas puedes adoptar para fortalecer tu autocontrol y lograr una mayor libertad personal?

Recuerda: la verdadera libertad empieza dentro de ti, en la conquista de tu propio ser.

8 de junio SOY ABUNDANTE

"Me permito recibir más de lo que un día soñé."

A veces somos nosotros los que ponemos el freno. Pensamos que no merecemos tanto, que pedir más sería egoísta o que soñar en grande es solo para otros. Pero, ¿y si te permites recibir? Marco Aurelio lo dijo claro: **"No te despojes de los dones que la vida te ofrece. Si estás vivo, es porque ya tienes todo lo que necesitas para prosperar. La naturaleza no hace las cosas a medias."** (*Meditaciones*, VII, 67).

Piénsalo: ¿cuántas veces has dicho "no hace falta" o "no te preocupes" cuando alguien te ha ofrecido algo? Tal vez fue ayuda, cariño o una oportunidad que podrías haber aprovechado. Pero por miedo o por pensar que no lo merecías, lo dejaste pasar. Aprender a recibir es parte de crecer, parte de decirle al mundo: **"Estoy aquí, y estoy listo para más."**

Es como cuando un alguien te invita a algo especial. A veces, tu instinto es rechazarlo, pero si te lo permites, te das cuenta de que esos momentos son los que llenan el alma. Igual pasa con la vida: cuando te abres, la vida te da más de lo que habías imaginado. Permítete sin carencia, recibe desde lo abundante que eres.

Reflexiona

- ¿Qué es eso que llevas tiempo rechazando porque crees que no lo mereces?
- ¿Qué podrías recibir hoy con gratitud y sin culpa?

(Escribe desde el corazón, sin miedo a imaginar en grande.)

9 de junio EL BIEN SIEMPRE ES COMPARTIDO

Platón

"Buscando el bien de nuestros semejantes, encontramos el nuestro."

Platón nos invita a reflexionar sobre la naturaleza intrínsecamente social del ser humano.

Al actuar en beneficio de los demás, no solo contribuimos al bienestar colectivo, sino que también encontramos un propósito más profundo y una alegría que trasciende lo material. En este intercambio de bondad, descubrimos que el bien ajeno y el propio no son opuestos, sino dos caras de la misma moneda.

Desde una perspectiva estoica, colaborar y vivir en armonía con la comunidad es esencial para una vida virtuosa.

Los estoicos veían el servicio a los demás como una expresión de la excelencia humana y una fuente de paz interior.

Reflexiona

- ¿Cómo podrías integrar el bienestar de los demás en tus metas personales?
- ¿Qué pasos concretos podrías dar hoy para mejorar la vida de alguien más?

Recuerda: el camino hacia una vida plena pasa por cuidar y fortalecer los lazos con quienes nos rodean.

10 de junio ELECCIÓN

"La percepción no es un hecho, es una elección."

Lo que sientes sobre una situación depende más de cómo la miras que de lo que realmente ocurre. Marco Aurelio lo expresó así: **"Cada vez que te sientas dolido por algo externo, recuerda que no es el evento en sí, sino tu interpretación de él. Es tu poder rechazar esa interpretación y con ello, la perturbación desaparecerá."** (*Meditaciones*, X, 33).

Durante toda mi vida me conté una historia acerca de mi madre, fui abandonado y bla, bla, bla. Un día, en una regresión a través de una autohipnosis, me dije a mí mismo. ¿Y por qué no fuiste tú a buscarla cuando ya eras adulto? Esto, cambio para siempre mi forma de verlo. Ya no era víctima, era responsable. ¿Sabes cómo le llamo yo a esto? Milagro. Ver otra cosa que antes no veías.

Seguramente te estés contando una serie de películas que no hacen más que generarte dolor. Pero aquí viene lo bueno, puedes reescribir el guion.

Reflexiona

- ¿Cuál es la última historia que te contaste sobre algo que te molestó?
- ¿Cómo podrías cambiar tu percepción para vivirlo como un milagro?

(Escribe con intención. Aquí empieza la práctica del cambio.)

11 de junio PERSEVERANCIA Y VALOR

Winston Churchill

"El éxito no es definitivo, el fracaso no es fatídico. Lo que cuenta es el valor para continuar."

Con esta reflexión, Churchill nos enseña que tanto el éxito como el fracaso son estaciones pasajeras en el camino de la vida.

Lo que realmente define nuestro carácter no es la gloria de un triunfo ni la dureza de una caída, sino nuestra capacidad para levantarnos, aprender y seguir avanzando con determinación.

Persistir es el verdadero signo de la grandeza.

Desde una perspectiva estoica, la resiliencia es una virtud esencial.

Los estoicos nos recuerdan que no controlamos los resultados, pero sí cómo reaccionamos ante ellos.

Cada desafío es una oportunidad para crecer y demostrar fortaleza interna.

Reflexiona

- ¿De qué manera podrías transformar tus fracasos en aprendizajes?
- ¿Cómo puedes fortalecer tu capacidad para continuar ante las adversidades?

Recuerda: no hay triunfo ni derrota que defina tu valor; lo que cuenta es el coraje de seguir adelante.

12 de junio CALMA

"Tu paz interior es la manifestación de lo que hay en ti."

La paz no tiene nada que ver con lo que pasa fuera. Si estás tranquilo por dentro, hasta en el caos más grande, puedes mantenerte en calma. Pero si tienes ruido dentro, ni el lugar más perfecto te hará sentir bien. Marco Aurelio lo clavó: **"La tranquilidad viene de la armonía interior. No busques afuera lo que sólo puedes construir dentro de ti. Si encuentras la paz en ti mismo, ningún viento te hará tambalear."** (*Meditaciones*, IV, 3).

Piensa en esos días en los que todo parece estar jodido: el curro se complica, te peleas con alguien cercano y encima se te derrama el café. ¿Es todo eso lo que te estresa, o cómo lo manejas? La paz no es que no haya problemas; es que tú decides no dejarte arrastrar por ellos.

Es como un vaso de agua turbia. Si lo sigues moviendo, todo sigue nublado. Pero si lo dejas en calma, el agua se aclara sola. Tu paz es igual: no es magia, es saber parar, respirar y decidir.

Reflexiona

- ¿Qué situación reciente sacó tu peor lado?
- ¿Qué podrías haber hecho para mantener la calma desde dentro?

(Escribe como si aclararas ese vaso de agua. Aquí no hay prisa, solo intención.)

13 de junio EL VALOR DE LA FAMILIA

Gilbert Keith Chesterton

"El lugar donde nacen los niños y mueren los hombres, donde la libertad y el amor florecen, no es una oficina ni un comercio ni una fábrica. Ahí veo yo la importancia de la familia."

Chesterton resalta el papel único e insustituible de la familia como núcleo de la vida humana.

Es en este espacio donde se forjan los primeros lazos, se transmiten los valores esenciales y se experimenta el amor en su forma más pura.

La familia no es solo un lugar físico, sino el refugio donde las personas crecen, enfrenta retos y encuentran un propósito más elevado.

Desde la perspectiva estoica, la familia puede ser vista como un escenario donde se practica la virtud: la paciencia, la empatía y el respeto mutuo. Recuerda, todos somos uno.

Es un entorno que nos desafía y a la vez nos eleva, ayudándonos a desarrollar nuestras mejores cualidades humanas.

Reflexiona

- ¿Qué importancia tiene la familia en tu vida diaria?
- ¿Cómo puedes contribuir a que sea un lugar donde florezcan el amor y la libertad?

Recuerda: la familia es el corazón de la vida, donde el amor y los valores encuentran su expresión más auténtica.

14 de junio SUFICIENCIA

"Pide tres deseos... no desear."

La paradoja de la felicidad es que mientras más persigues lo que no tienes, más lejos te parece estar. Los estoicos sabían que el deseo desenfrenado te ata a lo que no controlas. Séneca lo dijo claramente: **"Nada es suficiente para quien lo suficiente es poco. Aprende a disfrutar lo que tienes y a desear menos, porque el verdadero deseo debería ser no desear."** (*Cartas a Lucilio*, 119).

Piensa en esto: si pidieras tres deseos, probablemente pensarías en cosas como dinero, éxito o algo que te falta ahora. Pero, ¿qué pasaría si simplemente pidieras estar bien con lo que ya tienes? Esa es la clave. **No es no querer nada, sino soltar el deseo constante de más.**

Es como esa sensación de querer el último móvil o algo que viste en redes sociales. Lo consigues y, a los pocos días, vuelves a sentir que te falta algo. Es un círculo sin fin. Aprender a no desear tanto no es escasez; es libertad.

Reflexiona

- Si pudieras pedir tres deseos hoy, pero desde la calma y no desde la carencia, ¿qué elegirías?
- ¿Qué cambiaría si aprendieras a desear menos y disfrutar más?

(Escribe con honestidad, dejando espacio para soltar lo que no necesitas.)

15 de junio EL VERDADERO PODER

Margaret Thatcher

"Lo de tener poder es como lo de ser señora. Si tienes que recordárselo a la gente, malo."

Con su característico ingenio, Thatcher subraya que el poder genuino no necesita proclamarse.

Las personas verdaderamente poderosas lo son por su carácter, sus acciones y la influencia natural que ejercen, no por la imposición o el recordatorio constante de su posición.

El verdadero liderazgo se reconoce por su impacto, no por la necesidad de validación externa.

Desde una óptica estoica, el poder auténtico reside en el control de uno mismo y en vivir según la virtud.

Un líder no necesita ostentar su autoridad si actúa con justicia, sabiduría y moderación. Como decían los estoicos, lo que somos se refleja en lo que hacemos, no en lo que proclamamos ser.

Reflexiona

- ¿Te centras más en demostrar tu influencia o en dejar que tus acciones hablen por sí mismas?
- ¿Qué valores guían tu uso del poder o la autoridad?

Recuerda: el poder verdadero no se impone, se manifiesta en la integridad y la acción.

16 de junio SUELTA EL CONTROL

"Abandona la creencia de que tú puedes controlar tu vida."

A veces nos engañamos pensando que tenemos todo bajo control, pero la verdad es que la vida tiene su propio guion, y tú no siempre eres el director. Epicteto lo dejó claro: **"Hay cosas que están bajo tu control y otras que no lo están. La clave está en enfocarte sólo en lo que puedes manejar, y aceptar el resto como lo que es: inevitable."** (*Manual*, 1).

Imagínate esto: organizas tu día al milímetro y algo se descuadra. Tal vez te quedas atascado en el tráfico, alguien cancela un plan importante o aparece un problema de la nada. Si vives obsesionado con que todo salga como esperabas, acabarás frustrado. Pero cuando aceptas que no controlas el 90% de las cosas, empiezas a fluir mejor.

Es como querer detener la lluvia con las manos. No puedes evitar que llueva, pero puedes buscar un paraguas o simplemente disfrutar de mojarte. La vida no es perfecta, y tampoco tienes que hacerla perfecta. Soltar el control es, paradójicamente, una forma de estar en paz. Es un estado de "flow". Tu único propósito debe ser actuar siendo la mejor versión de ti mismo, sin importar el "desafío".

Reflexiona

- ¿Qué cosa reciente no salió como planeabas y te frustró?
- ¿Qué podrías soltar hoy para vivir más tranquilo?

(Escribe desde la honestidad. Soltar es liberarte.)

17 de junio CAMBIAR EL RUMBO

Proverbio Chino

"Si no cambias de dirección, acabarás en el lugar exacto al que te diriges."

Esta sabia reflexión nos recuerda que nuestras acciones actuales determinan nuestro destino.

Si seguimos por el mismo camino, no podemos esperar un resultado distinto.

El cambio, aunque incómodo, es esencial si queremos alcanzar nuevas metas o corregir errores. La dirección que tomamos cada día, aunque parezca pequeña, define el lugar al que finalmente llegaremos.

Desde la perspectiva estoica, esta idea resuena con el principio de la responsabilidad personal. Los estoicos enseñaban que somos arquitectos de nuestro destino y que, para vivir de acuerdo con nuestros valores, debemos tomar decisiones conscientes y estar dispuestos a cambiar cuando el rumbo no es el correcto.

Reflexiona

- ¿La dirección que sigues actualmente te lleva hacia tus verdaderos objetivos?
- ¿Qué cambios podrías hacer hoy para alinearte mejor con tus valores y metas?

Recuerda: el cambio de dirección puede ser el primer paso hacia un destino más pleno y significativo.

18 de junio AUTODESCUBRIRSE

"La magia eres tú."

La búsqueda de algo especial, de esa chispa que da sentido a la vida, no está fuera, sino dentro de ti. Marco Aurelio lo dijo claramente: **"La vida de un hombre es lo que sus pensamientos hacen de ella. Dentro de ti está la fuente de tu vida, y si siempre miras hacia adentro, no te faltará dirección."** (*Meditaciones*, IV, 3).

¿Cuántas veces has pensado que necesitas algo más para sentirte completo? Tal vez creíste que era ganar mucha pasta, una relación o el reconocimiento de ser alguien. Pero la verdad es que todo lo que necesitas ya está en ti. Lo difícil es recordarlo y mantenerlo firme en tu alma.

Por ejemplo, cuando superas un momento difícil y piensas que fue suerte, ¿no es esa tu fuerza interior? Esa capacidad de levantarte después de cada caída es la prueba de que la **magia ya está dentro de ti.**

Reflexiona

- ¿Qué logro reciente te muestra que eres más fuerte y completo de lo que crees?
- ¿Cómo puedes recordarte más a menudo que la magia eres tú?

(Escribe desde la gratitud por todo lo que ya llevas dentro.)

19 de junio LIDERAR ES SERVIR

Jesucristo

"El que quiera ser el primero debe antes ser servidor. Si quieres mandar, tienes que servir."

El liderazgo verdadero no se basa en la autoridad o el poder, sino en el servicio a los demás.

Ser un líder implica poner las necesidades del equipo o de los demás antes que las propias.

El que lidera con humildad y servicio gana el respeto y la confianza de los demás. No se trata de mandar, sino de inspirar y ayudar a los demás a crecer. Este enfoque transforma la relación entre líder y seguidores en una de colaboración y empatía.

Desde la perspectiva estoica, el servicio a los demás es visto como un acto de virtud, ya que se busca el bienestar colectivo sin esperar recompensas personales.

El liderazgo estoico se fundamenta en la sabiduría, el autocontrol y la dedicación al bien común, mostrando que servir es, de hecho, la verdadera forma de liderar.

Reflexiona

- ¿Estás dispuesto a servir antes de buscar dirigir?
- ¿En qué áreas de tu vida podrías ser más útil a los demás?

Recuerda: el verdadero poder reside en la capacidad de elevar a otros, no en la de dominar sobre ellos.

DIARIO DE ESTOICOS
365 Reflexiones para una Mente Fuerte,
un Espíritu Libre y un Corazón
Lleno de Amor

20 de junio AQUÍ Y AHORA

"No corras, allí donde vas no te espera nadie."

A veces vivimos como si estuviéramos en una carrera. Vamos como pollos sin cabeza. Nos empujamos a llegar más rápido, a hacer más cosas, a cumplir con todo ya. Pero, ¿para qué? Al final, allí donde crees que tienes que estar, no hay nadie esperándote. Séneca lo dijo claro: **"No importa cuán rápido viajes si no sabes hacia dónde te diriges. Apresurarse sin propósito es desperdiciar la vida."** (*Cartas a Lucilio*, 45).

Piensa en esos días en los que todo parece urgente: corres para llegar al trabajo, te estresas por tachar cosas pendientes, y cuando te das cuenta, no disfrutaste nada. Esa prisa constante no te lleva a ningún sitio que importe de verdad.

Es como ir a subir una montaña y vas tan "enfuscado" en llegar a la cima que te pierdes el color de las flores, los ríos y valles, los animales. ¿Y si, en vez de correr, paras y disfrutas el camino? Porque ahí está la vida, no en la meta que te imaginas.

¿Puedes hoy oler el café? Sentir el olor, el calor, el sabor.

¿Puedes hoy ducharte y acariciar el agua?

Reflexiona

- ¿Qué prisa estás llevando ahora mismo que no es necesaria?
- ¿Cómo podrías disfrutar más el camino, sin obsesionarte con el destino?

(Escribe desde la pausa. Este es tu momento para soltar la prisa.)

21 de junio LIDERAZGO BASADO EN AMOR

Vince Lombardi

"Mis jugadores y mis asociados no tienen por qué gustarme, pero como líder tengo que amarlos. El amor es lealtad, el amor es espíritu de equipo, el amor respeta la dignidad del individuo. En eso consiste la fuerza de cualquier organización."

El amor en el liderazgo no se refiere a un afecto personal, sino a un compromiso profundo con el bienestar y el desarrollo de los miembros del equipo. La lealtad, el respeto mutuo y el espíritu de colaboración son esenciales para construir una organización fuerte.

Un líder que demuestra amor por sus asociados no solo los guía, sino que también fomenta un ambiente donde cada individuo se siente valorado y capaz de contribuir a un objetivo común. Esta forma de liderazgo genera cohesión, confianza y motivación.

En el contexto estoico, el amor es visto como un acto de virtud que implica una dedicación inquebrantable a la justicia y el bienestar de todos, sin esperar recompensas personales. El líder estoico se enfoca en el bien común, guiando con sabiduría y apoyando a sus seguidores en su crecimiento.

Reflexiona

- ¿Estás mostrando lealtad y respeto hacia tu equipo?
- ¿Cómo puedes fortalecer el espíritu de equipo en tu entorno?

Recuerda: el amor en el liderazgo no se trata de afecto personal, sino de un compromiso profundo con el bienestar y el éxito de los demás.

22 de junio REFLEJO

"Si no estás seguro de lo que estás dando, observa lo que estás recibiendo."

La vida tiene una forma curiosa de devolverte lo que entregas. Si lo que vuelve a ti son problemas, rechazo o escasez, quizá sea momento de mirar qué estás poniendo ahí fuera. Marco Aurelio lo explicó perfecto: **"El alma de cada hombre tiñe su vida con los colores de sus pensamientos. Si tus acciones nacen de la bondad, lo que recibas será paz. Si nacen del egoísmo, lo que te devolverán será vacío."** (*Meditaciones*, V, 16).

Piensa en tus relaciones. Si alguien se aleja o no responde como esperas, en vez de señalar, pregúntate: ¿Estoy mostrando interés? ¿Estoy dando lo que espero recibir? Muchas veces nos quejamos de que el mundo no nos trata bien, pero no miramos lo que estamos proyectando. Somos espejos.

Es como una planta: si la riegas con constancia, crece; si no, se marchita. Lo mismo pasa con tus relaciones, tu trabajo y hasta contigo mismo. Lo que siembras es lo que acabas cosechando.

Reflexiona

- ¿Qué estás recibiendo ahora mismo que podría ser un espejo de lo que estás dando?
- ¿Qué puedes ajustar para que lo que vuelva a ti sea más positivo?

(Escribe con claridad. Lo que entregues aquí es el primer paso para empezar a recibir mejor.)

23 de junio ENTORNO Y ÉXITO

Bill Hewlett (Hewlett-Packard)

"Hombres y mujeres quieren hacer un buen trabajo. Si se les proporciona el entorno adecuado, lo harán."

El éxito de cualquier organización depende, en gran medida, del ambiente en el que trabajan sus miembros.

Cuando los empleados tienen los recursos, el apoyo y la cultura que favorecen su desarrollo, son más propensos a dar lo mejor de sí mismos.

Un entorno positivo que fomente la confianza, la creatividad y la colaboración puede convertir a un equipo en una fuerza imparable. El liderazgo debe asegurarse de crear condiciones que potencien estas cualidades en cada miembro del equipo.

Desde una perspectiva estoica, el entorno adecuado no solo es físico, sino mental. El líder debe promover la tranquilidad, la claridad de propósito y la autodisciplina en los miembros de su equipo. Así, cada persona puede estar alineada con el bien común y actuar con virtud.

Reflexiona

- ¿El entorno en el que trabajas favorece tu desempeño?
- ¿Qué cambios podrías implementar para mejorar el entorno y los resultados de tu equipo?

Recuerda: el entorno adecuado no solo mejora la productividad, sino que también fomenta el crecimiento personal y profesional de cada individuo.

24 de junio VALENTÍA

"Sí, el miedo existe y no puedes evitarlo, así que aprende a manejarlo."

El miedo está ahí, siempre. No se va porque lo ignores, pero puedes aprender a caminar con él. Séneca lo explicó bien: "Es inevitable sentir miedo; lo importante es enfrentarlo con razón, porque lo que tememos a menudo es más grande en nuestra mente que en la realidad." (*Cartas a Lucilio*, 13).

Recuerdo una vez que tenía que dar una charla delante de más de mil personas. Mi cabeza estaba llena de "¿Y si me equivoco? ¿Y si me juzgan? ¿Y si fracaso?" Sentía que me temblaban las piernas antes de subir al escenario. Pero en ese momento, en lugar de evitar el miedo, decidí usarlo. Pensé: "Si tengo miedo, es porque esto importa. Así que lo haré con miedo, pero lo haré." Y cuando terminó, me di cuenta de que en mi vida me he estado enfrentando a situaciones mucho más difíciles. Y siempre he salido ganando, solo por el hecho de actuar con valentía. Perder o ganar no existe, eso es del ego. Ganas siempre que lo intentas.

Ahora piensa en algo más cotidiano: ese mensaje que no te atreves a enviar, esa conversación difícil que sigues aplazando, ese paso que no das porque crees que no estás listo. El miedo no va a desaparecer, pero puedes empezar a moverte a pesar de él.

Reflexiona

- ¿Qué estás evitando ahora mismo por miedo?
- ¿Qué podrías hacer hoy para enfrentarlo, aunque sea con un pequeño paso?

(Escribe con valentía. Reconocer el miedo ya es un paso adelante.

25 de junio DISCIPLINA

Jim Rohn

"Todo esfuerzo disciplinado tiene una recompensa múltiple."

La disciplina es la base sobre la que se construyen los logros duraderos.

Un esfuerzo constante, aunque a menudo desafiante, siempre trae consigo recompensas que van más allá de los resultados inmediatos.

La satisfacción personal, el desarrollo de nuevas habilidades, y la confianza adquirida en el proceso, son solo algunas de las múltiples recompensas que emergen de la disciplina. No se trata solo del objetivo final, sino de cómo el esfuerzo disciplinado transforma y enriquece al individuo en cada paso.

Desde una visión estoica, la verdadera recompensa de la disciplina no solo reside en los logros materiales, sino en la paz interna y el dominio sobre uno mismo. La disciplina nos permite actuar de acuerdo con nuestra razón, en lugar de dejarnos llevar por los impulsos, alcanzando así la serenidad y el progreso.

Reflexiona

- ¿Estás siendo disciplinado en tus esfuerzos diarios?
- ¿Qué recompensas intangibles has ganado gracias a tu esfuerzo disciplinado?

Recuerda: la disciplina no solo trae éxito externo, sino que también cultiva fortaleza y equilibrio interior.

26 de junio PLENITUD

"La abundancia es la conciencia de que ya lo tienes todo."

La abundancia no es tener más cosas, sino darte cuenta de que lo verdadero ya está en ti. Los estoicos lo entendían bien. Séneca lo dijo así: **"No es pobre el que tiene poco, sino el que desea más. El verdadero rico es aquel que se contenta con lo que ya tiene, porque entiende que la riqueza no está en lo que posees, sino en cómo lo valoras."** (*Cartas a Lucilio*, 2).

Piensa en tu día a día. A veces nos pasamos el tiempo mirando lo que nos falta, comparándonos con otros, deseando más. Pero, ¿cuándo te detuviste a mirar lo que ya tienes? Salud, personas que te quieren, o incluso cosas pequeñas como un techo, una comida caliente o una conversación sincera. Ahí está la verdadera abundancia.

Es como beber agua cuando tienes sed: no necesitas un vaso de oro, solo agua. La vida es igual. La abundancia no es acumular más, es reconocer lo suficiente.

Reflexiona

- ¿Qué tienes hoy que quizás estás pasando por alto?
- ¿Cómo podrías vivir con más gratitud por lo que ya está en tu vida?

(Escribe con calma. Este espacio es para conectar con lo que realmente importa.)

27 de junio DAR EL PRIMER PASO

Proverbio Chino

"Un viaje de tres mil leguas empieza con un solo paso."

Cada gran logro comienza con una acción, por pequeña que sea.

El primer paso es crucial, ya que establece el camino hacia el objetivo, por lejano que este parezca.

No importa cuán largo o desafiante sea el viaje, lo importante es dar ese primer paso con valentía y determinación.

La clave está en no temer al principio, sino en avanzar con confianza, sabiendo que cada paso adicional nos acerca más a la meta.

Desde una perspectiva estoica, el primer paso es un acto de autodominio, superando la procrastinación y las dudas internas.

Los estoicos enseñan que la acción es un reflejo de nuestra voluntad y racionalidad. Empezar es un acto de libertad: no ser esclavos del miedo al fracaso, sino seguir adelante con disciplina.

Reflexiona

- ¿Qué primer paso necesitas dar para avanzar hacia tu objetivo?
- ¿Estás esperando a tener todas las respuestas antes de actuar?

Recuerda: el mayor obstáculo está en no comenzar. El primer paso, por pequeño que sea, es lo que inicia el camino hacia tu destino.

28 de junio TRANSFORMACIÓN

"Todo lo que perdemos regresa a nosotros de otra forma."

La vida está en constante movimiento. A veces, lo que crees que se pierde para siempre no desaparece, solo cambia de forma. Marco Aurelio lo expresó así: **"Todo lo que ocurre es para bien del conjunto. Lo que parece destruir también construye. Lo que se va deja espacio para lo nuevo, y lo nuevo siempre tiene su propósito."** (*Meditaciones*, V, 8).

Piensa en esas relaciones que terminaron, esos trabajos que dejaste atrás, o esos momentos en los que algo que valorabas desapareció. Al principio duele, pero con el tiempo, te das cuenta de que ese espacio vacío permitió que algo nuevo entrara: una nueva oportunidad, una persona diferente o un aprendizaje que te hizo más fuerte.

Es como las hojas de un árbol en otoño. Parece que todo se pierde, pero en primavera, la vida vuelve, transformada. Así funciona también lo que pierdes: **no desaparece, cambia de forma**.

Reflexiona

- ¿Qué pérdida reciente podrías mirar de otra forma?
- ¿Qué cambios o aprendizajes podría estar trayendo a tu vida?

(Escribe desde la confianza. Todo lo que parece irse, encuentra otra manera de regresar.)

29 de junio LA SABIDURÍA DE LA ESTRATEGIA

Sun Tzu

"Triunfan aquellos que saben cuándo luchar y cuándo no."

La sabiduría estratégica radica en entender que no todas las batallas son necesarias.

A veces, la victoria se encuentra en evitar el conflicto cuando no se tiene la ventaja o cuando el precio del enfrentamiento es demasiado alto.

Saber cuándo retirarse o cambiar de enfoque puede ser tan valioso como saber cuándo avanzar. La prudencia y la reflexión son clave para tomar decisiones sabias en los momentos cruciales.

Desde la perspectiva estoica, la calma y el autocontrol son esenciales para reconocer qué luchas merecen nuestra energía.

Los estoicos nos enseñan a no dejarnos llevar por las emociones del momento, sino a actuar con claridad de mente, discerniendo lo que realmente depende de nosotros y lo que podemos dejar ir.

Reflexiona

- ¿Estás eligiendo tus batallas sabiamente o te dejas llevar por el impulso del momento?
- ¿Sabes cuándo es mejor dar un paso atrás para preservar tu energía?

Recuerda: la verdadera sabiduría no está en luchar por todo, sino en elegir sabiamente cuándo es el momento adecuado para actuar.

30 de junio LIBERTAD

"Dejar ir también es un acto de amor."

A veces, aferrarnos a algo o alguien no es amor, es miedo: miedo a perder, a cambiar o a estar solos. Pero soltar, cuando es necesario, puede ser el acto más amoroso que hagas, tanto por ti como por los demás. Séneca lo dijo sin florituras: **"Nada es realmente tuyo, excepto tu espíritu. Todo lo demás es prestado, y la vida misma te lo quitará cuando sea el momento. Aprende a soltar sin lamento, porque aferrarte sólo te llenará de sufrimiento."** (*Cartas a Lucilio*, 98).

Piensa en una relación que terminó. A veces queremos aferrarnos porque creemos que soltar significa fracasar o renunciar. Pero al dejar ir, das espacio para que ambos puedan crecer y encontrar caminos que tal vez no habrían imaginado. Dejar ir es un acto de amor propio al saber que tú eres completo. No eres media naranja de nadie. Aceptar que las cosas de la vida son de "alquiler" nada nos pertenece, nada es permanente.

Es como una mano que intenta sostener agua. Cuanto más aprietas, más rápido se escapa. Dejar ir no significa que no te importe, significa que confías en que la vida pondrá todo en su lugar, incluso lo que crees que has perdido.

Reflexiona

- ¿De qué o de quién te estás aferrando que ya no encaja en tu vida?
- ¿Cómo podrías soltar desde el amor, no desde el miedo?

(Escribe desde la confianza. Soltar también es un acto de valentía.)

Sigue adelante a pesar de las adversidades, como un león firme y majestuoso, incluso cuando ha sido herido.

7
Julio - Arriano

"La sabiduría perdura cuando se transmite."

Arriano (86-160 d.C.) fue un filósofo estoico, historiador y discípulo de Epicteto. Su dedicación preservó las enseñanzas de su maestro, asegurando que **llegaran a generaciones futuras.**

Características y logros:

- Cronista de Epicteto: Arriano recopiló las lecciones de su maestro en el *Enchiridion* y los *Discursos*, obras fundamentales del estoicismo.
- Historiador militar: Autor de la *Anábasis de Alejandro*, una de las fuentes principales sobre la vida de Alejandro Magno.
- Defensor del estoicismo: A través de sus escritos, mostró cómo aplicar la filosofía estoica tanto en la vida cotidiana como en el liderazgo.

1 de julio ÉXITO Y MIEDO AL FRACASO

Charles Augustin Sainte-Beuve
"El éxito consiste en vencer el temor al fracaso."

El temor al fracaso es uno de los mayores obstáculos que nos impide avanzar hacia nuestros objetivos.

Muchas veces, nos quedamos paralizados por la posibilidad de caer o de no alcanzar lo que deseamos.

Sin embargo, el verdadero éxito no radica en evitar el fracaso, sino en tener la valentía de enfrentarlo, aprender de él y seguir adelante.

La capacidad para superar el miedo y continuar con determinación es lo que finalmente nos lleva a alcanzar nuestras metas.

Desde la filosofía estoica, se nos recuerda que el fracaso es solo una parte del proceso.

Los estoicos nos enseñan a ver los contratiempos no como derrotas, sino como oportunidades para practicar la resiliencia y el autocontrol. Lo único que está bajo nuestro control es nuestra actitud ante el fracaso y cómo elegimos reaccionar ante él.

Reflexiona

- ¿Estás dejando que el miedo al fracaso te impida actuar?
- ¿Cómo puedes cambiar tu perspectiva sobre el fracaso para verlo como una oportunidad de aprendizaje?

Recuerda: el verdadero fracaso no es caer, sino no intentar en absoluto por temor a caer.

2 de julio SANACIÓN

"Solo el amor puede sacarte de la oscuridad y transformarte."

Cuando la vida te arrastra hacia la oscuridad, no son las palabras bonitas ni los discursos motivacionales los que te sacan. Es el **amor**. Pero no solo el que recibes de otros, sino el amor que decides darte cuando más difícil se pone el camino. Marco Aurelio lo dijo mejor: **"El amor por los demás y por uno mismo es una luz en la tormenta. Cuando todo parece perdido, la compasión y la bondad son lo único que pueden guiarte de regreso."** (*Meditaciones*, XI, 1).

Recuerdo una de esas noches en la cárcel donde nada parecía tener sentido. Había perdido la motivación y la fuerza, y todo a mi alrededor parecía hundirse. Fue en ese vacío donde me obligué a preguntarme: "¿Qué puedes hacer por ti ahora mismo?" No fue fácil, pero empecé con algo simple: dejar de criticarme tanto, agradecer lo que todavía tenía y abrirme a la posibilidad de cambiar las cosas. Ese amor se transformó en responsabilidad, fue el que empezó a sacarme del hoyo.

Es como una vela que enciende otra vela, no resta luz, sino que suma más luz y brillo en la oscuridad.

Reflexiona

- ¿Qué acto de amor, grande o pequeño, podrías darte hoy?
- ¿Cómo puedes usar ese amor para empezar a transformar lo que más te duele?

(Escribe desde la honestidad. Ese es el primer acto de amor que puedes darte ahora mismo.)

3 de Julio LA DUDA TE HACE CRECER

Aristóteles

"El ignorante afirma, el sabio duda y reflexiona."

La sabiduría comienza con la duda.

Mientras que la persona que se siente ignorante busca respuestas definitivas y tajantes, el sabio es consciente de que el conocimiento es vasto e imperfecto.

Dudar no es un signo de debilidad, sino de apertura mental. Reflexionar sobre lo que sabemos, y cuestionarlo, es lo que nos permite acercarnos a una comprensión más profunda.

La certeza ciega es limitada, mientras que la reflexión constante abre las puertas a nuevas perspectivas y aprendizaje continuo.

Desde la visión estoica, la duda es una herramienta poderosa. Los estoicos no pretendían tener todas las respuestas, sino desarrollar una mente tranquila que supiera que hay siempre espacio para mejorar, aprender y cuestionar. La reflexión constante nos permite alinearnos con la verdad, sin apresurarnos a juzgar o imponer nuestras opiniones.

Reflexiona

- ¿Estás dispuesto a cuestionar tus propias certezas para aprender más?
- ¿Cómo puedes incorporar más reflexión en tu vida diaria?

Recuerda: la verdadera sabiduría no está en tener todas las respuestas, sino en saber cuándo y cómo hacer las preguntas correctas.

4 de julio DAR IR

"A lo que te resistes persiste, lo que aceptas te transforma."

Pasamos la vida luchando contra lo que no nos gusta: un problema, una emoción incómoda, una situación que no podemos cambiar. Pero mientras más peleas con algo, más fuerza le das. La clave no está en resistirse, sino en aceptar. Marco Aurelio lo explicó así: **"Nada sucede que no esté destinado a suceder. Si puedes aceptarlo y actuar en armonía con ello, encontrarás fortaleza y paz."** (*Meditaciones*, IV, 4).

Tantos años me resistí a cambiar mi forma de ver el mundo que sufrí por cosas ya habían pasado. Solo cuando acepte lo que la vida me entrego, empecé a ser libre. No podemos saber qué cartas nos ofrece el universo, pero sí elegimos como jugarlas.

Es como intentar detener una ola con las manos. No puedes. Pero si decides fluir con ella, puedes surfearla y avanzar. La aceptación no es resignación; es elegir dejar de gastar energía en lo que no puedes controlar y redirigirla hacia lo que sí puedes hacer.

Reflexiona

- ¿Qué situación reciente has estado resistiendo sin éxito?
- ¿Cómo podrías empezar a aceptarla para transformarla en algo que te haga más fuerte?

(Escribe desde la calma. Aceptar es el primer paso hacia tu propia transformación.)

5 de julio DESTINO Y CONTROL

Albert Einstein

"El azar no existe, Dios no juega a los dados."

Con esta famosa afirmación, Einstein nos invita a reflexionar sobre la naturaleza del universo. Aunque muchos consideran que los eventos aleatorios ocurren sin propósito, Einstein sostenía que todo en el cosmos tiene un orden y una lógica, incluso si no la entendemos completamente.

La vida puede parecer caótica o fuera de control en ciertos momentos, pero quizás detrás de todo lo que ocurre existe una estructura que aún no hemos descifrado. La clave está en nuestra capacidad para buscar el sentido y reconocer el orden detrás de las aparentes coincidencias.

Los estoicos también creían en el orden subyacente de todo lo que sucede, y aunque no afirmaban que todo estuviera predestinado, enseñaban a aceptar lo que no podemos cambiar con serenidad.

Para ellos, el "azar" no era más que nuestra falta de comprensión de los procesos que guían el universo.

Reflexiona

- ¿Crees que todo tiene un propósito, incluso en los momentos de incertidumbre?
- ¿Cómo puedes afrontar las situaciones que parecen azarosas con más calma y aceptación?

Recuerda: la serenidad no proviene de comprender todo, sino de aceptar que siempre hay algo más allá de lo que podemos ver y controlar.

6 de julio AUTOVALORACIÓN

"La magia eres tú."

Nos pasamos la vida buscando algo especial afuera: un trabajo que nos llene, una relación perfecta, ese momento que creemos que lo cambiará todo. Pero la verdad es que no necesitas nada externo para brillar. Marco Aurelio lo dijo mejor que nadie: **"Dentro de ti está la fuente de tu vida. Mira hacia adentro, porque ahí encontrarás todo lo que necesitas."** (*Meditaciones*, VII, 59).

Piensa en esto: esos días en los que te enfrentas a cosas difíciles y aun así sigues adelante. No fue suerte, no fue otra persona; fuiste tú. Esa fuerza que te hace levantarte después de una caída, esa chispa que enciendes cuando todo parece oscuro, eso es tu magia.

Es como una vela. No importa cuán oscura sea la habitación, su luz está para iluminar. No necesitas que el mundo te dé permiso para brillar; ya lo haces cada vez que sigues adelante, aunque tengas miedo o dudas.

Reflexiona

- ¿Qué has superado recientemente que te demuestra lo fuerte que eres?
- ¿Cómo puedes recordarte más seguido que ya llevas la magia dentro?

(Escribe desde la confianza. Este espacio es para reconectar con tu luz.)

7 de julio LA FELICIDAD COMO DECISIÓN

Abraham Lincoln

"Casi todas las personas son tan felices como deciden serlo."

La felicidad es un estado mental que depende en gran medida de nuestras elecciones y perspectivas.

Aunque las circunstancias externas pueden influir, la actitud con la que enfrentamos la vida tiene un papel crucial en determinar nuestra satisfacción.

Lincoln, conocido por su sabiduría, sugiere que la clave para ser feliz no radica en las condiciones externas, sino en cómo decidimos percibir y reaccionar ante ellas. La felicidad no está en la llegada, sino en el camino y en nuestra capacidad para elegir vivir con gratitud y optimismo.

Desde la perspectiva estoica, la felicidad se logra a través del autocontrol y la serenidad. Los estoicos creen que el valor está en aceptar lo que no podemos cambiar y tomar decisiones conscientes que nos lleven a una vida virtuosa y satisfactoria, independientemente de lo que suceda a nuestro alrededor.

Reflexiona

- ¿Crees que la felicidad depende más de las circunstancias externas o de cómo eliges ver la vida?
- ¿Qué aspectos de tu vida podrías cambiar para tomar una decisión más activa hacia la felicidad?

Recuerda: ser feliz es una decisión personal. No dejes que el mundo exterior determine cómo te sientes, sino toma las riendas de tu propio bienestar.

8 de julio OPORTUNIDAD

"Cualquier problema es una oportunidad para transformarte."

Los problemas no son más que espejos que te muestran de qué estás hecho. No están ahí para destruirte, sino para empujarte a crecer. Marco Aurelio lo explicó perfecto: **"El obstáculo en el camino se convierte en el camino. Lo que se interpone en tu progreso, lo impulsa. Aprende a transformar lo que parece un freno en una oportunidad." (*Meditaciones*, V, 20).**

Piénsalo: cuando algo no sale como esperabas —una pérdida, un error, un día en el que todo va mal—, tienes dos opciones. Puedes quejarte, resistirte y dejar que te aplaste, o puedes mirarlo como una lección, un reto que te hará más fuerte.

Es como cuando nos cayó el "Dana" en Valencia. Una vez destruyo todo a su paso, solo podíamos hacer una cosa. Teníamos la oportunidad de crecer en la adversidad. Si decidiste entrar en queja no aprendiste nada. Pero si decidiste descubrir la fuerza que no sabías que tenías, aprovechaste la tormenta. Los problemas te enseñan, te transforman, si decides no rendirte.

Reflexiona

- ¿Qué problema reciente podrías ver como una oportunidad?
- ¿Cómo podrías transformar esa dificultad en un paso hacia tu crecimiento?

(Escribe desde la valentía. Este es tu espacio para convertir los obstáculos en aprendizajes.)

9 de julio GESTIONA TU TIEMPO

Charles Buxton

"Nunca encontrarás tiempo para nada. Debes crearlo."

El tiempo es uno de los recursos más limitados que poseemos, y es fácil caer en la trampa de esperar que el momento perfecto llegue por sí solo. Sin embargo, como nos recuerda Buxton, no podemos simplemente esperar a que surja el tiempo para nuestras prioridades; debemos tomar la iniciativa de crearlo a través de la organización y la disciplina.

Las horas del día son fijas, pero lo que decidimos hacer con ellas está en nuestras manos. Si queremos lograr nuestras metas, debemos ser intencionales en cómo las gestionamos y en qué dedicamos nuestro tiempo.

Desde el enfoque estoico, la gestión del tiempo está estrechamente vinculada con la autodisciplina y el control de nuestras acciones. Los estoicos nos enseñan a enfocar nuestra energía en lo que podemos controlar y a utilizar el tiempo de manera sabia y virtuosa, evitando distracciones y dando valor a lo que realmente importa.

Reflexiona

- ¿Estás gestionando tu tiempo de manera efectiva para alcanzar tus objetivos más importantes?
- ¿Qué cambios puedes hacer en tu rutina para crear más tiempo para lo que realmente valoras?

Recuerda: el tiempo no se encuentra, se crea. Organiza tu vida para que se ajuste a tus prioridades y no a las distracciones.

10 de julio ESPERANZA

"Hasta en la nube más oscura hay una hebra de luz."

Hay días que simplemente apestan. Todo se complica, nada sale como quieres y parece que el mundo está en tu contra. Pero incluso en esos momentos más oscuros, si te detienes un segundo, siempre hay algo que vale la pena: una lección, una señal, o esa pequeña voz que te dice que sigas adelante. Marco Aurelio lo dijo claro: **"El universo es cambio, y todo lo que ocurre tiene un propósito. Incluso en lo más oscuro, hay algo que puede impulsarte."** (*Meditaciones*, IV, 3).

Recuerdo días negros, nublados. Días en los que parece que solo caerán truenos. Asomado por la ventana de prisión, pude ver un pequeño rayo de luz entre las nubes. Ese día entendí que tarde o temprano saldría el sol y me dije "no puede llover eternamente". Lo mismo sucede con esos desafíos que piensas que jamás pasaran.

Recuerda: la esperanza es lo último que se pierde, tatúatelo en la mente.

Reflexiona

- ¿Qué nube oscura estás atravesando ahora mismo?
- ¿Qué pequeña hebra de luz podrías buscar para recordarte que esto también pasará?

(Escribe desde lo que sientes. Siempre hay algo que puede ayudarte a seguir adelante.)

11 de julio VIVIR Y APRENDER CON INTENCIÓN

Mahatma Gandhi

"Vive como si fueras a morir mañana. Aprende como si fueras a vivir siempre."

Gandhi nos invita a vivir con plena conciencia de la finitud de nuestra existencia, aprovechando cada día con el máximo de nuestra energía y dedicación. La urgencia de vivir el presente nos motiva a ser auténticos y a tomar decisiones alineadas con nuestras verdaderas aspiraciones.

Sin embargo, también nos recuerda la importancia de mantener una mente abierta y en constante aprendizaje, porque el conocimiento y la sabiduría son procesos continuos que no deben detenerse jamás.

Desde la perspectiva estoica, vivir en el presente, con conciencia de nuestra mortalidad, nos enseña a valorar lo que realmente importa y a evitar el desperdicio de tiempo en preocupaciones innecesarias. Al mismo tiempo, los estoicos enfatizan la importancia de la virtud, el aprendizaje constante y la reflexión como herramientas para alcanzar una vida plena y trascendente.

Reflexiona

- ¿Cómo puedes aprovechar mejor el tiempo de tu vida, dado que es finito?
- ¿Qué nuevas habilidades o conocimientos deseas adquirir para seguir creciendo como persona?

Recuerda: la vida es breve, pero el aprendizaje es eterno. Vive con propósito y aprende sin cesar.

12 de julio CRECIMIENTO

"Hemos venido a aprender."

La vida no es una línea recta ni un camino perfectamente adecuado. Es un constante ensayo y error, lleno de caídas, cambios y aprendizajes. Lo bueno es que cada experiencia, incluso las más jodidas, tiene algo que enseñarte. Marco Aurelio lo resumió así: **"Todo lo que sucede contribuye a tu formación. Cada prueba, cada desafío, te moldea, si decides aprender de ello."** (*Meditaciones*, V, 20).

Piénsalo: esos días en los que todo va mal o cuando algo no sale como esperabas. Puedes frustrarte y verlo como un fracaso, o puedes detenerte y preguntarte: "¿Qué me está mostrando esto? ¿Qué puedo aprender?" La vida no está diseñada para ser fácil, sino para que crezcas a través de ella.

Es como cuando de pequeño te caes una y otra vez al aprender a andar. ¿Te sientes mal por caer? ¿Crees que un bebe aprendería andar sin tropezarse una y otra vez? Ante las caídas: aprender, aceptar, soltar y seguir adelante. Porque eso es la vida, un eterno aprendizaje.

Reflexiona

- ¿Qué situación reciente, buena o mala, te ha dejado una enseñanza?
- ¿Cómo podrías abordar los retos de hoy con la mentalidad de aprender en lugar de resistir?

(Escribe con curiosidad. Cada paso que das, incluso los difíciles, tiene algo que enseñarte.)

13 de julio LA ANSIEDAD EN LA MODERNIDAD

Norman Mailer

"El papel natural del hombre del siglo XX es la ansiedad."

Mailer describe la ansiedad como una característica inherente al ser humano moderno, especialmente en una era marcada por cambios rápidos, incertidumbre y un exceso de estímulos.

La constante búsqueda de éxito, el temor al futuro y la presión de cumplir con expectativas sociales contribuyen a un estado de preocupación constante.

El reto radica en cómo lidiamos con esta ansiedad y si logramos encontrar serenidad en medio de la tormenta de la vida.

Los estoicos también reflexionaban sobre la ansiedad, reconociendo que gran parte de nuestras preocupaciones provienen de intentar controlar lo que está fuera de nuestro alcance. Enseñaban que la verdadera paz interior solo se alcanza al aceptar lo que no podemos cambiar y al centrarnos en nuestras propias acciones y actitudes.

Reflexiona

- ¿De qué manera la ansiedad afecta tu vida diaria?
- ¿Qué aspectos de tu vida puedes controlar y cuáles debes aceptar tal como son?

Recuerda: la calma interior no proviene de evitar las tensiones del mundo, sino de aceptar lo que no puedes cambiar y enfocarte en lo que sí puedes.

14 de julio FLUJO

"**Transmuta la energía negativa en positiva.**"

Todos tenemos días en los que la energía simplemente no fluye. Algo sale mal, alguien dice algo que te afecta, o tú mismo te encuentras atrapado en tus pensamientos de "mierda". Pero aquí va una verdad dolorosa: no tienes que quedarte ahí. Puedes transformar esa energía negativa en algo que te impulse. Séneca lo explicó así: **"Lo que te afecta no es lo que sucede, sino cómo decides usarlo. Hasta el mayor malestar puede ser un paso hacia la fortaleza si lo afrontas con intención."** (*Cartas a Lucilio*, 22).

Piénsalo: ¿qué pasa si conviertes la energía negativa en movimiento? Sal a caminar, escribe tus pensamientos, entrena, limpia tu espacio, haz algo que te conecte con el presente. Esa acción, por pequeña que sea, es como abrir una ventana en una habitación cargada. Dejas que el aire entre, y la energía cambia.

Cuantas veces te ha pasado estar de "mal ramo" y después de moverte todo ha cambiado. Recuerda a la energía como un río que fluye. Si se estanca se pudre el agua.

Reflexiona

- ¿Qué podrías hacer hoy para cambiar una emoción pesada en algo que te dé fuerza o claridad?
- ¿Qué hábito o acción puede ayudarte a mover esa energía estancada?

(Escribe desde la intención de renovar. Transformar empieza con un solo paso)

15 de julio SEGURIDAD Y VIDA

Helen Keller

"La seguridad es más que nada una superstición. La vida es una aventura atrevida o no es nada."

Helen Keller desafía la idea comúnmente aceptada de que la seguridad es un valor absoluto.

Nos invita a considerar que una vida plena y significativa no puede basarse únicamente en la protección y la estabilidad, sino que debe incluir riesgos, desafíos y la valentía de explorar lo desconocido.

Solo al lanzarnos a la aventura de la vida podemos realmente experimentar su potencial.

Los estoicos, por su parte, entendían que la vida está llena de incertidumbre y que el verdadero valor radica en enfrentarse a los retos con fortaleza, sin temer lo que no se puede controlar.

La seguridad no se encuentra en evitar los riesgos, sino en cómo reaccionamos ante ellos, manteniendo nuestra serenidad y enfoque en lo que realmente importa.

Reflexiona

- ¿Te estás aferrando demasiado a la seguridad y evitando la incertidumbre?
- ¿Qué riesgos podrías tomar para vivir una vida más plena y auténtica?

Recuerda: la vida no se trata de evitar el peligro, sino de vivir con valentía y serenidad ante los desafíos que se nos presentan.

16 de julio UNIDAD

"Maestro, ¿cómo deberíamos tratar a los otros?"

"No existen otros."

La verdadera conexión con los demás empieza cuando dejamos de vernos como separados. Todos somos parte de lo mismo. Cada interacción es un reflejo de nosotros mismos, y tratar con respeto y empatía a los demás es también tratarnos bien a nosotros mismos. Marco Aurelio lo expresó con sabiduría: **"Todos los hombres son parte de un todo. Si no trabajas en armonía con ellos, no trabajas en armonía contigo mismo."** (*Meditaciones*, VII, 13).

Piénsalo: ¿alguna vez has sentido que alguien te trató mal y eso terminó afectando cómo te viste a ti mismo? Es porque no estamos separados; lo que das a los demás, te lo das a ti. Si cultivas paciencia, amor y comprensión con los otros, ese reflejo también empieza a moldearte a ti.

Es como mirar en un espejo. Cada gesto, cada palabra, vuelve hacia ti. Elegir, tratarlos con cuidado es elegir cuidarte y mirarlos como hermanos.

Reflexiona

- ¿Hay alguien con quien estás siendo menos paciente o empático?
- ¿Cómo podrías tratar a esa persona como tratarías a ti mismo?

(Escribe desde la empatía. Reconectar con los demás es también reconectar contigo.)

17 de julio ACCIÓN

Woody Allen

"Las cosas no se dicen, se hacen, porque al hacerlas se dicen solas."

Woody Allen nos recuerda que las palabras por sí solas carecen de peso si no están respaldadas por la acción.

Lo que realmente define nuestras intenciones y valores no son las promesas, sino lo que hacemos para cumplirlas. La acción, en su esencia, habla por sí misma.

Los estoicos enseñaban que nuestras acciones deben alinearse con nuestras palabras.

De nada sirve hablar de virtudes como la justicia, el coraje o la sabiduría si no las demostramos a través de nuestras decisiones diarias.

La verdadera sabiduría radica en actuar con integridad, sin necesidad de muchas palabras.

Reflexiona

- ¿Tus acciones están alineadas con tus palabras y valores?
- ¿Qué podrías hacer hoy para demostrar, en lugar de solo decir, lo que realmente valoras?

Recuerda: las palabras son solo una parte, las acciones son las que realmente comunican quién eres.

18 de julio PRESENCIA

"El tamaño del caos indica la serenidad que necesito."

En la tormenta solo te salva estar en calma. Cuanto más grande es el desorden a tu alrededor, mayor debe ser tu ancla interna. Los estoicos lo sabían: la verdadera fortaleza no es gritar más fuerte que el ruido, sino encontrar un espacio de templanza.

Piensa en un incendio. Si corres como un loco, las llamas se expanden. Pero si te mueves con cabeza fría, puedes salvar algo. Séneca decía: **"Un alma perturbada ve lo pequeño como grande y lo grande como insuperable." (Cartas a Lucilio, 13.3).** Hoy, traducido a nuestro lenguaje: cuando pierdes la calma, el problema te domina; cuando mantienes la serenidad, tú tomas el mando.

Piénsalo: ¿cuántas veces el caos externo te ha vencido porque te faltaba orden dentro? Lo que enfrentas no define quién eres, pero cómo lo enfrentas, sí. ¿Qué pasaría si el próximo desastre lo usaras como un gimnasio mental, para fortalecer tu serenidad?

Reflexiona

- ¿Dónde sientes que hay más caos en tu vida ahora?
- ¿Qué pasaría si, en vez de reaccionar con frustración, eligieras el silencio, la pausa, el respirar profundo?

(Recuerda: no se trata de ignorar el caos, sino de no convertirte en él).

19 de julio LA LIBERTAD ESTÁ EN LA RESPUESTA

Epicteto

"No es lo que te sucede, sino cómo reaccionas lo que importa."

Epicteto, uno de los más grandes filósofos estoicos, nos ofrece una de las lecciones más poderosas para la vida cotidiana. Esta frase nos invita a centrarnos en el control que realmente poseemos: nuestra respuesta a los eventos que ocurren.

Las situaciones externas pueden ser incontrolables, pero nuestra actitud y nuestra capacidad de elegir cómo responder son siempre una opción.

En lugar de dejarnos arrastrar por las emociones o por la frustración, tenemos la posibilidad de decidir cómo queremos interpretarlo y cómo vamos a actuar en consecuencia. Esta perspectiva nos da libertad: nos permite encontrar serenidad en medio del caos y crecer frente a la adversidad.

Reflexiona

- ¿Te dejas arrastrar por las circunstancias o tomas el control de tus respuestas?
- ¿Cómo puedes cambiar tu enfoque ante los retos para convertirlos en oportunidades de crecimiento?
- ¿Estás reaccionando con calma y sabiduría ante lo que no puedes controlar?

Recuerda: Lo que sucede en tu vida no siempre está en tus manos, pero cómo respondes a ello sí lo está. Tu reacción es lo que realmente te define.

20 de julio CONEXIÓN

"Una caricia puede ser, una mirada, una escucha, una palabra."

No subestimes el poder de los pequeños gestos. Las caricias no siempre son físicas; a veces, es un silencio que da espacio, un "¿cómo estás?", que realmente espera una respuesta, o una mirada que dice más que mil discursos. Para los estoicos, las virtudes no se medían por lo grandioso de la acción, sino por la intención detrás. **Marco Aurelio escribió: "La bondad es invencible si es sincera, libre de fingimiento y no desdeña a los demás." (Meditaciones, XI, 18).**

Ahora, piensa: ¿cuánto impacto podría tener una mirada o una palabra cuando están cargadas de verdadero significado?

Una caricia puede ser detenerte en un día ocupado para escuchar a alguien, mirarlo a los ojos y hacerle sentir que, al menos en ese instante, es lo más importante en tu mundo. No es lo que das, es cómo lo das.

La verdadera conexión sucede cuando la intención es con el otro. A veces, lo que alguien necesita no es un consejo, sino que simplemente estés allí, en presencia total, como si nada más importara.

Reflexiona

- ¿En qué momento reciente podrías haber ofrecido una "caricia" a alguien?
- ¿Cómo puedes incluir más miradas sinceras, escuchas profundas o palabras reales en tu día a día?

21 de julio LA CALMA ANTE LA TORMENTA

Séneca

"La dificultad de la vida no radica en los problemas, sino en cómo respondemos a ellos."

Séneca, otro gran pensador estoico, nos recuerda que la vida está llena de dificultades, pero lo que realmente marca la diferencia es nuestra actitud frente a ellas. La verdadera sabiduría no se encuentra en evitar los problemas, sino en mantener la calma y la claridad mental cuando surgen. Al final, las adversidades son inevitables, pero lo que sí podemos controlar es cómo las enfrentamos.

Los estoicos creían que la tranquilidad interna no depende de las circunstancias externas, sino de nuestra propia percepción y reacción ante ellas. Si aprendemos a mantener nuestra paz interior incluso en medio de la tormenta, nos volvemos imbatibles. Este enfoque no es una negación de los problemas, sino una aceptación de que todo lo que enfrentamos es una oportunidad para practicar la virtud de la resiliencia.

Reflexiona

- ¿Eres capaz de mantener la calma cuando enfrentas dificultades?
- ¿Cómo puedes cultivar una respuesta más serena ante los problemas que enfrentas en tu vida diaria?
- ¿Estás preparado para ver los desafíos como una oportunidad para crecer?

Recuerda: La forma en que respondemos a la vida es lo que realmente determina nuestro bienestar. La paz interior no depende de lo que sucede, sino de cómo decidimos vivirlo.

22 de julio MAESTRÍA

"Sin dificultades no hay maestría."

Cada desafío que enfrentamos es como una "sello" que se acuña en nuestro carácter. Sin las dificultades, nuestras habilidades y virtudes permanecerían ocultas. Es como tener un pasaporte lleno de viajes. ¿Cómo ser valiente si nunca has tenido miedo? ¿Cómo ser paciente si nunca has esperado? Para los estoicos, la adversidad no es algo que evitar, sino una herramienta para crecer. **Séneca decía: "El fuego prueba el oro; la adversidad, al hombre fuerte." (Cartas a Lucilio, V, 104).**

Piensa en un atleta que se prepara para una competición. No mejora evitando el entrenamiento duro; progresa enfrentando cada dolor, cada repetición, cada fallo, porque sabe que es el único camino hacia la excelencia. Lo mismo pasa contigo y conmigo en la vida. Las dificultades no son enemigos, son entrenadores, empujándonos hacia nuestra mejor versión.

El problema no es que haya obstáculos; el problema es cómo los interpretamos. Si ves cada reto como una pérdida, te paralizas. Si lo ves como una lección, avanzas. La maestría no es la ausencia de problemas, sino la habilidad de usarlos como escalones.

Reflexiona

- ¿Cuál es la mayor dificultad que enfrentas ahora?
- ¿Cómo podrías verla como una oportunidad para aprender y mejorar?

(La próxima vez que te encuentres con una dificultad, no preguntes "¿por qué a mí?", sino "¿qué puedo aprender de esto?". Ahí empieza la maestría.)

23 de julio LA VERDADERA RIQUEZA

Epicteto

"No busques que las cosas sucedan como tú quieres, sino que sucedan como suceden, y serás feliz."

Epicteto, uno de los más grandes filósofos estoicos, nos enseña que nuestra felicidad no depende de controlar el mundo a nuestro alrededor, sino de aceptar lo que está fuera de nuestro control. La verdadera riqueza está en la capacidad de adaptarnos a las circunstancias tal como son, sin desesperarnos ni aferrarnos a lo que no podemos cambiar.

Los estoicos sabían que el sufrimiento surge cuando nos aferramos a expectativas poco realistas o tratamos de manipular el flujo natural de la vida. En lugar de resistirnos a lo que no podemos controlar, debemos aprender a fluir con ello, cultivando una mentalidad flexible que nos permita encontrar paz y satisfacción, independientemente de lo que ocurra a nuestro alrededor.

Reflexiona

- ¿Te dejas arrastrar por las expectativas y deseos que no puedes controlar?
- ¿Cómo podrías practicar más aceptación y paz frente a las cosas que no dependen de ti?
- ¿Qué beneficios crees que encontrarías si adoptaras una actitud más flexible ante las circunstancias de la vida?

Recuerda: La verdadera libertad se encuentra en aceptar lo que no podemos cambiar y en aprender a ser felices en cualquier situación. La riqueza no está en tener todo bajo control, sino en la paz que encontramos al soltar las riendas.

24 de julio MIRADA INTERNA

"El ego cree que todos los problemas que hay que resolver están fuera."

El ego nos engaña haciéndonos mirar siempre hacia afuera: el jefe injusto, la pareja complicada, el tráfico insoportable. Pero, ¿y si el verdadero problema no está ahí? Los estoicos nos recuerdan que el caos externo no es el enemigo; es nuestra percepción lo que nos atormenta. **Marco Aurelio escribió: "La culpa es de ti mismo si algo de afuera te molesta. Recuerda que no es el objeto en sí, sino tu juicio sobre él." (Meditaciones, VIII, 47).**

Imagina que llevas unas gafas sucias. Todo lo que miras parece borroso o feo, pero el problema no está afuera, está en las gafas. El ego es como esas gafas sucias: te hace pensar que los demás son el problema, cuando en realidad lo que necesitas es limpiarlas para ver con claridad. Si cambias tu forma de mirar, todo a tu alrededor puede verse diferente.

No se trata de ignorar lo que pasa, sino de entender que, muchas veces, el primer cambio debe ocurrir dentro de ti. Liberarnos del ego es un acto de humildad, nos permite ver las cosas como realmente son, sin todos esos dramas que inventamos.

Reflexiona

- ¿En qué problema externo estás enfocado ahora mismo?
- ¿Qué pasaría si cambias tu atención a cómo lo estás interpretando o enfrentando?

(El ego es un mal consejero; siempre culpa al mundo. Pero cuando dejamos de culpar, empieza la verdadera solución.)

25 de julio HUMILDAD

Sócrates

"La única verdadera sabiduría está en saber que no sabes nada."

Sócrates, uno de los más grandes pensadores de la antigua Grecia, nos invita a adoptar una mentalidad de humildad y apertura ante lo que desconocemos. La sabiduría no está en acumular información, sino en cuestionar lo que creemos saber y estar dispuestos a aprender de cada situación y cada persona que encontramos.

Los estoicos como Epicteto y Séneca nos enseñaron que el conocimiento más valioso es aquel que nos acerca a la virtud y al autoconocimiento. El primer paso hacia el dominio de uno mismo es reconocer que no tenemos todo el control y que la sabiduría no proviene de aferrarse al saber, sino de aceptar lo que no sabemos y estar dispuestos a aprender de ello.

Reflexiona

- ¿Estás dispuesto a admitir lo que no sabes para abrirte a nuevas perspectivas?
- ¿Cómo puedes aplicar la humildad de los estoicos para mejorar tu vida, reconociendo tus limitaciones y buscando sabiduría en cada situación?
- ¿Qué creencias podrías soltar para crecer en conocimiento y virtud?

Recuerda: Como los estoicos nos enseñan, la sabiduría verdadera no es un estado estático, sino un proceso continuo que comienza con la aceptación de lo que no sabemos y el deseo constante de mejorar y crecer.

26 de julio DESARROLLO PERSONAL

"La verdadera abundancia te la demuestras cuando no tienes."

Cuando todo te falta, es cuando descubres cuánto realmente tienes. La abundancia no está en las cosas, sino en tu fortaleza interior. Los estoicos lo veían claro: no es rico quien tiene mucho, sino quien necesita poco. **Epicteto dijo: "No es pobre quien tiene poco, sino quien desea más." (Discursos, III, 24).**

Cuando salí de la cárcel tenía todo lo que necesitaba, actitud, salud y disciplina. La abundancia no se mide por la marca de tu coche, ni los ceros en tu cuenta bancaria, sino por lo que llevas en el corazón y en la mente. Tu mayor activo es ahorrar en ellos.

La carencia externa puede ser incómoda, pero también es un recordatorio: todo lo esencial para estar bien ya está contigo. Lo que necesitas de verdad no puede perderse ni robarse.

Reflexiona

- ¿Cuándo fue la última vez que sentiste que te faltaba algo?
- ¿Cómo viviste ese momento y qué aprendiste de ti mismo?

(Cuando todo se va, lo que queda eres tú. Aprende a ser suficiente, y serás verdaderamente rico.)

27 de julio AUTODISCIPLINA

Aristóteles

"La excelencia no es un acto, sino un hábito."

Aristóteles nos recuerda que la excelencia no se alcanza por un solo esfuerzo puntual, sino por la acumulación de hábitos consistentes. Las grandes transformaciones en la vida no se logran de la noche a la mañana, sino a través de acciones repetidas y disciplinadas que, con el tiempo, se convierten en parte de nuestra identidad.

Los estoicos creían que la autodisciplina y la práctica constante de la virtud eran esenciales para alcanzar la tranquilidad y la sabiduría.

Actuar con coherencia y autodisciplina, especialmente en momentos de dificultad, es lo que permite al estoico vivir conforme a la razón y la virtud.

Reflexiona

- ¿Qué hábitos has cultivado que te acercan a la excelencia que deseas alcanzar?
- ¿En qué áreas de tu vida puedes mejorar la autodisciplina para acercarte a tu mejor versión?
- ¿Cómo podrías integrar la práctica de la virtud en tus rutinas diarias?

Recuerda: La verdadera excelencia no es un logro momentáneo, sino una serie de acciones repetidas que se convierten en parte de quién eres. La autodisciplina es la clave para que esos hábitos se materialicen en una vida plena y coherente.

28 de julio FOCO

"Todo lo que recibe tu atención crece."

Donde pones tu atención, pones tu energía, y eso lo alimenta. Puede ser una relación, un hábito, un sueño... o incluso un problema. Los estoicos lo sabían: la mente actúa como un jardín, y lo que cultives ahí, florecerá. **Epicteto decía: "No dejes que tu mente se concentre en lo que no tienes, sino en lo que tienes y en cómo usarlo mejor." (Discursos, I, 6).**

Imagina regar dos plantas: una llena de espinas y otra que da frutos. La que riegues más será la que domine tu jardín. Si dedicas tu atención a pensamientos negativos, rencores o miedos, eso crecerá y se hará más fuerte. Pero si enfocas tu energía en lo positivo, en soluciones o en tus objetivos, esos son los que crecerán.

Tu atención es como un faro; ilumina lo que quieres que crezca. La pregunta es: ¿qué estás alimentando en este momento?

Reflexiona

- ¿Qué estás regando con tu atención hoy?
- ¿Es algo que quieres que crezca o algo que preferirías dejar marchitar?

(Recuerda, tu atención es limitada. Úsala sabiamente, porque lo que riegues hoy será lo que coseches mañana.)

29 de julio LA SABIDURÍA DE LA SIMPLICIDAD

Lao Tzu

"La naturaleza no se apura, pero todo se logra."

Lao Tzu nos invita a reflexionar sobre el poder de la paciencia y la simplicidad. En nuestra sociedad, a menudo sentimos la presión de apresurarnos, de obtener resultados inmediatos. Sin embargo, el flujo natural de la vida es mucho más lento, constante y armonioso. Al igual que la naturaleza, nosotros también debemos aprender a avanzar con calma, sabiendo que cada paso tiene su momento y su propósito.

Desde el punto de vista estoico, esta idea se conecta con la noción de aceptación de lo que está fuera de nuestro control. Los estoicos sabían que las cosas suceden en su propio tiempo, y que nuestra tarea es enfocarnos en lo que sí podemos controlar: nuestra actitud, nuestras acciones y nuestra respuesta ante lo que sucede. La paciencia no es pasividad, sino una forma de actuar con sabiduría, sin apresurarnos ni forzar resultados.

Reflexiona

- ¿Qué situaciones en tu vida estás apresurando, cuando tal vez deberías permitir que se desarrollen naturalmente?
- ¿Cómo puedes aplicar más paciencia y serenidad en tus decisiones y acciones diarias?
- ¿En qué áreas de tu vida podrías simplificar las cosas para permitir que todo fluya de manera más natural?

Recuerda: La sabiduría reside en saber que no todo tiene que ocurrir de inmediato. La paciencia y la simplicidad te ayudarán a avanzar con más claridad y paz interior.

30 de julio CAMBIO INEVITABLE

"Hazle caso a la vida cuando te saque a empujones de donde no debes estar."

A veces, la vida no te susurra; te grita, te empuja, incluso te da una hostia de realidad. ¿Por qué? Porque insiste en que avances, en que salgas de un lugar que ya no es para ti. Los estoicos lo comprendían: todo lo que ocurre tiene una razón, incluso si no la entendemos de en ese momento. **Cleantes decía: "Lleva de buen grado el destino al que estás atado." (Fragmentos Estoicos, 527).**

Imagina que estás en un río y te aferras a una roca por miedo a dejarte llevar por la corriente. La vida, con sus empujones, es como el agua: te está diciendo que sueltes la roca y confíes en que el río sabe hacia dónde te lleva. Aunque al principio da miedo, lo que te espera más adelante puede ser exactamente lo que necesitas.

Acepta las señales de la vida como invitaciones al cambio. Resistir duele más que fluir con lo inevitable. A veces, esos mensajes son el camino más directo hacia lo que realmente necesitas.

Reflexiona

- ¿Hay algo en tu vida de lo que te resistes a salir?
- ¿Qué podrías ganar si dejas de luchar contra el empujón y empiezas a fluir con lo que viene?

(La vida no siempre pide permiso para moverte, pero si te empuja, es porque sabe que puedes caminar más lejos.)

31 de julio PERSEVERANCIA

Vince Lombardi

"El precio del éxito es la dedicación, el trabajo duro y la determinación."

Vince Lombardi nos habla de la importancia de la perseverancia y la dedicación en el camino hacia el éxito. No se trata de suerte ni de talentos excepcionales, sino de la capacidad de seguir adelante, de trabajar día tras día, de mantener el enfoque a pesar de los obstáculos. El éxito verdadero llega cuando estamos dispuestos a sacrificar el esfuerzo constante por nuestros objetivos.

En el contexto del estoicismo, esta idea se alinea con la visión de los antiguos filósofos, quienes enseñaban que la vida es un ejercicio constante de esfuerzo, autocontrol y determinación. Para los estoicos, las virtudes como la sabiduría, la justicia, el coraje y la templanza no se alcanzan de manera instantánea, sino que son cultivadas con trabajo diario, resistiendo las dificultades y manteniendo la calma en medio de la adversidad.

Reflexiona

- ¿Cuáles son tus objetivos a largo plazo y qué esfuerzos estás dispuesto a hacer para alcanzarlos?
- ¿En qué áreas de tu vida has necesitado más perseverancia y cómo puedes cultivarla ahora?
- ¿Cómo puedes convertir los obstáculos en oportunidades para fortalecer tu carácter?

Recuerda: La perseverancia no solo te lleva al éxito, sino que también forja tu carácter. La dedicación constante es lo que te acerca, paso a paso, a la vida que deseas.

8
Agosto - Catón el Joven

"La integridad no se negocia."

Catón el Joven (95-46 a.C.) fue un político y filósofo estoico romano conocido por su inflexible adhesión a los principios éticos y su resistencia a la corrupción.

Características y logros:

- Símbolo de integridad: Defendió la virtud y la honestidad incluso frente a las presiones políticas, ganándose el respeto de aliados y adversarios.
- Resistencia al poder corrupto: Se opuso vehementemente al dictador Julio César, prefiriendo la muerte antes que comprometer sus ideales.
- Legado estoico: Catón es recordado como un modelo de rectitud y valentía moral, un ejemplo para todos los que valoran la ética sobre la conveniencia.

1 de agosto CLARIDAD INTERNA

Søren Kierkegaard

"La vida solo puede ser comprendida mirando hacia atrás, pero debe ser vivida hacia adelante."

Søren Kierkegaard nos recuerda que muchas veces buscamos comprender nuestras experiencias sólo cuando ya han pasado, mientras que el presente exige acción. En nuestra vida cotidiana, solemos intentar entender cada paso mientras lo damos, pero la claridad real sobre nuestras decisiones y el sentido de nuestras acciones se revela solo con el tiempo.

Desde la perspectiva estoica, la clave es enfocarse en lo que podemos controlar: nuestras acciones en el presente. Los estoicos nos enseñan que no podemos predecir ni controlar el futuro, pero sí podemos actuar con virtud, alineados con la razón y con nuestro carácter. La serenidad proviene de entender que, aunque no siempre comprendemos el propósito de nuestras acciones en el momento, debemos seguir adelante con la certeza de que, con el tiempo, todo cobrará sentido.

Reflexiona

- ¿Qué decisiones de tu vida has estado tomando con la esperanza de entenderlas solo más tarde?
- ¿Estás actuando con claridad de propósito, o dejas que el miedo o la duda nublen tu juicio?
- ¿Cómo puedes enfocarte más sin buscar respuestas inmediatas?

Recuerda: Vivir en el presente, con claridad y propósito, te llevará a una vida plena y coherente con tus valores. La reflexión sobre tus acciones solo tiene sentido cuando se toma con calma y perspectiva.

2 de agosto SERENIDAD

"Cuando no hay odio dentro, no hay ningún enemigo fuera."

La batalla más difícil siempre es interna. Cuando dejamos que el odio, la ira o el rencor ocupen espacio en nuestro corazón, el mundo entero se convierte en un campo de guerra. Pero si encuentras paz dentro de ti, no importa quién esté afuera: no habrá lucha. **Epicteto decía: "Nadie puede dañarte si no eliges que te dañen." (Discursos, IV, 7).**

Piensa en alguien que te critica constantemente. Si llevas su resentimiento, caerás en el error, esas palabras serán como dardos que te hieren. Pero si te vacías de odio, las críticas solo son ruido, algo que pasa de largo sin dejar marca. Cuando el alma está tranquila, ni el ataque más feroz encuentra dónde golpear.

No se trata de ignorar las injusticias o fingir que todo está bien, sino de decidir no cargar con el peso del odio. Liberarte de él no es un favor para los demás, es un regalo para ti.

Reflexiona

- ¿Hay alguien hacia quien guardas resentimiento?
- ¿Qué cambiaría si decidieras soltar ese odio y priorizar tu paz interior?

(La ausencia de odio no solo te hace más fuerte, sino invencible. Sin un enemigo dentro, nadie puede serlo fuera.)

3 de agosto PERSEVERANCIA

Confucio

"Nuestra mayor gloria no está en no caer nunca, sino en levantarnos cada vez que caemos."

La perseverancia, esa capacidad de seguir adelante a pesar de los obstáculos, es la que define nuestra capacidad para crecer y alcanzar nuestros objetivos. No se trata de no caer, sino de la fuerza y determinación para levantarnos.

En la filosofía estoica, el fracaso no es visto como algo negativo, sino como una oportunidad para practicar la resiliencia. Los estoicos creen que lo que realmente importa no es lo que nos sucede, sino cómo respondemos ante lo que nos sucede. Nuestro carácter se forja en la adversidad y en la capacidad de mantener la calma, el autocontrol y la acción correcta, incluso en momentos de dificultad.

Reflexiona

- ¿Hay alguna caída reciente de la que puedas levantarte más fuerte?
- ¿Qué has aprendido de tus fracasos que puede ayudarte a seguir adelante con más sabiduría?
- ¿Estás permitiendo que los obstáculos te detengan o estás buscando la manera de levantarte y seguir avanzando?

Recuerda: La verdadera gloria radica en la capacidad de seguir luchando, de aprender de cada tropiezo y continuar el camino con fortaleza y sabiduría. La perseverancia es un arte que fortalece nuestro carácter y nos acerca a nuestras metas.

4 de agosto ASERTIVIDAD

"No voy a tolerar conversaciones de queja más allá de lo razonable."

Las quejas son como un vaso de agua: está bien servirte uno para saciar la sed, pero si sigues llenándolo, terminas ahogándote. Los estoicos nos enseñaron a evitar el círculo vicioso de lamentarnos sin acción. **Séneca escribió: "La mayor parte de los mortales, Pablo, se quejan del mal carácter de la naturaleza, porque hemos nacido para un corto espacio de tiempo." (Sobre la brevedad de la vida, I, 1).**

Escuchar una queja puede ser una forma de empatía, pero prolongarla sin buscar soluciones es alimentar un fuego inútil. Imagina a alguien que siempre se queja del clima, pero nunca se abriga. ¿Qué sentido tiene? La queja excesiva no resuelve problemas, solo los refuerza. ¿Acaso somos animales lamiéndonos las heridas? No dejes que nadie se alimente de tu bondad.

Pon límites claros: acompaña, comprende, pero también invita al cambio. Si las palabras no llevan a la acción, se convierten en ruido. Y la vida ya tiene suficiente ruido como para tolerar más del necesario. Sé asertivo con quien no tiene respeto consigo mismo.

Reflexiona

- ¿En qué áreas de tu vida sientes que las quejas están ocupando demasiado espacio?
- ¿Cómo puedes transformar esas quejas en decisiones o acciones concretas?

(Escuchar está bien, pero tolerar la queja infinita es traicionar tu tiempo y tu energía. Sé parte de la solución, no del ego.)

5 de agosto SER LIBRE

Marcus Aurelio

"La felicidad de tu vida depende de la calidad de tus pensamientos."

Marcus Aurelius nos recuerda que nuestra percepción de la vida, nuestra experiencia del mundo, está profundamente influenciada por lo que pensamos sobre ella. No se trata de lo que nos ocurre, sino de cómo interpretamos y respondemos a lo que sucede. Si cultivamos pensamientos positivos, racionales y en armonía con nuestra naturaleza, nuestra vida se vuelve más plena y serena.

Este principio es fundamental en la filosofía estoica, que enseña que nuestra mente tiene el poder de moldear nuestra realidad. Los estoicos nos invitan a entrenar nuestra mente para ver las dificultades no como tragedias, sino como oportunidades para practicar la virtud. El control de nuestras emociones y reacciones es clave para alcanzar una vida equilibrada y tranquila, independientemente de las circunstancias externas.

Reflexiona

- ¿Estás permitiendo que tus pensamientos dirijan tu vida o estás tomando el control de ellos?
- ¿Qué creencias limitantes podrías transformar en pensamientos que te fortalezcan y te ayuden a avanzar?
- ¿Estás observando tus pensamientos con conciencia para elegir los que te favorecen?

Recuerda: Tu mente tiene un poder inmenso sobre tu vida. Si logras dominarla y enfocar tus pensamientos hacia lo que te aporta paz y crecimiento, las circunstancias externas perderán gran parte de su capacidad para perturbarte.

DIARIO DE ESTOICOS
365 Reflexiones para una Mente Fuerte,
un Espíritu Libre y un Corazón
Lleno de Amor

6 de agosto LUCHA

"Eres tu único obstáculo."

Deja de buscar excusas. No es el jefe, no es la falta de tiempo, no es el pasado ni los demás. Eres tú. Tú eres quien se dice "no puedo". Tú eres quien duda, quien procrastina, quien alimenta el miedo.

Imagina estar en el ring, pero tu oponente no es el rival frente a ti: es tu ego. Es él quien te golpea con dudas, con excusas, con críticas internas. Cada vez que levantas los puños para avanzar, te lanza un gancho al hígado diciéndote: "No eres suficiente", "No vas a ganar", "¿Quién te crees que eres?".

Séneca decía: "El hombre que domina sus pasiones es dueño del mundo." (Cartas a Lucilio, IX, 2). Pero mientras no controles tu ego, serás como un boxeador que lucha contra su sombra, agotado antes de que comience la verdadera pelea.

Tu ego quiere que te rindas, que bajes la guardia y te convenzas de que la derrota es más fácil. Pero tienes que forjar tu carácter: no puedes noquear al ego ignorándolo, tienes que enfrentarlo. Tienes que esquivar sus golpes de miedo, devolvérselos con la certeza de que tú mandas en tu mente. Cada golpe que bloqueas es una victoria. Cada vez que te levantas, le robas poder.

Reflexiona

- ¿Cuándo fue la última vez que tu ego te golpeó con excusas o dudas?
- ¿Cómo podrías devolverle el golpe y recuperar el control?

(El ego será un gran contrincante, pero recuerda: tú tienes la última palabra en esta pelea.)

7 de agosto LA RIQUEZA DEL ALMA

Séneca

"La pobreza no viene por la disminución de las riquezas, sino por la multiplicación de los deseos."

Séneca nos invita a reflexionar sobre la naturaleza del deseo y su impacto en nuestra percepción de la vida. La insatisfacción no surge de lo que nos falta, sino de lo que deseamos continuamente.

Aquellos que aprenden a limitar sus deseos y valorar lo que ya tienen encuentran una riqueza interior que no depende de las circunstancias externas.

Desde el estoicismo, se nos enseña a practicar la autolimitación y el desapego como medios para alcanzar la tranquilidad del alma. Los estoicos creían que la verdadera libertad reside en ser independiente de los caprichos del destino y los deseos descontrolados. La riqueza material puede ser efímera, pero la virtud y la serenidad son tesoros imperecederos.

Reflexiona

- ¿Estás viviendo en constante búsqueda de más, o estás agradecido por lo que ya tienes?
- ¿Qué deseos podrías reducir para encontrar mayor paz interior?
- ¿Es tu felicidad dependiente de factores externos o está anclada en tu propio carácter y virtudes?

Recuerda: La auténtica riqueza no está en lo que poseemos, sino en lo que somos capaces de disfrutar con sabiduría y moderación. Cultiva una mente sencilla y encontrarás abundancia en cada rincón de tu vida.

8 de agosto DESCUBRIMIENTO

"La luz que estás buscando siempre ha estado dentro de ti."

Pasamos la vida buscando fuera lo que siempre hemos tenido dentro. Queremos respuestas en los demás, en el éxito, en las cosas materiales. Pero, como decía Marco Aurelio: **"Huye hacia tu interior. Allí encontrarás refugio que nunca falla." (Meditaciones, IV, 3).**

Piensa en alguien perdido con una linterna en la mano, buscando algo en la oscuridad sin darse cuenta de que ya tiene la luz consigo. Esa es nuestra historia. Creemos que el sentido de la vida, la calma o la felicidad están en algún lugar lejano, pero lo único que nos falta es mirar hacia dentro.

La clave no está en encontrar algo nuevo, sino en reconocer lo que ya eres. Esa luz que tanto buscas no se enciende desde fuera, ya está encendida dentro de ti, esperando que confíes en ella.

Reflexiona

- ¿En qué aspecto de tu vida estás buscando respuestas fuera?
- ¿Qué podrías encontrar si confiaras más en ti mismo?

(La próxima vez que te sientas perdido, deja de correr hacia afuera. Detente, mira dentro, y recuerda que la luz nunca se apagó.)

9 de agosto LA SERENIDAD EN EL CAOS

Epicteto

"No son las cosas las que nos perturban, sino nuestra opinión sobre ellas."

Epicteto nos enseña que no es el mundo externo el que dicta nuestra paz interior, sino cómo elegimos interpretarlo. Los eventos por sí mismos son neutros; somos nosotros quienes les asignamos un valor, quienes decidimos si algo es bueno o malo, favorable o desfavorable. Este poder de interpretar nos da la llave para liberarnos del sufrimiento innecesario.

Desde el estoicismo, este principio subraya la importancia de separar lo que está bajo nuestro control de lo que no lo está. Mientras que no podemos cambiar ciertas circunstancias externas, siempre podemos controlar nuestra percepción y nuestra respuesta. La verdadera libertad radica en este acto de elección consciente, en vivir de acuerdo con nuestra naturaleza racional y no dejarnos arrastrar por emociones incontroladas.

Reflexiona

- ¿Te estás dejando llevar por interpretaciones automáticas de los eventos?
- ¿Cómo podrías reinterpretar una situación reciente que te causó malestar?
- ¿Qué pasos puedes tomar para cultivar la serenidad frente a lo que no puedes controlar?

Recuerda: La paz interior no proviene de cambiar el mundo, sino de cambiar nuestra relación con él. La opinión que elijas tener será la que determine tu experiencia.

10 de agosto RESURRECCIÓN

"El que fracasa una vez se deprime, el que fracasa tres veces es un maestro."

El fracaso no es un enemigo, es un maestro disfrazado. La primera caída duele, te golpea el orgullo y te deja paralizado. Pero quien fracasa una y otra vez aprende algo que los demás no entienden: cada error es un escalón hacia la maestría. **Séneca decía: "El hombre valiente no es el que no siente miedo, sino el que sabe enfrentarlo." (Cartas a Lucilio, XIII, 1).** Lo mismo aplica al fracaso: no es valiente quien nunca falla, sino quien aprende a usar las caídas como un arma.

Piensa en Thomas Edison, quien dijo una vez: "No fracasé 1,000 veces al inventar la bombilla, encontré 1,000 maneras que no funcionaban." Cada vez que un prototipo fallaba, no lo tomaba como una derrota, sino como un dato: sabía lo que no debía hacer en el siguiente intento. Y gracias a esos "fracasos", hoy entendemos lo que significa la perseverancia y "tenemos luz". El fracaso no destruyó a Edison, lo educó. Es el mejor ejemplo de que la maestría no viene de evitar los errores, sino de abrazarlos como parte del proceso. Cada vez que fracasó, estuvo más cerca de iluminar el mundo, literalmente.

Reflexiona

- ¿Quién es tu "Edison interno" que sigue intentando?
- ¿Cómo puedes transformar tus fracasos en datos que te ayuden a lograr tus objetivos?

(Fracasar no es el problema. Quedarte en el suelo sin aprender, eso sí lo es. Usa tus caídas para encender tu propia luz.

11 de agosto PRACTICA LA CALMA

Séneca

"El que sufre antes de lo necesario, sufre más de lo necesario."

Séneca nos invita a reflexionar sobre el hábito destructivo de preocuparnos por el futuro.

Al anticipar el dolor o el fracaso, no solo lo traemos al presente antes de tiempo, sino que lo amplificamos al revivirlo mentalmente una y otra vez.

La ansiedad no cambia el futuro; solo consume nuestra paz presente.

El estoicismo nos enseña que debemos vivir en el momento, aceptar lo que está fuera de nuestro control y enfrentar el futuro cuando llegue, no antes.

Preocuparse es una forma de desperdiciar energía en algo que aún no existe, y la virtud estoica nos guía hacia la preparación serena, no hacia el sufrimiento anticipado.

Reflexiona

- ¿Cuántas veces has sufrido más por la anticipación que por el propio acontecimiento?
- ¿Qué puedes hacer para cultivar la calma y enfocarte en el presente?

Recuerda: El presente es el único tiempo que realmente posees. Vivir en él es tu mayor acto de fortaleza y sabiduría.

12 de agosto MADURAR

"Madurar, como envejecer, es ir descartando sueños."

La vida no es un catálogo infinito donde lo quieres todo. A medida que maduras, aprendes que no puedes perseguir cada sueño, no porque renuncies a soñar, sino porque eliges con más claridad. **Marco Aurelio decía: "Pregúntate en cada momento si esto es necesario." (Meditaciones, IV, 24).**

Madurar no es abandonar, es priorizar. Es entender que no puedes ser astronauta, músico de rock y chef al mismo tiempo. Es mirar tus deseos con honestidad y decidir cuáles realmente valen tu tiempo y tu energía. No es abandonar, es comprometerse con menos, pero con más profundidad.

Piensa en un escultor frente a un bloque de mármol. Cada golpe de cincel descarta algo para revelar la obra final. Con esto buscas más claridad, llegar a algo más profundo y dejar de buscar todo lo "que brilla".

Madurar es lo mismo: descartas sueños no porque no importen, sino porque sabes que no son esenciales para lo que realmente quieres ser.

Reflexiona

- ¿Cuáles son los sueños que realmente te importan?
- ¿Qué podrías soltar para dedicarte por completo a lo que más valoras?

(Descartar no es perder; es liberarte del peso innecesario para acercarte a lo que de verdad importa.)

13 de agosto PERSPECTIVA INTERNA

Epicteto

"No nos afecta lo que nos sucede, sino lo que pensamos sobre lo que nos sucede."

Epicteto señala una verdad profunda: los eventos externos en sí mismos no tienen poder sobre nuestra paz interior; lo que determina nuestra experiencia es la interpretación que damos a esos eventos.

Esta idea nos concede un enorme poder, ya que, aunque no siempre podamos controlar las circunstancias, siempre podemos controlar nuestra perspectiva.

Desde el estoicismo, esta enseñanza nos lleva a reflexionar sobre la importancia del autocontrol y la percepción.

Los estoicos practicaban el desapego emocional de los eventos externos, centrándose en lo que está bajo su dominio: sus pensamientos, elecciones y acciones. Esta disciplina les permitía enfrentar la adversidad con dignidad y resiliencia.

Reflexiona

- ¿Estás permitiendo que las circunstancias externas dicten tu estado emocional?
- ¿Cómo podrías reinterpretar una situación reciente desde una perspectiva más serena y sabia?

Recuerda: Tu verdadera libertad no reside en cambiar el mundo externo, sino en dominar tu mundo interno.

14 de agosto LA CAGASTE

"Ego, decisiones de mierda."

Imagínate un tipo subiendo con toda la confianza del mundo a un trampolín altísimo. En letras gigantes, el trampolín dice: "EGO". Él no duda, ni mira abajo. Sonríe, se prepara y se lanza de cabeza… directo a una piscina llena de mierda. ¿Sabes lo peor? Desde arriba parecía agua cristalina. Así de cabrón es el ego: te hace creer que lo tienes todo controlado mientras te lleva directo al desastre.

Séneca lo dejó claro: "A menudo el precio de una gran arrogancia es una gran caída." (Cartas a Lucilio, VII, 2). El ego no es un enemigo, pero sí un saboteador si no lo mantienes a raya. Te dice que tienes razón cuando no la tienes, que ese salto será glorioso, aunque todo huele mal desde lejos. Y tú, por no cuestionarlo, acabas nadando donde no querías.

No se trata de destruir el trampolín ni de dejar de saltar. Se trata de detenerte un momento y preguntarte: ¿Estoy eligiendo esto desde el ego o desde el corazón? Porque el ego nunca piensa en las consecuencias, solo en la altura desde la que quiere saltar para así ser el protagonista.

Reflexiona

- ¿Cuál fue tu último salto equivocado?
- ¿Cómo podrías pausar y analizar antes de lanzarte al próximo trampolín?

(El ego no es tu enemigo, pero sí tu peor consejero. La próxima vez que subas, asegúrate de que haya agua limpia antes de saltar.)

15 de agosto FUERZA Y VALOR

Séneca

"El fuego prueba el oro, las dificultades prueban a los valientes."

Séneca nos enseña que las dificultades no son castigos, sino oportunidades para crecer y demostrar nuestra valía.

Así como el fuego refina los metales preciosos, los retos de la vida pulen nuestro carácter y fortalecen nuestras virtudes.

Solo enfrentando la adversidad podemos revelar de qué estamos hechos realmente.

El estoicismo valora las pruebas de la vida como un campo de entrenamiento para la mente y el espíritu.

Los estoicos creían que cada obstáculo es una oportunidad para practicar la resiliencia, la paciencia y el coraje.

En lugar de temer las dificultades, debemos recibirlas con serenidad, sabiendo que nos permiten vivir de acuerdo con nuestra mejor versión.

Reflexiona

- ¿Qué desafíos recientes han puesto a prueba tu carácter?
- ¿Cómo puedes usar esas experiencias para fortalecer tu voluntad y crecer como persona?

Recuerda: Las dificultades son maestras disfrazadas; enfréntalas con valentía y deja que revelen lo mejor de ti.

16 de agosto BUENA VIBRA

"El secreto para atraer lo que eres es elevar tu frecuencia."

Lo que emites es lo que recibes. Si vives en una frecuencia de queja, miedo o rencor, no puedes esperar que algo positivo llegue a ti. Cambia tu frecuencia, y el mundo responderá. **Musonio Rufo decía: "Es la vida virtuosa la que atrae a quienes buscan la excelencia." (Fragmentos, XXXI).** Tu frecuencia está definida por cómo vives y actúas, no por lo que sueñas sin actuar.

Piensa en un imán: no puede atraer todo lo que existe, solo aquello que vibra en la misma frecuencia. Si quieres algo nuevo en tu vida, debes ser la versión de ti mismo que ya vibra a ese nivel. Cambiar tu frecuencia no es un truco, es un compromiso con tus valores y tu propósito y tomar la decisión cada día de poner esfuerzo en ello.

Si esforzarte en vibrar alto, en frecuencia de amor, aunque la vida te dé por el cul...

Reflexiona

- ¿Tu energía actual está alineada con lo que quieres atraer?
- ¿Qué cambio interno puedes hacer hoy para sintonizar con la vida que deseas?

(La frecuencia no es magia, es elección. Lo que siembras dentro es lo que cosechas afuera.)

17 de agosto LA VIRTUD COMO GUÍA

Marco Aurelio

"Vive una buena vida. Si hay dioses y son justos, no les importará cuán devoto hayas sido, sino que vivirás con virtud. Si no hay dioses, habrás vivido una vida noble y recordada."

Marco Aurelio nos invita a enfocarnos en lo que realmente importa: vivir con integridad, justicia y bondad. Independientemente de nuestras creencias, actuar con virtud nos asegura una existencia llena de propósito y significado.

Desde el estoicismo, esta perspectiva resalta la importancia de centrarse en lo que está bajo nuestro control: nuestras acciones, nuestras decisiones y nuestro carácter.

La virtud no solo es la brújula que guía nuestras vidas, sino también el legado que dejamos al mundo, más allá de cualquier circunstancia externa o destino divino.

Reflexiona

- ¿Están tus acciones diarias alineadas con tus valores más profundos?
- ¿Qué legado de virtudes quieres construir para quienes te rodean?

Recuerda: La verdadera nobleza reside en actuar correctamente, sin importar el reconocimiento o la recompensa.

18 de agosto GLORIOSO

"Las dificultades hacen al maestro"

Nadie se vuelve fuerte en un camino fácil. Las dificultades no son castigos; son el terreno donde construyes tu fortaleza. Cada desafío es un maestro, y cada vez que te enfrentas a ellos, te acercas más a tu mejor versión. **Epicteto lo decía: "Cuanto mayor es la dificultad, mayor es la gloria en superarla." (Discursos, II, 12).**

Piensa en un herrero. El metal que no pasa por el fuego jamás se convierte en espada. De la misma manera, nosotros necesitamos las pruebas, las caídas y las derrotas para afilar nuestras habilidades, nuestro carácter y nuestra paciencia. La vida, con sus retos, no te destruye; te forja.

Así que la próxima vez que sientas que la vida te está empujando al límite, no preguntes "¿por qué a mí?". Pregunta "¿qué me está enseñando?". Porque el maestro no se define por lo que evita, sino por lo que enfrenta.

Reflexiona

- ¿Cuál ha sido la dificultad más grande que has enfrentado últimamente?
- ¿Qué has aprendido de ella, y cómo te está ayudando a crecer?

(El camino difícil no es el que te detiene; es el que te convierte en el maestro que estás destinado a ser.)

19 de agosto EL PODER DEL PRESENTE

Eckhart Tolle

"La vida es ahora. Nunca ha habido un momento en el que tu vida no fuera ahora, ni lo habrá."

Eckhart Tolle nos recuerda que el único instante verdaderamente real es el presente.

Anclarse en el ahora nos libera de la tiranía del pasado y la incertidumbre del futuro, permitiéndonos encontrar paz y claridad en lo que realmente somos.

Para los estoicos, vivir en el presente es esencial.

Marco Aurelio escribía que debemos concentrarnos en el momento actual y realizar nuestras tareas con virtud y atención plena.

Al hacerlo, logramos trascender los miedos y deseos que nos distraen, encontrando fuerza y serenidad en cada instante vivido con integridad.

Reflexiona

- ¿Estás plenamente presente en este momento o tu mente divaga entre el pasado y el futuro?
- ¿Cómo puedes hacer que el día de hoy sea significativo, independientemente de lo que venga mañana?

Recuerda: El presente es el único lugar donde puedes ejercer tu poder y conectar con lo que realmente importa.

20 de agosto PREPARACIÓN

"Lo que es para ti te encuentra."

Deja de correr detrás de lo que crees que necesitas. La vida no funciona a base de persecuciones, sino de preparación. Lo que está destinado a ser tuyo no requiere de correr, solo que estés listo para recibirlo. Musonio Rufo decía: "Es más importante ser digno de las cosas buenas que desearlas." (Fragmentos, XXIV).

Piensa en un árbol que da fruto. No se mueve buscando al sol, pero se abre a él. Crece, se fortalece, y entonces, cuando es el momento adecuado, el fruto llega. La clave no es correr tras lo que deseas, sino trabajar en ser el tipo de persona que merece tenerlo cuando llegue.

No se trata de quedarte en el sofá esperando que el roble crezca por arte de magia en tu comedor, sino de confiar en el proceso y trabajar en ello. La vida no se equivoca, pero a veces se toma su tiempo para darte lo que necesitas, no lo que crees que quieres.

Reflexiona

- ¿Qué podrías hacer hoy para ser más digno de aquello que anhelas?
- ¿Qué pasaría si confiaras en que la vida ya sabe cuándo y cómo entregártelo?

(No corras detrás de lo que es para ti; confía en que, cuando estés listo, te encontrará.)

DIARIO DE ESTOICOS
365 Reflexiones para una Mente Fuerte,
un Espíritu Libre y un Corazón
Lleno de Amor

21 de agosto VERDADERA LIBERTAD

Marco Aurelio

"El hombre que se domina a sí mismo, no necesita ser dominado por nadie más."

Marco Aurelio destaca que la verdadera libertad no radica en la ausencia de restricciones externas, sino en el dominio de nuestras emociones, deseos y pensamientos.

La autosuficiencia emocional y mental nos permite vivir con independencia, sin ser esclavos de las opiniones, circunstancias o pasiones que nos rodean.

Para los estoicos, esta idea es central: la libertad se encuentra en la virtud y en la capacidad de ejercer el control sobre lo que está dentro de nuestra esfera de poder.

Al practicar el autocontrol, desarrollamos fortaleza y serenidad frente a los desafíos de la vida, permitiéndonos actuar con sabiduría y propósito.

Reflexiona

- ¿En qué áreas de tu vida puedes practicar un mayor autocontrol?
- ¿Qué emociones o impulsos tienden a dominarte, y cómo podrías trabajar para gobernarlos mejor?

Recuerda: La libertad más poderosa es la que nace de tu interior; es el resultado de gobernarte a ti mismo con sabiduría y virtud.

22 de agosto FLORECER

"La felicidad es algo que sucede dentro de ti."

Deja de buscar la felicidad en las cosas, en los logros o en las personas. Lo externo es pasajero; no puede llenar lo que falta dentro de ti. La felicidad no es lo que tienes, es cómo eliges mirar lo que tienes. **Séneca decía: "El hombre feliz es aquel que se contenta con su presente, sea lo que sea." (Cartas a Lucilio, IX, 14).**

Piensa en alguien sentado bajo la lluvia. Uno se queja porque está mojado, otro sonríe porque siente las gotas como un regalo de vida. La diferencia no está en la tormenta; está en cómo la interpretan. La felicidad no depende de lo que sucede, sino de lo que haces con ello.

No significa ignorar los problemas o vivir en un mundo de fantasía, sino aprender a construir paz y gratitud dentro de ti, sin importar lo que pase afuera. Porque la vida no siempre será perfecta, pero tu actitud hacia ella sí puede serlo. De hecho, ese es tu trabajo.

Reflexiona

- ¿Estás esperando que algo o alguien te haga feliz?
- ¿Qué podrías empezar a valorar más en tu día a día para cultivar esa felicidad desde dentro?

(La felicidad no llega desde fuera; es una semilla que riegas cada día dentro de ti)

23 de agosto NO HAY ÉXITO SIN CONSTANCIA

Robert Collier

"El éxito es la suma de pequeños esfuerzos, repetidos día tras día."

El éxito, como nos recuerda Robert Collier, no es fruto de un gran golpe de suerte ni de un solo esfuerzo monumental, sino de la acumulación constante de pequeños esfuerzos realizados día tras día.

La verdadera clave radica en la disciplina, la constancia y la perseverancia.

Desde la perspectiva estoica, esta cita resuena con la enseñanza de que debemos enfocarnos en lo que está en nuestra capacidad de control: nuestras acciones diarias.

Los estoicos creían que la virtud es el único bien verdadero, y la virtud se cultiva a través de hábitos consistentes.

Así, cada pequeña acción alineada con nuestros valores es un paso hacia una vida plena y virtuosa.

Reflexiona

- ¿Estás comprometido con los pequeños esfuerzos diarios que te acercan a tu propósito?
- ¿Qué hábitos podrías cultivar para avanzar, aunque sea un paso pequeño, hacia tus metas más grandes?

Recuerda: la grandeza no se construye de una sola vez, sino a través de la disciplina de cada día.

24 de agosto MARCOS 9:23

"La magia de crearlo es la certeza de tenerlo."

Todo lo que construyes comienza con una visión clara. Si no crees que puedes lograrlo, ni siquiera lo intentas. Pero cuando tienes la certeza de que lo harás realidad, algo cambia: tu mente, tus acciones, todo se alinea para hacerlo posible. **Epicteto decía: "Primero di a ti mismo lo que serás, y luego haz lo que tengas que hacer." (Enquiridión, XXXIII).**

Piensa en Miguel Ángel, quien al mirar un bloque de mármol sin forma dijo: **"Vi el ángel en el mármol y tallé hasta liberarlo."** No había dudas, no había excusas. El ángel ya existía en su mente; el trabajo solo era darle forma. Esa certeza es la clave: no esperar a que algo suceda, sino actuar como si ya fuera tuyo.

En el Evangelio, uno de los pasajes clave que resalta la fuerza de la fe es **Marcos 9:23**, donde Jesús dice: **"Si puedes creer, al que cree todo le es posible.". Y yo digo "ser quien quieras ser, hacer lo que tengas que hacer y tendrás lo que te mereces.**

"Ser, hacer y tener."

Reflexiona

- ¿Qué estás creando en tu vida ahora mismo?
- ¿Cómo podrías actuar con más certeza para acercarte a tu visión?

(La magia no está en esperar que las cosas sucedan, sino en actuar como si ya fueran tuyas.)

25 de agosto LA FUERZA DE LA PERSEVERANCIA

Calvin Coolidge

"Nada en el mundo puede reemplazar la perseverancia. El talento no lo hará; nada es más común que hombres talentosos fracasados. El genio no lo hará; el genio sin recompensa es casi un proverbio. La educación no lo hará; el mundo está lleno de fracasados educados. La perseverancia y la determinación lo son todo."

Calvin Coolidge nos recuerda que, más allá del talento, la educación o el genio, la perseverancia es el verdadero motor del éxito. El mundo está lleno de personas con grandes habilidades y conocimientos que, sin embargo, no logran alcanzar sus metas. Es la constancia y la determinación las que marcan la diferencia.

Desde el punto de vista estoico, la perseverancia es una virtud esencial. Los estoicos nos enseñan que debemos mantener nuestra resolución frente a la adversidad. No importa cuántos obstáculos encontremos, lo importante es seguir adelante con fortaleza, sin desmoronarnos ni dejar que las dificultades nos desvíen del camino. La verdadera prueba de carácter se da en la capacidad de continuar, sin importar las circunstancias.

Reflexiona

- ¿En qué áreas de tu vida te falta perseverancia?
- ¿Cómo podrías fortalecer tu determinación para superar los desafíos que enfrentas?

Recuerda: el camino del éxito está pavimentado con la constancia y la resiliencia.

26 de agosto CONSTRUYE

"Esas palabras que piensas y hablas se convierten en la casa en la que habitas."

Tus pensamientos son los planos y tus palabras, los ladrillos. Si lo único que piensas de ti mismo son frases llenas de quejas, miedos o inseguridades, ¿qué esperas construir? Una casa que se cae a pedazos. Ahora, si tus palabras reflejan confianza, paciencia y propósito, te estás dando un lugar donde vivir en paz. **Musonio Rufo decía: "La palabra verdadera y honesta crea un carácter fuerte y firme." (Fragmentos, XXXV).** Tus palabras no solo describen tu realidad, la crean.

Imagina que cada vez que te dices "No puedo" estás clavando un clavo en las paredes de tu casa. Clavo tras clavo, conviertes tu espacio en un lugar inhabitable. Pero cuando dices "Voy a intentarlo", estás quitando esos clavos, abriendo ventanas y dejando entrar la luz. Aun así, dejaras marcas, heridas. Así que cuidado en cómo te hablas.

Creemos poco en nosotros mismos, nos desvalorizamos y nos apuñalamos con una lengua afilada de mentiras. ¿Tiene sentido?

Reflexiona

- ¿Cuáles son las palabras que más repites sobre ti mismo?
- ¿Cómo podrías cambiarlas para construir un espacio donde realmente te guste habitar?

(Lo que dices se queda contigo. Habla con cuidado, porque al final, esas palabras son las paredes que te rodean.)

27 de agosto CAMBIO INTERIOR Y EXTERIOR

Nelson Mandela

"No hay nada como regresar a un lugar que no ha cambiado, para darnos cuenta de lo mucho que hemos cambiado nosotros."

Mandela nos invita a reflexionar sobre la importancia del cambio personal. Regresar a un lugar familiar puede ser un recordatorio poderoso de cuánto hemos crecido, tanto en perspectiva como en carácter.

A menudo, el cambio más significativo no ocurre en el entorno, sino dentro de nosotros mismos.

Desde una perspectiva estoica, este tipo de cambio es el verdadero objetivo del trabajo interno.

Los estoicos enfatizan la importancia de la transformación interna para alcanzar la paz mental y la sabiduría. Si uno cambia desde dentro, el entorno ya no tiene poder sobre su bienestar, pues ha cultivado la virtud y el control de sus propias reacciones.

Reflexiona

- ¿Cómo has cambiado tú en los últimos años?
- ¿Qué partes de ti mismo aún te gustaría transformar para alcanzar la paz interior?

Recuerda: la mayor fuerza proviene del cambio que se origina en nuestro interior, más que en el mundo exterior.

28 de agosto CLARIDAD

"No supongas."

Las suposiciones son como disparos al aire: puedes pensar que son inofensivos, pero tarde o temprano una bala caerá… sobre tu cabeza. Imaginas lo que otros piensan, lo que sienten, por qué actúan como actúan, y cada suposición se convierte en un tiro descontrolado que solo diriges hacia ti mismo. La mayoría de las veces, lo que supusiste ni siquiera estaba cerca de la verdad. Cada suposición es una bala cargada con tus miedos y prejuicios. Y lo peor es que la apuntas contra ti mismo.

Musonio Rufo decía: "Es mejor averiguar la verdad preguntando, que sufrir por ignorancia y suposiciones." (Fragmentos, XXVIII). Cada vez que supones, eliges ignorar la verdad y prefieres llenar el vacío con miedos, inseguridades o historias que solo existen en tu cabeza.

Piensa en alguien que no te mira o no responde. En tu mente, ya armaste una novela: "Seguro está molesto", "Me odia", "Es mi culpa". Pero cuando te atreves a preguntar, descubres que simplemente estaba distraído o lidiando con algo propio. Cada disparo que hiciste solo sirvió para perforarte a ti. **No supongas.** Habla, pregunta, busca la verdad. Las balas de la imaginación no resuelven nada, solo crean **cicatrices** donde nunca hubo heridas.

Reflexiona

- ¿Cuándo fue la última vez que te heriste con una suposición?
- ¿Qué pasaría si la próxima vez eliges preguntar en vez de disparar?

(Las balas imaginarias no matan a nadie más, pero pueden destrozar tu tranquilidad. No dispares, pregunta con honestidad.)

29 de agosto DAR SIN ESPERAR NADA A CAMBIO

Madre Teresa de Calcuta

"No todos podemos hacer grandes cosas. Pero podemos hacer cosas pequeñas con un gran amor."

Madre Teresa nos enseña que la verdadera grandeza no reside en la magnitud de nuestras acciones, sino en la calidad con la que las realizamos.

Cada acto de bondad, por pequeño que sea, tiene el poder de transformar el mundo a nuestro alrededor si se hace con amor genuino.

Desde la óptica estoica, el amor y la compasión son virtudes esenciales para alcanzar una vida plena.

Sin esperar recompensa ni reconocimiento, los estoicos creen que debemos actuar con rectitud, en lo que llamamos "actuar por el bien común", independientemente de los resultados.

Las acciones deben surgir del deber moral, no del deseo de recibir algo a cambio.

Reflexiona

- ¿Estás dando lo mejor de ti en tus relaciones y en tus actos cotidianos?
- ¿Qué pequeños actos de bondad podrías realizar hoy sin esperar nada a cambio?

Recuerda: el verdadero impacto en el mundo radica en los actos de amor y generosidad, sin la expectativa de retribución.

30 de agosto ROMPER EL CICLO

"No uses lo que te hizo daño para hacer daño a otra persona."

El daño que te hicieron es como una flecha clavada en tu piel. Duele, sangra, y lo primero que piensas es lanzársela a alguien más, como si eso fuera a aliviar el dolor. Pero no funciona así. Si arrancas esa flecha para usarla contra otro, el daño sigue dentro de ti y ahora también vive en ellos. Lo único que logras es repartir el sufrimiento.

Séneca decía: "No hay mayor nobleza que devolver el bien por el mal." (Cartas a Lucilio, LXXXI, 10). Ser fuerte no es devolver el golpe, es sostener la flecha, examinarla y decir: "Esto termina conmigo." Ese acto no te hace débil, te hace libre.

Imagina quedarte con la flecha, pero no para lanzarla, sino para aprender de ella. Para entender que el dolor no se pasa, se transforma. Lo que te hicieron no tiene que definirte, y mucho menos ser el arma que uses contra los demás.

Reflexiona

- ¿De qué flecha que llevas clavada estás tentado a usar contra otros?
- ¿Qué pasaría si eligieras curarte en lugar de perpetuar el daño?

(Sostener la flecha y no lanzarla no es debilidad, es la verdadera fortaleza de quien decide sanar.)

31 de agosto AMA LO QUE HACES

Steve Jobs

"Tu trabajo va a llenar una gran parte de tu vida, y la única manera de estar verdaderamente satisfecho es hacer lo que crees que es un gran trabajo. Y la única manera de hacer un gran trabajo es amar lo que haces."

Steve Jobs nos desafía a pensar en el propósito detrás de nuestras acciones. Si no amamos lo que hacemos, no podemos esperar hacer un trabajo excelente. La pasión y la dedicación son las claves para alcanzar la satisfacción y el éxito en nuestra vida profesional y personal.

Desde el enfoque estoico, la pasión y el amor por lo que hacemos pueden ser vistos como un reflejo de la virtud del autoconocimiento. Los estoicos consideran que debemos encontrar lo que realmente nos llena, y actuar de acuerdo a eso, sin dejar que las expectativas externas nos desvíen del camino correcto.

Solo haciendo lo que amamos con verdadera dedicación podemos alcanzar la excelencia.

Reflexiona

- ¿Estás haciendo lo que amas o te estás conformando con lo que otros esperan de ti?
- ¿Qué puedes hacer hoy para alinear tu trabajo con lo que realmente te apasiona?

Recuerda: la clave del verdadero éxito está en la pasión y en el amor por lo que hacemos, sin importar las circunstancias externas.

9 Septiembre - Cleantes

"El trabajo constante moldea el carácter."

Cleantes (330-230 a.C.) fue el segundo líder de la escuela estoica, sucediendo a Zenón de Citio. Pasó de ser un humilde cargador de agua a convertirse en un filósofo influyente, demostrando el poder de la dedicación.

Características y logros:

- Dedicación a la filosofía: A pesar de su humilde origen, estudió con Zenón y se destacó por su perseverancia y laboriosidad.
- Enseñanzas clave: Subrayó la importancia de la práctica constante y la autodisciplina para alcanzar la virtud.
- Legado literario: Aunque gran parte de sus escritos se han perdido, su influencia perdura en las enseñanzas de la escuela estoica.

1 de septiembre EDUCACIÓN COMO BASE DE TODO

Nelson Mandela

"La educación es el arma más poderosa que puedes usar para cambiar el mundo."

Mandela entendió que el verdadero poder radica en el conocimiento y en el acceso a la educación.

A través de ella, no solo mejoramos nuestras vidas, sino que también tenemos el poder de transformar sociedades enteras.

Desde una perspectiva estoica, la educación y el autoconocimiento son esenciales para el crecimiento personal.

Los estoicos creían que una mente cultivada, educada en la virtud, es capaz de hacer frente a cualquier adversidad con sabiduría y serenidad.

El cambio empieza por uno mismo y su mente.

Reflexiona

- ¿Cómo estás invirtiendo en tu educación y crecimiento personal?
- ¿Qué puedes aprender hoy que te acerque más a tu propósito?

Recuerda: la educación no solo te da herramientas, te da la capacidad de transformar tu vida y el mundo a tu alrededor.

2 de septiembre RESPETO EN EL CAMINO

"De donde te vayas, deja siempre la puerta abierta."

Salir no siempre es fácil, pero la manera en que te vas dice mucho más de ti que las razones por las que lo haces. Dejar una puerta abierta significa irte con dignidad, sin resentimiento, porque nunca sabes si la vida te llevará de vuelta. **Séneca decía: "El hombre sabio no desprecia nada de lo que podría necesitar algún día." (Cartas a Lucilio, IX, 6).**

Imagina que cada lugar que dejas es una habitación. Puedes salir golpeando la puerta, dejando la mierda atrás, o puedes cerrar sin resentimiento, sin cagadas, asegurándote de que, si un día regresas, esa habitación aún esté habitable. Las puertas abiertas no son para el otro; son para ti, para recordarte que no hay necesidad de cagarla y siempre puedes dejarlo todo limpio.

Esto no significa aceptar todo ni dejarte pisar. Se trata de salir con calma, sabiendo que cerrar bien una etapa es tanto un acto de respeto como de empatía.

Reflexiona

- ¿Cuándo fue la última vez que te fuiste de un lugar o de una relación?
- ¿Dejaste la puerta abierta o la cerraste con llave?

(Una puerta cerrada puede ser una jaula para el futuro. Deja espacio para lo inesperado; la vida tiene formas curiosas de llevarnos de vuelta.)

3 de septiembre BRISA MARINA

Madre Teresa de Calcuta

"Lo que hacemos es solo una gota en el mar, pero si no lo hiciéramos, el mar estaría en falta."

La Madre Teresa nos recuerda que, aunque nuestros actos puedan parecer pequeños, su impacto es profundo.

Cada acción cuenta, y aunque no podamos cambiar el mundo de una sola vez, podemos contribuir a su mejora de manera constante.

Desde la visión estoica, cada pequeño acto tiene valor porque refleja nuestra virtud y nuestra disposición a vivir de acuerdo con principios que mejoran tanto nuestro carácter como el mundo que nos rodea.

Recuerda que somos parte de un todo; un eslabón más de la cadena.

Es un recordatorio de que lo esencial está en lo cotidiano.

Reflexiona

- ¿Estás valorando tus pequeñas acciones diarias como parte del cambio que deseas ver en el mundo?
- ¿Qué acto sencillo de bondad puedes hacer hoy que tenga un impacto positivo?

Recuerda: el verdadero valor de lo que haces se encuentra en cómo lo haces y en la intención detrás de cada pequeño gesto.

4 de septiembre PREPARACIÓN

"Estoy preparado para recibir lo mejor que la vida tiene para ofrecerme."

Prepararse para lo mejor no es cuestión de suerte, es un acto de responsabilidad. No puedes esperar grandes oportunidades si no estás listo para aprovecharlas. La vida premia a quienes trabajan, no a quienes solo desean. **Séneca decía: "La suerte es lo que sucede cuando la preparación se encuentra con la oportunidad." (Cartas a Lucilio, CVI, 2).**

Imagina a un arquero que entrena todos los días. Puede que no sepa de ninguna competición cercana, pero cuando llegue el momento, estará listo para disparar. Tú eres ese arquero. Prepararte para lo mejor significa entrenarte, crecer y avanzar, incluso cuando no sabes exactamente cuándo llegará lo que esperas.

Estar listo no es un acto de fe ciega; es un compromiso contigo mismo de que mereces lo mejor y estás dispuesto a trabajar para alcanzarlo.

Reflexiona

- ¿Qué estás haciendo hoy que demuestra que estás preparado para lo que sueñas?
- ¿Cómo podrías actuar más alineado con la vida que quieres recibir?

(La preparación no es opcional; es el precio que pagas por lo mejor que la vida tiene para ofrecer.)

5 de septiembre SUEÑA A LO GRANDE

Steve Jobs

"La gente que está lo suficientemente loca como para pensar que puede cambiar el mundo, es la que lo logra."

Jobs destacó el poder de la visión y la determinación para llevar a cabo proyectos innovadores.

Para él, no había límites en lo que se podía lograr si uno tenía la convicción de que podía cambiar las reglas del juego.

Las personas solemos ser pobres hasta para pensar. Hasta soñando nos cuenta liberarnos de nuestras ataduras y creencias limitantes.

En la filosofía estoica, esta visión se alinea con el principio de vivir según la razón y el propósito.

Los estoicos creían que nuestra misión es clara, y a través de la razón y la claridad de visión, debemos enfocar nuestros esfuerzos para actuar con rectitud y sabiduría.

Reflexiona

- ¿Qué visión grande tienes para tu vida y cómo estás trabajando para alcanzarla?
- ¿Te estás permitiendo soñar sin límites y actuar en consecuencia?

Recuerda: la capacidad de cambiar el mundo comienza con la creencia de que puedes hacerlo, y la acción que sigues con ella.

6 de septiembre AMAR LO QUE ES

"El amor es nada que quitar, nada que poner."

El amor no necesita ajustes. No es una obra incompleta ni un rompecabezas al que le falten piezas. Es aceptación total. Cada vez que intentas quitar algo del otro para hacerlo "mejor" o agregar algo para cumplir tus expectativas, deja de ser amor y se convierte en exigencia. **Musonio Rufo decía: "El mayor regalo entre los hombres es tratarlos con justicia y aceptar su naturaleza." (Fragmentos, XIV).**

Imagina esto: toda tu vida te han dicho que necesitas encontrar "tu media naranja". Pero el amor no se trata de buscar una mitad para completarte; se trata de ser una naranja entera que elige compartir su jugo con otra. No le quitas gajos al otro ni intentas pegarle los tuyos. No necesitas ajustar nada porque ambos ya están completos.

Amar no es arreglar, ni mejorar. Es mirar a alguien, a ti mismo o a la vida, y decir: "Así está bien." Es abrazar lo que es, sin filtros ni modificaciones.

Reflexiona

- ¿A quién en tu vida estás tratando de cambiar o ajustar?
- ¿Cómo sería el amor si simplemente aceptaras y disfrutaras lo que ya es?

(El amor no busca mitades. Busca enteros que elijan compartir. Esa es la diferencia entre poseer y amar.)

7 de septiembre POBREZA INTERIOR

Madre Teresa de Calcuta

"El mayor desastre del mundo no es la pobreza material, sino la pobreza de espíritu."

Madre Teresa de Calcuta enfatizó la importancia de la riqueza espiritual frente a la material. Aunque la pobreza material es un desafío serio, lo que realmente empobrece a la humanidad es la incapacidad de sentir amor y empatía por los demás. Es un llamado a nutrir el alma a través de la compasión, la conexión con los demás y el servicio desinteresado.

Los estoicos también nos enseñan que lo que nos hace verdaderamente ricos no son los bienes materiales, sino la fortaleza interior y el buen carácter. Según Epicteto, nuestra verdadera riqueza radica en nuestra capacidad para vivir con virtud y sabiduría. Mientras que el mundo puede agobiarnos con deseos materiales, los estoicos nos invitan a encontrar en nosotros mismos lo que realmente importa.

La pobreza de espíritu se remedia cultivando la gratitud, la humildad y el amor. Como decía Séneca, "La vida no es esperar a que pase la tormenta, es aprender a bailar bajo la lluvia."

Reflexiona

- ¿Cómo estás nutriendo tu espíritu cada día?
- ¿Te permites entregar amor y compasión a los demás sin esperar recompensas?

Recuerda: la verdadera riqueza no proviene de lo que poseemos, sino de lo que somos capaces de dar.

8 de septiembre COMPRENSIÓN EN ACCIÓN

"Cuando comprendes, sabes; y cuando sabes, actúas."

El entendimiento real no se queda en la cabeza, te mueve. Cuando algo te hace clic, ya no hay vuelta atrás: lo sabes y, al saberlo, no puedes evitar actuar. La comprensión no es un lujo intelectual, es el motor que impulsa todo cambio real. **Epicteto decía: "No es suficiente desear ser mejor; debes aprender cómo serlo y hacerlo." (Discursos, II, 19).**

Imagina que tienes una brújula en tus manos. Antes de saber cómo usarla, es solo un objeto sin sentido. Pero cuando entiendes cómo funciona, sabes a dónde ir y, lo más importante, empiezas a caminar. Así pasa con la vida: entender te da dirección, pero actuar es lo que realmente te mueve hacia adelante.

Saber algo y no actuar es como tener un mapa y no seguirlo. La acción es el sello final de que realmente entendiste. Es ahí donde la comprensión se convierte en sabiduría.

Reflexiona

- ¿Hay algo que entiendes, pero aún no aplicas en tu vida?
- ¿Qué acción puedes tomar hoy para cerrar esa brecha entre saber y hacer?

(La verdadera comprensión no se queda en palabras; vive en las decisiones que tomas después de saber.)

DIARIO DE ESTOICOS
365 Reflexiones para una Mente Fuerte,
un Espíritu Libre y un Corazón
Lleno de Amor

9 de septiembre VALENTÍA

Nelson Mandela

"No es valiente aquel que no tiene miedo, sino el que sabe conquistarlo."

Nelson Mandela entendió que el verdadero valor no radica en la ausencia de miedo, sino en la capacidad de enfrentarlo y actuar a pesar de él. Esta cita refleja la esencia de la resiliencia, un rasgo que tanto él como los estoicos veneraban.

El miedo es una respuesta humana natural, pero no debe determinar nuestras acciones.

Los estoicos, como Marco Aurelio, nos enseñaban que el valor es la fortaleza para hacer lo correcto, incluso cuando nos sentimos inseguros o amenazados.

El miedo es solo una reacción, y lo que nos define es nuestra respuesta ante él.

La valentía también se cultiva a través del autocontrol y la disciplina. Como decía Séneca, "Un hombre sabio no se deja llevar por el pánico, sino que actúa con reflexión y templanza."

Reflexiona

- ¿Estás permitiendo que el miedo controle tus decisiones?
- ¿Qué temores necesitas confrontar para poder avanzar en tu vida?

Recuerda: el valor verdadero no es la ausencia de miedo, sino la capacidad de actuar con determinación a pesar de él.

10 de septiembre IMPRESCINDIBLE

"Donde tú estés, sirve para algo"

¿Sabes lo curioso? Hasta el pelo del culo tiene su función. Sí, ahí está, discreto, sin hacerse fotos para Instagram, pero cumpliendo su propósito: evita rozaduras, cuida lo que no vemos y está donde tiene que estar. ¿Por qué tú no? No importa si sientes que tu lugar no es el más glamoroso o visible; si estás ahí, hay algo que puedes hacer.

Epicteto decía: "No busques que las circunstancias sean más fáciles, busca ser mejor en enfrentarlas." (Discursos, I, 6). Tú no necesitas que todo sea perfecto para marcar la diferencia. Sirve, aunque nadie lo note. Aporta, aunque creas que no importa. Hasta lo más pequeño tiene un propósito, incluso lo que parece insignificante.

Así que deja de esperar el momento perfecto. Si hasta algo tan invisible cumple su función, tú también puedes hacer que el lugar donde estás importe. Sirve, aunque sea en silencio, aunque creas que nadie lo ve. Eso es integridad.

Reflexiona

- ¿En qué parte de tu vida sientes que no estás aportando?
- ¿Qué podrías hacer hoy, por pequeño que parezca, para marcar la diferencia?
- (No subestimes tu lugar ni tu propósito. Si hasta el pelo del culo tiene una función, tú también puedes encontrar la tuya.)

11 de septiembre SERVICIO Y HUMILDAD

Mahatma Gandhi

"La mejor manera de encontrarte a ti mismo es perdiéndote en el servicio a los demás."

Mahatma Gandhi mostró cómo el verdadero camino hacia la paz y el crecimiento personal pasa a través del servicio desinteresado a los demás.

En lugar de enfocarnos en el yo, encontramos nuestra verdadera naturaleza cuando servimos a quienes nos rodean con humildad y amor.

Los estoicos también valoraban profundamente el servicio y el sacrificio por el bienestar común. Como decía Marco Aurelio, "La vida no se trata de lo que haces por ti mismo, sino de lo que haces por los demás."

Para Gandhi, servir a los demás es el camino hacia la autosuperación. Cuando nos centramos en el bienestar de los demás, dejamos de preocuparnos por nuestras propias carencias y nos conectamos con un propósito superior.

Reflexiona

- ¿Cómo puedes servir a los demás de manera más significativa hoy?
- ¿Qué pequeña acción de servicio puedes hacer para contribuir al bienestar de alguien más?

Recuerda: la verdadera conexión con uno mismo y con el mundo se encuentra a través del servicio desinteresado a los demás.

12 de septiembre BAMBÚ: FUERTE Y FLEXIBLE

"Un cuerpo móvil es sexy, un cuerpo fuerte es funcional."

Lo sexy no es solo lo que ves, es lo que sientes. Un cuerpo que se mueve con libertad, que fluye, que tiene equilibrio y control, tiene una sensualidad que va más allá de la estética. Pero un cuerpo fuerte es el que te mantiene de pie, el que te da soporte para todo lo demás. **Séneca decía: "El cuerpo es un siervo; cuando está preparado, sirve al alma con más eficacia." (Cartas a Lucilio, XV, 2).**

Piensa en alguien que puede agacharse, saltar o girar con facilidad, como si su cuerpo estuviera en completa sintonía con su mente. Eso es movilidad, y sí, es sexy porque transmite confianza, vitalidad y energía. Pero esa movilidad se sostiene con fuerza: los músculos que te levantan, el equilibrio que te estabiliza y la resistencia que te lleva más lejos.

Lo móvil atrae, lo fuerte permanece. Trabajar en tu cuerpo no es solo para verte bien, es para que puedas vivir bien, moverte con gracia y enfrentar la vida con fuerza.

Reflexiona

- ¿Estás trabajando tu cuerpo solo por cómo se ve o también por lo que puede hacer?
- ¿Cómo podrías equilibrar movilidad y fuerza para sentirte mejor contigo mismo?

(Lo sexy es moverte bien. Lo funcional es que puedas seguir haciéndolo toda tu vida. Apunta a ambas cosas.)

13 de septiembre ABRE TU MENTE

Nikola Tesla

"Si quieres encontrar los secretos del universo, piensa en términos de energía, frecuencia y vibración."

Nikola Tesla revolucionó el mundo con su visión, entendiendo que el universo funciona a través de fuerzas invisibles que pueden ser manipuladas para generar cambios significativos.

Esta comprensión profunda de la naturaleza le permitió crear innovaciones que cambiaron el curso de la historia.

Tesla nos invita a ver más allá de lo evidente y a comprender los principios fundamentales que rigen nuestro mundo.

La filosofía estoica comparte este enfoque en la claridad y la razón.

Los estoicos nos enseñan que nuestra verdadera capacidad reside en comprender el universo interior y exterior, y en vivir en armonía con él. Como decía Epicteto, "Lo que está en nuestras manos es entender la naturaleza y vivir de acuerdo a ella."

Reflexiona

- ¿Estás buscando comprender los principios que rigen tu vida y tus decisiones?
- ¿Cómo puedes usar el conocimiento profundo para innovar y transformar tu entorno?

Recuerda: el verdadero poder está en comprender lo que nos rodea y usar ese conocimiento para crear un impacto duradero.

14 de septiembre AQUÍ Y AHORA

"La actitud de presencia ante una persona es el acto de amor y respeto más bonito que existe."

Estar presente de verdad, sin distracciones, sin mirar el móvil, sin pensar en lo que vas a decir después, es un regalo que pocos saben dar. Escuchar con atención, mirar a alguien a los ojos, estar ahí al 100%, es la manera más pura de decir: "Me importas". **Marco Aurelio decía: "La atención debe darse completamente a la tarea que tengas delante, y a la persona con quien estás." (Meditaciones, V, 20).**

Imagina estar con alguien que te escucha sin prisa, que no interrumpe, que realmente está contigo. ¿No es esa la forma más profunda de amor? La presencia no necesita palabras ni gestos grandiosos; es simplemente ofrecerte como un refugio para la otra persona, aunque sea solo por un momento.

La presencia no es solo respeto hacia los demás, también es respeto hacia ti mismo. Porque cuando te entregas de verdad a un momento, vives plenamente, sin distracciones.

Reflexiona

- ¿Cuándo fue la última vez que estuviste completamente presente con alguien?
- ¿Qué puedes hacer hoy para ofrecerle tu atención total a una persona importante para ti?

(La presencia no cuesta nada, pero significa todo. Estar de verdad es la forma más bonita de amar.)

15 de septiembre VER OTRA PERSPECTIVA

Thomas Edison

"No he fracasado. Sólo he encontrado 10,000 maneras que no funcionan."

Thomas Edison, uno de los inventores más prolíficos de la historia, es conocido por su tenacidad ante el fracaso.

Su capacidad para persistir ante la adversidad lo llevó a inventar la bombilla eléctrica y otros avances fundamentales.

Edison veía el fracaso como una lección y una oportunidad para ajustar su enfoque hasta lograr el éxito.

Los estoicos también nos enseñan que el fracaso no es algo a temer, sino una parte esencial del proceso de crecimiento.

Como Séneca afirmaba, "No es la derrota lo que nos hace caer, sino la falta de coraje para levantarnos."

Reflexiona

- ¿Qué has aprendido de tus fracasos recientes?
- ¿Cómo puedes ajustar tu enfoque para seguir avanzando sin rendirte?

Recuerda: el fracaso no es el fin del camino, sino una oportunidad de aprender y mejorar.

16 de septiembre APRENDIZAJES

"**En la riqueza del error está el crecimiento.**"

Cada vez que te equivocas, ganas algo: una lección, una nueva perspectiva, un músculo mental que no tenías antes. El error, aunque incomode, es la base del aprendizaje. Evitar fallar es evitar crecer. **Epicteto decía: "¿De qué sirve aprender lo que no estás dispuesto a practicar y, al practicar, a equivocarte?" (Discursos, I, 20).**

Imagina que estás levantando pesas en el gimnasio. Al principio, no puedes cargar ni la mitad de lo que quieres. Fallas, te tambaleas, pero cada repetición, cada pequeño error, fortalece tus músculos. El crecimiento físico y mental ocurre igual: a través del fallo consciente y del esfuerzo por superarlo.

El error no es el enemigo; es un maestro disfrazado. En cada tropiezo hay una riqueza escondida, pero solo si tienes el coraje de mirarlo como una oportunidad y no como un castigo.

Reflexiona

- ¿Cuál ha sido tu error más reciente?
- ¿Qué riqueza puedes encontrar en él si lo ves desde otra perspectiva?

(Equivocarte no te hace débil; quedarte en el error, sí. Aprende, crece y sigue adelante.)

17 de septiembre BUSCAR LA ESENCIA DE LAS COSAS

Henry Ford

"Si hubieran preguntado a la gente qué querían, habrían pedido caballos más rápidos."

Henry Ford entendió que la verdadera innovación no siempre se basa en mejorar lo que ya existe, sino en crear algo completamente nuevo que resuelva problemas de una manera más eficiente.

Su visión revolucionó la industria automotriz, haciendo los automóviles accesibles para las masas.

Ford nos muestra que la innovación más disruptiva surge cuando pensamos fuera de los límites de lo conocido.

Los estoicos, al igual que Ford, nos enseñan a simplificar nuestra vida, centrándonos en lo esencial.

Como decía Epicteto, "Lo que importa no es lo que nos ocurre, sino cómo respondemos a ello."

Reflexiona

- ¿Qué aspectos de tu vida podrían simplificarse para enfocarte en lo verdaderamente importante?
- ¿Estás buscando innovar o solo mejorar lo que ya conoces?

Recuerda: la verdadera innovación surge de pensar más allá de las limitaciones y centrarse en lo esencial.

18 de septiembre TRANSFORMA TU ODIO

"El odio es un amor fermentado"

El odio no aparece de la nada. Siempre viene de algo que una vez fue importante para ti: alguien que amaste, una expectativa que no se cumplió, una herida que no sanaste. Es amor que se dañó, que no supiste soltar, y ahora se pudre dentro de ti. **Séneca decía: "El resentimiento es como un veneno que tomas tú, esperando que mate a otro." (Cartas a Lucilio, LXXXI, 8).** El odio no afecta al otro, te destruye a ti.

Imagina que tienes una naranja perfecta, brillante, jugosa. Es el amor que sientes por alguien o algo. Pero un día aparece un gusano: una traición, una palabra hiriente, una promesa rota. No te das cuenta, y el gusano empieza a comerse la naranja desde dentro. Lo que antes era dulce, ahora huele mal, sabe amargo, y en lugar de disfrutarla, la odias. **Odiar es llevar una carga inútil.**

Soltar no significa que lo que pasó estuvo bien; significa que eliges no dejar que el daño te siga gobernando. El amor se transforma en odio, pero tú decides si lo dejas al gusano salir o alimentarse de tus recuerdos.

Reflexiona

- ¿Hay algún "gusano" en tu vida, algo o alguien que aún no has soltado?
- ¿Cómo podrías empezar a limpiar esa naranja para recuperarte?

(El amor que se daña no tiene que pudrirse. Saca el gusano, suelta el odio y vuelve a vivir ligero.)

19 de septiembre SIMPLIFICA LAS COSAS

Leonardo da Vinci

"La simplicidad es la máxima sofisticación."

Leonardo da Vinci es un ejemplo supremo de la capacidad humana para combinar arte, ciencia y filosofía.

La complejidad normalmente implica cierta mediocridad. Las grandes cosas de la vida son simples.

Su visión única lo llevó a ser un innovador en múltiples campos. Da Vinci entendía que la verdadera sofisticación no es crear algo complejo, sino despojarlo de todo lo innecesario para llegar a su forma más pura y esencial.

En la filosofía estoica, la simplicidad es una virtud fundamental.

Los estoicos nos enseñan que el dominio de uno mismo y la claridad de propósito son las claves para vivir una vida plena. "La vida sencilla es la más rica," nos recuerda Séneca.

Reflexiona

- ¿Qué aspectos de tu vida o trabajo podrían beneficiarse de más simplicidad?
- ¿Estás buscando la esencia de lo que realmente importa?

Recuerda: la simplicidad es una poderosa forma de sofisticación, tanto en la vida como en el trabajo.

20 de septiembre CHISPA

"Busca lo que encienda tu alma."

La vida no se trata de sobrevivir, de aguantar o de cumplir con lo que esperan de ti. Se trata de encontrar eso que te enciende por dentro, lo que te hace sentir vivo. Sin esa chispa, todo lo demás es estar por estar, pero no vivir. **Marco Aurelio decía: "Dentro de ti hay un espíritu que guía. Dale atención y déjalo brillar." (Meditaciones, II, 13).**

Imagina que llevas una vela encendida. Si no la cuidas, si no buscas lo que la protege del viento, tarde o temprano la llama se apaga. Y cuando eso pasa, no es la vida la que pierde su luz, eres tú. Ese fuego no viene de fuera: no es un trabajo, una relación o un éxito. Viene de lo que eliges, de lo que te mueve, de lo que te hace sentir auténtico.

Dejar que tu fuego interno arda es una responsabilidad contigo mismo. Porque cuando lo encuentras y lo proteges, no solo iluminas tu camino, también das luz a quienes están a tu alrededor.

La peor condena que puede vivir un espíritu libre es morir sin saber qué ha venido a hacer en este mundo.

Reflexiona

- ¿Qué es lo que realmente enciende tu alma?
- ¿Estás persiguiéndolo o solo dejando que la llama se consuma poco a poco?

(Hay personas que viven en un día, 100 años, y personas que viven 100 años en un día)

21 de septiembre EL SILENCIO

Wolfgang Amadeus Mozart

"La música no está en las notas, sino en el silencio entre ellas."

Mozart, uno de los genios más grandes de la historia de la música, entendió que lo más importante no estaba solo en lo que se decía o en lo que se hacía, sino en los momentos de pausa, reflexión y espacio.

A veces, lo más valioso es lo que no se dice, lo que no se hace, y cómo aprovechamos los momentos entre lo que conocemos.

Parece que el silencio nos incomoda, y debemos cultivarlo más para poder estar con nosotros mismos y observar el mundo exterior e interior que nos rodea.

Los estoicos valoran igualmente el espacio de reflexión y la paciencia en el proceso. Como decía Marco Aurelio, "Lo que no está en tu poder, no te debe perturbar."

Reflexiona

- ¿Estás permitiendo que el silencio y la reflexión guíen tus decisiones?
- ¿Cómo puedes encontrar sabiduría en los momentos de pausa?

Recuerda: a menudo es en el silencio donde encontramos las respuestas más profundas.

22 de septiembre AMAR LO QUE ES

"El ego es la resistencia a lo que es."

El ego es ese niño interior caprichoso que no soporta no tener el control. Si algo no sale como esperaba, grita, patalea y pelea contra la realidad. Pero, ¿de qué sirve? Lo que es, es. El ego no cambia las cosas; solo te desgasta. **Musonio Rufo decía: "El hombre sabio no lucha contra lo inevitable; lo usa para crecer." (Fragmentos, XXII).**

Imagina que estás frente a un árbol torcido. El ego quiere enderezarlo, se queja de que no es perfecto, de que debería ser diferente. Pero mientras sigues peleando con la forma del árbol, pierdes la oportunidad de disfrutar su sombra, su belleza única, su verdad. Amar lo que es no significa rendirse, significa aceptar la realidad sin querer cambiarla a tu antojo.

"Cuando peleas con la realidad, pierdes, pero solo el 100% de las veces."

Aceptar no es conformarse; es entender que la pelea con la realidad siempre se pierde. Es reconocer: "Esto es lo que hay. Ahora, ¿qué voy a hacer con ello?"

Reflexiona

- ¿Dónde en tu vida estás peleando con algo que no puedes cambiar?
- ¿Qué pasaría si en lugar de resistir, eligieras aceptar y avanzar?

(El ego pelea con la realidad. Tú no tienes que hacerlo. Suelta, acepta y usa tu energía para lo que realmente importa.)

23 de septiembre CREE EN TI

Guglielmo Marconi

"La única manera de hacer cosas imposibles es creer que son posibles."

Marconi, el inventor de la radio, desafió las convenciones de su tiempo y demostró que lo imposible no es una barrera, sino una invitación a pensar más allá de lo conocido.

Su capacidad para creer en lo imposible y trabajar en ello con determinación lo convirtió en uno de los pioneros más importantes de la comunicación moderna.

Cambia de perspectiva, analiza los problemas desde distintos ángulos y lógica.

Los estoicos nos enseñan que nuestras creencias y actitudes hacia lo que es posible son las que determinan nuestras acciones. Según Séneca, "La fortuna favorece a los audaces."

Reflexiona

- ¿Qué límites estás dispuesto a desafiar en tu vida?
- ¿Hay algo que consideras imposible, pero que realmente crees que podrías lograr?

Recuerda: creer en lo posible es el primer paso para transformar lo imposible en realidad.

24 de septiembre EXPECTATIVAS

"Lo que veo no me causa nada, yo soy la causa de lo que veo."

"Ernestdift"

El mundo no tiene poder sobre ti. Todo lo que sientes, piensas o interpretas viene de dentro. Si ves problemas en todo, pregúntate qué parte de ti los está proyectando. Si ves oportunidades, es porque tu interior está listo para tomarlas. **Marco Aurelio decía: "La vida de un hombre es lo que sus pensamientos hacen de ella." (Meditaciones, IV, 3).**

Piensa en un proyector. La película que ves en la pantalla no está ahí afuera; viene del rollo que se está reproduciendo dentro del aparato. Así funciona tu mente. El mundo no es el problema ni la solución. Todo empieza con lo que eliges proyectar en él.

Tomar responsabilidad por lo que ves no es cargar con culpa; es darte el poder de cambiar tu experiencia. Porque cuando trabajas en lo que llevas dentro, el mundo comienza a reflejar esa transformación.

Reflexiona

- ¿Qué estás proyectando hoy en el mundo que te rodea?
- ¿Qué podrías ajustar dentro de ti para ver algo diferente afuera?

(El mundo no te controla; tú decides cómo verlo. Cambia tu interior, y todo lo demás cambiará contigo.)

25 de septiembre LA CURIOSIDAD

Albert Einstein

"La imaginación es más importante que el conocimiento."

Einstein nos recuerda que el verdadero avance no solo proviene de lo que sabemos, sino de la capacidad de imaginar nuevas posibilidades.

La imaginación es el motor de la creatividad y la innovación, mientras que el conocimiento es solo la base sobre la cual construimos nuestras ideas.

La filosofía estoica también pone énfasis en el aprendizaje continuo y la adaptación.

Epicteto decía, "No busques que los eventos ocurran como deseas, sino que desees que ocurran como ocurren."

Reflexiona

- ¿Estás permitiendo que tu imaginación te guíe hacia nuevas soluciones?
- ¿Cómo puedes cultivar más curiosidad y apertura al aprendizaje?

Recuerda: la imaginación es la chispa que enciende el fuego del conocimiento y el cambio.

26 de septiembre FLUJO CONSTANTE

"Inhala presencia, exhala paz."

La vida pasa volando, y a menudo estamos tan atrapados en lo que fue o en lo que podría ser, que olvidamos vivir el momento presente. La respiración es una forma sencilla de detenerte, de recordarte que solo este momento es real. **Musonio Rufo decía: "El primer paso para vivir bien es aprender a detenerse y observar." (Fragmentos, XVIII)**

Imagina que cada vez que inhalas, estás llenándote de todo lo que es ahora: lo que ves, lo que sientes, lo que tienes frente a ti. Y al exhalar, dejas ir todo lo que no te sirve, lo que te pesa, lo que te distrae. La paz no está en el futuro ni en el pasado, está aquí, en este segundo, en cada aliento.

La clave para encontrar calma en medio del caos está en la presencia. Inhalar es estar aquí, exhalar es liberar lo que te aleja de este momento.

Reflexiona

- ¿Cuántas veces has estado atrapado en tus pensamientos, perdiendo la calma?
- ¿Qué pasaría si te detienes, inhalas y regresas al aquí y ahora?

(La paz no está en lo que haces, sino en cómo eliges estar. Respira, y recuerda que todo lo que necesitas está aquí.)

27 de septiembre DESARROLLO INTERIOR

Galileo Galilei

"No se puede enseñar nada a un hombre, sólo se le puede ayudar a encontrar la respuesta dentro de él."

Galileo entendió que el verdadero aprendizaje y descubrimiento no proviene de la imposición, sino de la exploración personal. Es el esfuerzo individual, la perseverancia y la curiosidad lo que permite que surjan nuevas ideas. Su enfoque destaca la importancia de la introspección y del cuestionamiento constante como herramientas para el crecimiento. Galileo nos invita a no aceptar las verdades de forma pasiva, sino a buscar nuestro propio camino hacia el entendimiento.

En la filosofía estoica, el aprendizaje personal y el desarrollo interior son fundamentales. Los estoicos nos enseñan que el conocimiento no puede ser adquirido simplemente escuchando a otros, sino reflexionando profundamente sobre nuestras experiencias y principios. Como Séneca afirmaba, "A veces el camino más largo hacia la verdad es el más necesario."

Reflexiona

- ¿Estás dispuesto a buscar las respuestas dentro de ti mismo en lugar de depender de otros?
- ¿Qué acciones concretas puedes tomar hoy para aprender y crecer de manera genuina?
- ¿Estás cuestionando lo que das por sentado para alcanzar una comprensión más profunda?

Recuerda: el verdadero conocimiento no es algo que te den, sino algo que descubres por ti mismo a través de la curiosidad y el esfuerzo constante.

28 de septiembre LA PIEDRA

"Eres tú quien decide si caes en un bache o en una tumba"

La vida está llena de desafíos, pero la forma en que los enfrentas define tu camino. Un obstáculo puede ser una simple piedra en el camino o convertirse en una barrera insuperable, dependiendo de tu actitud. **Marco Aurelio decía: "El impedimento a la acción avanza la acción. Lo que se interpone en el camino se convierte en el camino." (Meditaciones, V, 20).**

Imagina que encuentras una roca. Puedes verla como una molestia y detenerte, o puedes usarla como un arma para alimentarte. La decisión es tuya: ¿permitirás que los obstáculos te detengan o los utilizarás para crecer?

Reflexiona

- ¿Cuál es el último obstáculo que enfrentaste?
- ¿Lo convertiste en una oportunidad para avanzar o permitiste que te detuviera?

(Los desafíos son inevitables; tu reacción ante ellos es lo que define tu camino.)

29 de septiembre PERSPECTIVA E INTELIGENCIA

Henry Ford

"El fracaso es simplemente la oportunidad de comenzar de nuevo, esta vez con más inteligencia."

Ford veía el fracaso como un maestro imprescindible. Para él, cada revés era una lección sobre lo que no funcionaba y una invitación para innovar con mayor claridad.

Su enfoque práctico hacia los errores transformó el miedo al fracaso en una herramienta poderosa para el aprendizaje. Al comprender esto, nos invita a redefinir nuestra relación con los obstáculos.

Los estoicos también consideraban el fracaso como una parte inevitable y valiosa del camino hacia la virtud.

Séneca lo resumió así: "La dificultad fortalece el alma, como el trabajo fortalece al cuerpo." Para los estoicos, el verdadero fracaso radica en no intentar de nuevo.

Reflexiona

- ¿Qué has aprendido de tus fracasos recientes y cómo puedes aplicarlo?
- ¿Eres capaz de ver los contratiempos como lecciones en lugar de derrotas?
- ¿Cómo puedes fortalecer tu capacidad para enfrentar los desafíos con resiliencia?

Recuerda: cada obstáculo es una oportunidad disfrazada, esperando ser transformada por tu esfuerzo y perseverancia.

30 de septiembre PARTICIPA

"Amar es algo que se hace, y el amor es la respuesta."

Amar es como jugar tres en raya. No puedes ganar si no mueves ficha. Cada acción cuenta: un mensaje, un gesto, una mirada, todo construye la partida. Y aunque no siempre te respondan como esperas, sigues jugando porque sabes que lo importante no es ganar, es mostrar que estás ahí, participando. **Marco Aurelio decía: "No te detengas en lo que el otro hace o deja de hacer; enfócate en lo que tú haces correctamente." (Meditaciones, VI, 30).**

Imagina sentarte frente al tablero y no mover ni un dedo, esperando que el otro haga todo el trabajo. No hay juego, no hay conexión, no hay nada. El amor no funciona así. Amar es hacer tu parte, marcar tu ficha, aunque no siempre salga perfecto, porque lo que vale no es el resultado, sino el esfuerzo.

No esperes a que el otro haga el primer movimiento. Si amas, juega, construye, pon de tu parte. Aunque no logres una línea perfecta, lo que importa es estar presente en el tablero y dar sin esperar nada a cambio. Este es el juego de amar en el que ganas solo por participar. ¿Estamos de acuerdo?

Reflexiona

- ¿En qué relación estás esperando demasiado del otro?
- ¿Qué movimiento puedes hacer hoy para marcar tu ficha con amor?

(El amor no es un resultado, es una acción. El tablero está ahí; ¿vas a jugar o solo mirar?)

Controla lo que depende de ti.

10
Octubre - Posidonio

"La razón nos conecta con las estrellas y la naturaleza."

Posidonio (135-51 a.C.) fue un filósofo estoico, científico y polígrafo de la antigüedad, conocido por sus contribuciones al conocimiento en múltiples disciplinas, desde la filosofía hasta la astronomía.

Características y logros:

- Polímata estoico: Combinó el estoicismo con estudios en ciencia, matemáticas, geografía y ética, demostrando que la filosofía abarca todos los aspectos del conocimiento.
- Conexión cósmica: Enseñó que la razón humana es una extensión del logos universal, conectándonos con el cosmos.
- Influencia duradera: Sus escritos y enseñanzas inspiraron a pensadores como Cicerón y desarrollaron la conexión entre la ciencia y la filosofía.

1 de octubre PREPARACIÓN Y PERSEVERANCIA

Thomas Edison

"El genio es un 1% de inspiración y un 99% de transpiración."

Edison destacaba que los grandes logros no se deben únicamente a ideas brillantes, sino al esfuerzo constante y disciplinado para ejecutarlas.

Una chispa de creatividad puede ser poderosa, pero sin el arduo trabajo para darle forma, se desvanece como humo.

La preparación y la constancia son las herramientas que convierten el potencial en realidad.

En el estoicismo, la preparación se asocia con el concepto de practicar la virtud día a día.

Epicteto enseñaba que debemos entrenarnos para responder con sabiduría a cualquier desafío, asegurándonos de que nuestras acciones estén alineadas con nuestro propósito.

Reflexiona

- ¿Estás dedicando suficiente esfuerzo a transformar tus ideas en realidad?
- ¿Qué hábitos puedes implementar para trabajar con mayor disciplina y enfoque?
- ¿Cómo puedes prepararte mejor para enfrentar los desafíos del día a día?

Recuerda: la inspiración te da la visión, pero es la acción constante la que construye el camino hacia el éxito.

2 de octubre DIÁLOGO INTERIOR

"Toda cura espiritual exige limpieza de pensamientos."

No puedes sanar por dentro si tu mente está llena de ruido, juicios y emociones negativas. Es como intentar limpiar una herida con las manos sucias. Tus pensamientos son la base de tu bienestar, y para encontrar paz espiritual, necesitas primero observarlos, reconocer cuáles te están dañando y aprender a soltarlos. **Séneca decía: "La mente serena trae consigo la fuerza para sanar incluso las mayores heridas." (Cartas a Lucilio, XXXI, 11).** La calma y la claridad empiezan cuando haces espacio en tus pensamientos para lo que realmente importa.

Piénsalo: cada vez que te enganchas con pensamientos negativos o con historias que solo existen en tu cabeza, te estás alejando de tu paz. La cura espiritual no viene de fuera; empieza dentro de ti, con lo que eliges alimentar en tu mente. Es limpiar ese espacio y llenarlo de claridad, de gratitud, de compasión, para que tu alma pueda sanar.

La limpieza de pensamientos no es un acto único, es un hábito. Cada día tienes la oportunidad de revisar tu mente como quien revisa una habitación: ¿qué se queda y qué necesitas sacar para que haya más luz?

Reflexiona

- ¿Qué pensamiento recurrente está ensuciando tu paz interior?
- ¿Cómo podrías empezar hoy a observarlo y soltarlo para limpiar tu mente?

(Sanar el espíritu comienza con la mente. Lo que piensas es el primer paso hacia la paz que buscas.)

3 de octubre PROGRESO

Benjamín Franklin

"No temeré el paso lento; solo temo detenerme por completo."

Franklin entendía que el progreso no siempre es rápido, pero cada paso, por pequeño que sea, suma en el camino hacia nuestros objetivos.

La constancia y la determinación superan cualquier adversidad, mientras que detenerse, por miedo o frustración, es lo único que garantiza el fracaso.

El tiempo nunca debe ser una barrera para avanzar, sino un aliado para construir algo sólido.

En el estoicismo, la paciencia es una virtud esencial. Aceptar que no podemos apresurar el curso natural de los acontecimientos nos permite enfocarnos en lo que está bajo nuestro control: nuestras decisiones y acciones.

Perseverar es la clave, porque cada pequeño avance representa una victoria contra la inacción.

Reflexiona

- ¿Reconoces el valor de los pequeños pasos en tu camino hacia el éxito?
- ¿Cómo podrías replantearte tus expectativas de tiempo y progreso?
- ¿Estás permitiendo que el miedo a avanzar despacio te impida seguir adelante?

Recuerda: lo importante no es la velocidad, sino la dirección constante hacia tus metas.

4 de octubre CICUTA

"Siempre háblate con amor y paciencia, que de ti salga la energía que deseas recibir."

Hablarte mal es como hacer lo que decía Séneca sobre la cicuta: al principio no parece peligroso porque el veneno es lento, pero poco a poco te consume hasta dejarte sin fuerza. Cada vez que te dices "no soy suficiente" o "no puedo", es como tomar un pequeño sorbo de cicuta. Puede que no lo notes al instante, pero con el tiempo, ese veneno mental se convierte en chupito de mortalidad.

Séneca decía: "Es más fácil protegerse del veneno que de las palabras que uno se dice a sí mismo." (Cartas a Lucilio, CXIII, 6). Tus pensamientos negativos son ese veneno: suaves al principio, pero autodestructores al final. Si nos creyéramos todos los pensamientos nos volveríamos locos.

Hablarte con amor es lo contrario: es el antídoto. Es decirte "estoy aprendiendo" en lugar de "nunca lo haré bien". Es recordarte que mereces paciencia, como lo harías con un amigo. Cambiar tu diálogo interno no es una opción; **es salvarte a ti mismo del veneno que te repites día tras día.**

Reflexiona

- ¿Qué palabras tóxicas has estado bebiendo últimamente?
- ¿Qué podrías decirte hoy para empezar a construir un diálogo interno que cure en lugar de herir?

(Tus pensamientos son tus medicinas o tus venenos. Elige con cuidado lo que decides beber cada día.)

5 de octubre ACCIÓN

Alexander Graham Bell

"La única diferencia entre el éxito y el fracaso es la capacidad de actuar."

Bell entendía que las ideas sin acción carecen de valor.

Las personas exitosas no necesariamente tienen mejores ideas, sino que son aquellas que las transforman en realidad con valentía y determinación.

Cada paso que damos hacia un objetivo, incluso con incertidumbre, nos aleja del fracaso y nos acerca al éxito.

Desde la perspectiva estoica, la acción tiene un propósito superior: llevar nuestras virtudes a la práctica.

Reflexionar no basta; es en nuestras elecciones diarias y nuestras acciones donde definimos quiénes somos.

La inacción, por otro lado, solo perpetúa el estancamiento y el arrepentimiento.

Reflexiona

- ¿Estás priorizando la acción sobre el perfeccionismo?
- ¿Qué pasos concretos podrías dar hoy hacia tus metas?
- ¿Cómo estás superando las dudas y el miedo que te frenan?

Recuerda: la acción, por imperfecta que sea, siempre será más poderosa que la inacción.

6 de octubre AUTONOMÍA

"Libertad emocional no significa que tú no debas poseer nada, sino que nada debe poseerte a ti."

La libertad emocional es amar profundamente sin vivir con miedo a perder. Es tener cosas, sí, pero no dejar que esas cosas te tengan a ti. Es disfrutar una relación, pero sin sentir que sin esa persona no puedes VIVIR. Piensa en tu móvil: lo usas cada día, lo valoras, pero ¿y si lo pierdes? Si ese objeto domina tu tranquilidad, entonces te posee más de lo que tú lo posees.

Marco Aurelio decía: "El alma libre es aquella que no se ata a lo que no puede controlar." (Meditaciones, XI, 1). La clave está en vivir conectado con las cosas y las personas sin que tu felicidad dependa de ellas.

En tu día a día, libertad emocional es que alguien no te escriba y tú sigas con tu vida sin darle mil vueltas. Es perder algo material y no sentir que perdiste una parte de ti. Es cuidar lo que amas sin vivir con miedo a perderlo.

Reflexiona

- ¿Hay algo o alguien en tu vida que esté controlando tus emociones?
- ¿Qué pequeño paso puedes dar hoy para empezar a soltar esa dependencia?

(La verdadera libertad no es tener más, es necesitar menos. Sé dueño de tu vida, no un esclavo de tus apegos.)

7 de octubre ESTRUCTURACIÓN

Henry Ford

"Nada es realmente difícil si lo divides en pequeños trabajos."

Ford revolucionó la industria al descomponer grandes problemas en tareas manejables, haciendo posible lo que parecía imposible.

Su enfoque práctico demuestra que incluso los objetivos más ambiciosos pueden lograrse con paciencia y constancia, un paso a la vez.

La fragmentación de los desafíos no solo reduce la complejidad, sino que también proporciona un sentido de logro constante. Cada pequeño éxito contribuye a la motivación necesaria para avanzar.

Desde el estoicismo, este principio nos invita a no sentirnos abrumados por la magnitud de los desafíos.

En su lugar, debemos concentrarnos en lo que está al alcance de nuestras manos, abordando cada tarea con dedicación y claridad. Este enfoque práctico refuerza nuestra resiliencia, enseñándonos a progresar incluso en las circunstancias más adversas.

Reflexiona

- ¿Estás dividiendo tus objetivos en pasos concretos?
- ¿Cómo puedes aplicar la constancia en tus esfuerzos diarios?
- ¿Qué pequeño paso puedes dar hoy hacia algo grande?

Recuerda: los grandes logros son el resultado de pequeños esfuerzos acumulados con el tiempo.

8 de octubre TATUAJE EN EL CORAZÓN

"La magia está en cómo haces sentir a los demás."

No es lo que haces ni cuánto haces, es lo que dejas en el corazón del otro. Imagínate que te invito a la mejor cafetería del mundo, no recordaras el sabor de ese café. Pero sí la presencia con la que sostuve nuestra conversación. Y por supuesto, como ese momento, nos hizo sentir. La verdadera magia está en las emociones que creas, en la huella que dejas, en hacer que alguien se sienta visto, querido, importante. **Marco Aurelio decía: "La bondad es invencible, cuando es auténtica y sin expectativas." (Meditaciones, XI, 18).**

Piénsalo: ese amigo que te escribió justo cuando lo necesitabas, el abrazo que te sostuvo, o incluso la sonrisa de alguien que simplemente te escuchó sin prisas. Esos momentos no cuestan nada, pero lo son todo. La magia no está en las palabras complicadas ni en los lugares grandiosos, está en ser humano, real y presente.

En tu día a día, la magia puede ser mirar a alguien a los ojos cuando hablas, escuchar sin interrumpir, o decir un "gracias" que realmente sienta la otra persona. Eso cambia vidas, y también cambia la tuya. Es como tatuar en el corazón de la persona.

Reflexiona

- ¿Qué gesto pequeño podrías hacer hoy para que alguien sienta que importa?
- ¿Cómo te gustaría ser recordado por la forma en que haces sentir a los demás?

(La magia, es un acto de presencia. Lo que das, vuelve.)

9 de octubre DOMINIO INTERIOR

Leonardo da Vinci

"No puedes tener dominio sobre otras cosas hasta que tengas dominio sobre ti mismo."

Leonardo, un maestro en diversas disciplinas, entendía que el verdadero poder comienza en el interior.

Para él, la autodisciplina y el conocimiento de uno mismo eran esenciales para liberar el potencial creativo y alcanzar la excelencia.

La introspección y el autoanálisis no solo fortalecen nuestras habilidades, sino que también clarifican nuestra misión en la vida. La grandeza externa, según Leonardo, es simplemente un reflejo del equilibrio interno.

En el estoicismo, el dominio de uno mismo es el principio fundamental de la virtud. A través del autocontrol y la reflexión, podemos enfrentar la vida con sabiduría y actuar en alineación con nuestros valores más elevados. Este control interior nos permite mantenernos firmes frente a las adversidades y actuar con propósito, incluso bajo presión.

Reflexiona

- ¿Estás desarrollando el dominio sobre tus emociones y pensamientos?
- ¿Cómo puedes ser más consciente de tus decisiones y acciones?
- ¿Qué prácticas podrían ayudarte a fortalecer tu autodisciplina?

Recuerda: el verdadero poder nace del control interior y no de las circunstancias externas.

10 de octubre EL JUEGO DE LA ATENCIÓN

"La clave para serenar la mente es el dominio de la atención."

Tu mente es como un río: si dejas que fluya sin control, puede volverse como una catarata, arrastrarte y agotarte. Pero cuando dominas tu atención, es como construir un puente sólido: puedes observar el flujo sin perderte en él. **Epicteto decía: "No es la distracción externa lo que perturba al hombre, sino su incapacidad de enfocarse en lo que es esencial." (Discursos, I, 17).**

En tu día a día, el dominio de la atención puede ser tan simple como decidir, apagar el móvil durante una comida, o tan profundo como sentarte en silencio y escuchar tu respiración. Serenar tu mente no significa que todo se detenga afuera, sino que eliges hacia dónde mirar, sin permitir que las distracciones te arrastren.

Cuando controlas tu atención, recuperas tu poder. Las preocupaciones se vuelven más pequeñas, y lo que importa se vuelve más claro.

Reflexiona

- ¿Dónde está tu atención hoy?
- ¿Qué podrías hacer para enfocarla en lo que realmente importa y soltar lo que no puedes controlar?

(Tu paz no está en la ausencia de ruido, sino en tu capacidad de elegir qué escuchar.)

11 de octubre PREPARACIÓN

Alexander Graham Bell

"Antes que cualquier cosa, la preparación es la clave del éxito."

Bell entendía que la innovación no era solo cuestión de genialidad espontánea, sino de preparación meticulosa.

Anticipar los problemas, planificar soluciones y trabajar con enfoque fueron los pilares de sus logros.

La preparación nos da la ventaja de reaccionar con rapidez y precisión ante lo inesperado. También genera confianza, porque sabemos que hemos hecho todo lo posible para estar listos.

Para los estoicos, la preparación nos permite enfrentar los desafíos con serenidad y eficacia. En lugar de dejarnos llevar por las sorpresas de la vida, nos fortalecemos al preverlas y estar listos para afrontarlas con razón y virtudes.

Este enfoque proactivo nos libera del miedo y fomenta una actitud de valentía ante lo incierto.

Reflexiona

- ¿Estás dedicando tiempo a prepararte para tus objetivos?
- ¿Cómo puedes anticipar y gestionar mejor los desafíos en tu camino?
- ¿Qué habilidades necesitas desarrollar para estar mejor preparado?

Recuerda: el éxito favorece a quienes se toman el tiempo para estar listos.

12 de octubre BENDITA LOCURA

"A la vida hay que darle un buen capítulo para la locura de cada uno."

Tu locura es lo que te diferencia de ser una copia más. No es algo que debas esconder ni justificar; es lo que marca y define tu propia personalidad. Es reírte alto cuando no debes, soñar en grande cuando otros piensan en pequeño, o decidir que tu vida no necesita permiso de nadie para ser vivida a tu manera. **Marco Aurelio decía: "Sé fiel a ti mismo, porque es lo único que verdaderamente posees." (Meditaciones, X, 11).**

Recuerda ese día en el que hiciste algo tan tú, algo que otros pudieron llamar "ridículo", pero que te hizo sentir vivo. Lo vivo en cada tatuaje que me hago, en las veces que probé nuevas experiencias. Como cuando tome la ayahuasca o el peyote, la vez que me intoxique en la India comiendo en lugares traumáticos. Esa es tu locura, la parte más real de quién eres.

Vivir sin ese capítulo es dejar fuera lo mejor de tu historia. Porque no estás aquí para seguir el guion de nadie, sino para escribir tu propio libro con los colores que a ti te gustan, con esas locuras que te hacen único y auténtico.

Reflexiona

- ¿Qué locura te hace ser tú y que a veces escondes?
- ¿Qué podrías hacer hoy para celebrarla en lugar de reprimirla?

(No dejes tu locura fuera del libro. Es lo que hace que cada página sea inolvidable.)

13 de octubre SANA CURIOSIDAD

Marie Curie

"Sé menos curioso por las personas y más curioso por las ideas."

Curie dedicó su vida al descubrimiento científico, enfocándose en el poder transformador de las ideas más que en las distracciones del mundo social.

Su capacidad para simplificar lo complejo fue la clave para abrir nuevas fronteras en la ciencia. Este enfoque hacia la esencia le permitió encontrar soluciones revolucionarias en lugar de distraerse con problemas periféricos.

La curiosidad enfocada, según Curie, es la chispa que enciende la innovación.

El estoicismo nos enseña a priorizar lo esencial sobre lo trivial.

Al centrarnos en lo que realmente importa, podemos dirigir nuestras energías hacia lo que tiene valor duradero, dejando de lado lo que nos desvía de nuestro propósito. Este enfoque nos ayuda a mantener la serenidad en un mundo lleno de ruido y distracciones.

Reflexiona

- ¿Estás enfocado en lo que realmente importa en tu vida?
- ¿Cómo puedes simplificar tu entorno y tus objetivos?
- ¿Qué ideas podrían transformar tu forma de pensar y actuar?

Recuerda: la verdadera sabiduría radica en mantener la mirada fija en lo esencial.

14 de octubre ELECCIÓN

"Todo lo que nos sucede es objeto de nuestro crecimiento."

La vida te pone frente a desafíos no para destruirte, sino para mostrarte quién eres y de qué estás hecho. Cada obstáculo es una oportunidad para crecer, si eliges mirarlo con esa perspectiva. Marco Aurelio decía: "El impedimento a la acción avanza la acción. Lo que se interpone en el camino se convierte en el camino." (Meditaciones, V, 20).

Piensa en ese momento difícil que parecía insuperable: la pérdida de alguien querido, un fracaso profesional, o una traición. En el momento, fue devastador, pero con el tiempo, ¿no te dio algo? Tal vez fortaleza, tal vez claridad, o simplemente la capacidad de empezar de nuevo. Eso es el crecimiento: transformar el dolor en cimientos para algo más fuerte.

Todo lo que te sucede tiene una lección oculta. Tal vez no lo veas al principio, pero si eliges buscarla, siempre hay algo que aprender.

Reflexiona

- ¿Qué situación actual o pasada sientes que te está frenando?
- ¿Cómo podrías verla como un paso hacia tu propio crecimiento?

(El camino no se elige; se enfrenta. Y cada piedra en él puede ser una lección si estás dispuesto a aprender.)

15 de octubre VERDAD Y PACIENCIA

Mahatma Gandhi

"La verdad es por naturaleza evidente; tan pronto como se elimina la ignorancia, brilla con claridad."

Gandhi creía que la verdad y la justicia emergen con el tiempo, siempre que estemos dispuestos a enfrentarnos a la ignorancia con paciencia y determinación.

Su vida es un testimonio de cómo el cambio profundo no ocurre rápidamente, sino con pasos constantes y firmes.

La paciencia, más que una virtud pasiva, es una fuerza activa que transforma sociedades y personas.

En el estoicismo, la paciencia es un pilar fundamental para actuar con sabiduría.

Nos enseña a aceptar el flujo del tiempo y a trabajar con calma en lo que podemos controlar, dejando que los frutos lleguen cuando sea el momento adecuado.

Reflexiona

- ¿Estás permitiendo que la impaciencia afecte tus decisiones?
- ¿Cómo puedes cultivar la paciencia mientras persigues tus objetivos?
- ¿Qué impacto tendría esperar el momento correcto en tu vida y en tus acciones?

Recuerda: la paciencia no es inacción; es la fuerza tranquila que mueve el mundo.

16 de octubre SOBRE LA IRA

"Quien te enfada te domina."

Cada vez que alguien te hace enfadar, es como si le entregaras el control remoto de tu paz. Les das poder sobre ti, les permites que ocupen tu mente y que decidan cómo te sientes. Es como si te dijeran: "Voy a apretar este botón, y vas a reaccionar como yo quiero." Séneca decía: "El mayor poder es ser dueño de uno mismo." (Cartas a Lucilio, CV, 3). No puedes evitar lo que otros hacen, pero sí cómo decides enfrentarlo. Piensa en esa vez que alguien te soltó un comentario hiriente o te trató mal. Te jodiste, le diste vueltas al asunto todo el día, pero ¿y ellos? Probablemente, ni lo notaron, o siguieron con su vida. Mientras tanto, tú te quedaste atrapado en tu propia mierda.

No se trata de que ignores todo ni de ser indiferente, pero sí de decidir qué merece tu energía. Mantener la calma no es debilidad, es fuerza. Es decir: "Puedes intentar lo que quieras, pero mi paz no se negocia."

Reflexiona

- ¿Quién tiene el "control remoto" de tu paz últimamente?
- ¿Cómo podrías recuperarlo para que nadie más decida por ti?

(La ira no te da poder, te lo quita. No dejes que nadie tenga ese lujo.)

17 de octubre CONFIANZA EN LO QUE VIENE

Carl Sagan

"En algún lugar, algo increíble espera ser descubierto."

Sagan nos invitó a mirar más allá de lo conocido, recordándonos que el universo está lleno de posibilidades infinitas.

Su curiosidad y amor por el cosmos nos muestran cómo la imaginación es el primer paso hacia el descubrimiento.

Al abrir nuestra mente a lo desconocido, nos permitimos crecer y avanzar más allá de nuestras limitaciones actuales. Incluso lo que hoy parece imposible, puede convertirse en realidad si damos los pasos adecuados.

Para los estoicos, mirar al futuro con esperanza y preparación es parte de vivir en armonía con la naturaleza. La apertura al asombro y a las posibilidades nos da una perspectiva más amplia de la vida, ayudándonos a actuar con propósito y gratitud.

Cada día es una invitación a explorar nuevos horizontes, a atrevernos a pensar en lo inimaginable y a avanzar con confianza.

Reflexiona

- ¿Estás permitiendo que la curiosidad guíe tus pasos hacia el futuro?
- ¿Cómo puedes fomentar tu creatividad y tu capacidad de soñar?
- ¿Qué increíble descubrimiento personal podrías encontrar si te atrevieras a explorar lo desconocido?

Recuerda: el universo es vasto, y tus posibilidades también lo son.

18 de octubre LA SEMILLA

"La paciencia no es aguantarse, es adaptarse al ritmo natural de las cosas."

A veces, la impaciencia nace de nuestras propias expectativas. Esperamos que las cosas pasen ya, como si el mundo tuviera que ir al ritmo de lo que queremos. Pero la vida no funciona así. **Séneca decía: "El tiempo descubre la verdad y cura lo que la impaciencia no puede tocar." (Cartas a Lucilio, XXXVIII, 2).**

Piensa en tus expectativas: la dieta que no tiene efecto, cuando ibas al gimnasio y siempre estabas igual, o el proyecto que parecía interminable. La impaciencia te llenó de frustración, te hizo sentir que estabas fallando. Pero la verdad es que el problema no era el tiempo, eran las expectativas que pusiste sin entender que algunas cosas necesitan **madurar** a su propio ritmo.

Es como plantar una semilla y querer que sea un árbol en una semana. ¿Te imaginas un roble en tu habitación de un día para otro? La paciencia no es quedarte quieto, es cuidar esa semilla: regarla, darle sol, y confiar en que crecerá cuando tenga que hacerlo.

Reflexiona

- ¿Cuáles son las expectativas que estás tratando de acelerar?
- ¿Cómo podrías soltar un poco el control y confiar en el ritmo natural de las cosas?

(La paciencia no es resignación, es entender que la vida no sigue tus expectativas, pero siempre cumple su propósito.)

DIARIO DE ESTOICOS
365 Reflexiones para una Mente Fuerte,
un Espíritu Libre y un Corazón
Lleno de Amor

19 de octubre NO NECESITAS TANTO PARA EMPEZAR

Emily Dickinson

"Para hacer una pradera se necesita un trébol y una abeja... y el ensueño."

Dickinson veía grandeza y plenitud en los pequeños detalles de la vida, recordándonos que la belleza no reside en lo grandioso, sino en nuestra capacidad de apreciarla.

Este enfoque nos enseña a encontrar riqueza en la simplicidad, a valorar lo cotidiano como una fuente inagotable de maravillas. Los momentos más simples, como el canto de un pájaro o el aroma de una flor, tienen el poder de llenar nuestra vida de significado si sabemos detenernos a observarlos.

En el estoicismo, la atención plena a lo presente es esencial para vivir con sabiduría. Al enfocarnos en lo que está frente a nosotros, sin desear siempre algo más grande o diferente, encontramos la verdadera paz interior y la alegría. La vida está compuesta de instantes pequeños; al honrarlos, construimos una existencia llena de profundidad y gratitud.

Reflexiona

- ¿Estás valorando las pequeñas cosas que te rodean?
- ¿Cómo puedes encontrar belleza en lo ordinario y gratitud en lo simple?
- ¿Qué aspectos de tu vida cotidiana podrías empezar a ver como extraordinarios?

Recuerda: la grandeza no está en lo que ves, sino en cómo lo miras.

20 de octubre ESTOY SERVIDO

"Es imposible no tener, pero es muy probable que no sepas que tienes."

La vida siempre te da algo, aunque a veces estés tan enfocado en lo que falta que no lo veas. Pensamos que "tener" es acumular cosas grandes: un trabajo perfecto, una casa enorme, o reconocimiento constante. Pero la verdad es que muchas veces lo esencial ya está contigo: tu salud, un amigo que te escucha, o simplemente el hecho de despertar otro día. Marco Aurelio decía: "No desprecies lo que tienes mientras sueñas con lo que no tienes." (Meditaciones, VII, 27).

Piensa en esa vez que te quejaste por no tener "suficiente" dinero, amor o tiempo, solo para darte cuenta después de que ya tenías algo valioso que ignorabas. Tal vez fue tu creatividad para salir de un problema, o un momento de paz que no supiste disfrutar porque estabas pensando en lo que faltaba.

Tener no siempre se ve como un logro enorme; a veces es tan simple como valorar la conversación de hoy, la comida en tu plato o la oportunidad de empezar de nuevo. La clave está en mirar con atención lo que ya tienes y reconocerlo antes de perderlo.

Reflexiona

- ¿Qué estás pasando por alto en tu vida porque estás demasiado enfocado en lo que crees que te falta?
- ¿Cómo podrías empezar a valorar más lo que ya tienes hoy?

(A veces, el problema no es la falta de cosas, sino la falta de conciencia de que ya las tienes.)

21 de octubre PASAR A LA ACCIÓN

Walt Disney

"La forma de empezar es dejar de hablar y comenzar a hacer."

Disney nos enseñó que las ideas son solo el primer paso; lo que realmente importa es la acción.

Tras muchas dificultades y fracasos, nunca dejó que la incertidumbre o los desafíos le impidieran seguir adelante. Su vida y su legado son una prueba de que la acción constante, incluso en momentos de duda, puede transformar un sueño en una realidad.

El estoicismo, a través de la enseñanza de Epicteto, nos recuerda que nuestra verdadera fuerza reside en lo que podemos controlar nuestras acciones.

No se trata solo de soñar, sino de pasar a la acción, a pesar de las dificultades.

La perseverancia es lo que define a aquellos que alcanzan el éxito, y cada paso dado con intención nos acerca más a nuestro propósito.

Reflexiona

- ¿Qué proyecto o idea necesitas empezar a realizar hoy, sin más demora?
- ¿Cómo puedes dar el primer paso para transformar un sueño en algo tangible?

Recuerda: las ideas no se convierten en realidad hasta que tomas acción.

22 de octubre OCÚPATE DEL HOY

"Los problemas de mañana son de mañana."

Cargar con los problemas del futuro antes de que lleguen es como llenar una mochila con piedras imaginarias. Estás agotado por algo que aún no sucede, y probablemente ni suceda como lo imaginas. **Séneca decía: "La mayoría de las cosas que nos preocupan no sucederán nunca." (Cartas a Lucilio, XIII, 4).**

Piensa en esas noches en las que no pudiste dormir porque tu mente no dejaba de pensar en cómo resolver algo del día siguiente: una reunión, un gasto imprevisto, o una conversación incómoda. Al final, ¿cuántas de esas preocupaciones resultaron ser tan graves como las imaginaste? La mayoría se resolvió con menos drama, o incluso desapareció.

Los problemas de mañana no necesitan tu energía de hoy. El mejor antídoto contra la ansiedad por el futuro es ocuparte de lo que tienes frente a ti. Cuando llegue mañana, tendrás las herramientas para enfrentarlo, pero hoy, solo tienes este momento.

Reflexiona

- ¿Qué preocupación del futuro te está quitando energía hoy?
- ¿Qué podrías hacer ahora para recordarte que el momento presente es lo único que tienes?

(El mañana llega con su propio peso; no te adelantes a cargarlo hoy.)

23 de octubre APROVECHA TU TIEMPO

Séneca

"No es que tengamos poco tiempo, sino que perdemos mucho."

Séneca nos invita a reflexionar sobre cómo gestionamos nuestro tiempo.

Es fácil caer en la trampa de la distracción o la procrastinación, pero la vida es breve y nuestro tiempo es el recurso más valioso. La clave está en tomar control de nuestra mente y nuestras acciones, asegurándonos de que cada día esté alineado con lo que realmente importa.

El tiempo que desperdiciamos nunca vuelve, y la sabiduría radica en hacer un uso pleno de cada momento.

La práctica estoica nos enseña que el autocontrol y la disciplina son fundamentales para vivir una vida de propósito. La mente, cuando está entrenada para centrarse en lo que es verdaderamente importante, es la herramienta más poderosa que poseemos. En lugar de ser arrastrados por los impulsos del momento, debemos tomar decisiones conscientes que nos acerquen a nuestras metas.

Reflexiona

- ¿Estás aprovechando tu tiempo de manera sabia y enfocada?
- ¿Qué actividades te están distrayendo de lo que realmente importa?

Recuerda: el tiempo es la única moneda que no podemos recuperar, úsala con sabiduría.

24 de octubre VIVES DE ALQUILER

"Nada te pertenece."

La vida es un préstamo, no una posesión. Las personas, las cosas, incluso tu cuerpo, están contigo por un tiempo, pero nada es realmente tuyo. Aferrarte a lo que no puedes controlar solo te trae sufrimiento. Epicteto decía: "Nunca digas de nada: 'Lo he perdido', sino: 'Me ha sido devuelto'." (Enquiridión, XI).

Piensa en esa vez que sentiste que algo es tuyo: un trabajo, una relación, una posesión. Cuando lo perdiste, el dolor fue jodido porque sentías que era tuyo, pero la verdad es que nada en esta vida está garantizado. Lo único que realmente posees es cómo eliges reaccionar cuando algo se va.

Soltar no es renunciar, es entender que lo que tienes hoy puede no estar mañana, y eso está bien. Porque la libertad no viene de acumular, sino de aceptar que todo lo que llega a tu vida, tarde o temprano, se va. Vivimos de alquiler, de prestado, nada es tuyo realmente. Ni tus hijos, pareja, o mascota, eso es de "la vida". Y sé lo llevará cuando sea el momento. ¿Tienes esto claro?

Reflexiona

- ¿Qué estás tratando de poseer en este momento?
- ¿Cómo podrías empezar a soltar y aceptar que nada te pertenece realmente?

(Lo que no posees no te controla. Vive agradecido por lo que tienes, sin miedo a perderlo.)

DIARIO DE ESTOICOS
365 Reflexiones para una Mente Fuerte,
un Espíritu Libre y un Corazón
Lleno de Amor

25 de octubre VIVE DE VERDAD

Mark Twain

"Dentro de veinte años estarás más decepcionado por las cosas que no hiciste que por las que hiciste."

Twain nos advierte sobre el arrepentimiento de la inacción.

A menudo, los miedos y las dudas nos paralizan, pero lo que realmente nos duele con el tiempo son las oportunidades perdidas.

La vida se mide por los riesgos que tomamos y las acciones que decidimos emprender, no por lo que dejamos atrás.

La audacia es una cualidad que todos deberíamos cultivar, pues las experiencias que creamos a través de la acción son las que dan sentido a nuestras vidas.

Los estoicos, como Marco Aurelio, también nos animan a actuar con valentía y resolución, no dejar que el miedo o la duda nos detengan.

Vivir una vida plena significa tomar decisiones valientes que nos acerquen a lo que realmente deseamos, sin arrepentirnos por lo que no nos atrevemos a hacer.

Reflexiona

- ¿Qué decisiones has estado posponiendo por miedo al fracaso o al arrepentimiento?
- ¿Cómo puedes actuar hoy para evitar la decepción futura?

Recuerda: no dejes que la indecisión sea la causa de tu arrepentimiento.

26 de octubre TEMPLANZA

"**Templanza: aquí mandas tú.**"

La templanza no es dejar de sentir, es saber que, aunque te hierva la sangre o te posea la ira, tú sigues al mando. Es mirar la emoción de frente y decirle: "No vas a decidir por mí." **Marco Aurelio decía: "Tu mente será como la moldees. Las cosas externas no tienen poder sobre ti."** (Meditaciones, XII, 22).

Piensa en un día en el que alguien te provocó, esa palabra hiriente que parecía diseñada para destruirte. O esa vez que sentiste que todo se salía de control. Templanza es el momento en el que respiras profundo, miras la tormenta y decides no ser arrastrado por ella. No porque no sientas, sino porque eliges qué hacer con eso.

No se trata de ser frío ni indiferente. Se trata de ser fuerte, de no dejar que tu reacción arruine lo que puedes construir con calma. Templanza es recordarte, una y otra vez: **"Aquí mando yo, no la rabia, no el miedo, no la emoción."**

Reflexiona

- ¿En qué momento reciente dejaste que una emoción te gobernara?
- ¿Qué podrías hacer la próxima vez para detenerte y decidir desde la templanza?

(La templanza no es ausencia de emociones, es la fuerza de responder desde tu mejor versión. Recuerda: aquí mandas tú.)

27 de octubre INNOVACIÓN

Steve Jobs

"La innovación es lo que distingue a un líder de un seguidor."

Steve Jobs tenía una visión singular: ver más allá del presente y arriesgarse para traer el futuro al presente.

Para él, la innovación no era solo una mejora, sino una transformación radical que tenía el poder de cambiar la vida de las personas. No se conformaba con lo que existía; su foco estaba en crear lo que aún no se había imaginado.

Los estoicos como Marco Aurelio nos enseñaban que debemos ser dueños de nuestra mente y no dejarnos influenciar por las modas o las presiones externas.

La verdadera innovación radica en mantener una visión clara, en perseverar y en centrarse en lo que realmente importa, independientemente de lo que diga el entorno.

A través de la reflexión profunda, podemos comprender mejor nuestra misión y los pasos necesarios para alcanzarla.

Reflexiona

- ¿Qué visión tienes para tu futuro y cómo estás innovando en tu vida diaria para lograrla?
- ¿Cómo puedes desafiar el statu quo en tu ámbito de trabajo o en tu vida personal?

Recuerda: los verdaderos líderes crean su propio camino, sin seguir las huellas de otros.

28 de octubre SABIDURÍA EN EL ERROR

"La culpa te condena, el error te hace sabio."

La culpa es como un ancla. Te hunde, te paraliza, te hace revivir el error una y otra vez, pero sin moverte del sitio. En cambio, aceptar el error es liberarte de esa condena, mirarlo de frente y decir: "Esto no me define, me enseña." **Marco Aurelio decía: "Cuando cometas un error, corrígelo y no cargues con él más de lo necesario." (Meditaciones, VIII, 51).**

Tú no eres ese "error", piénsalo: esa vez que metiste la pata, en lugar de aprender, te quedaste días o meses culpándote. ¿De qué sirvió? La culpa no te hizo mejor, solo te quitó energía. Pero el día que entendiste que ese error era una lección, empezaste a crecer. El error, cuando lo asumes, te muestra algo nuevo de ti; la culpa, cuando la alimentas, solo te condena.

No estás aquí para ser perfecto, sino para aprender. Soltar la culpa no significa ignorar el error, significa usarlo para construir algo mejor. ¿Y si los errores son desafíos y aprendizajes?

Reflexiona

- ¿A qué error le sigues dando poder como culpa?
- ¿Cómo podrías empezar a verlo como una oportunidad para ser más sabio?

(La culpa no cambia nada; el aprendizaje lo cambia todo. Elige lo segundo.)

29 de octubre NO RENDIRSE JAMÁS

Thomas Edison

"Nuestro mayor débito no es que fracasemos, sino que nos rendimos."

Thomas Edison, uno de los inventores más influyentes de la historia, experimentó innumerables fracasos antes de lograr el éxito.

Para él, el fracaso era solo un paso en el proceso de aprendizaje y mejora.

Su insistencia en seguir adelante, incluso cuando otros se rendían, le permitió cambiar el mundo. Para Edison, cada intento fallido era simplemente un paso más cerca de la solución.

En la filosofía estoica, el concepto de perseverar ante la adversidad es esencial.

Como decía Séneca, "las dificultades no deben ser temidas; son la oportunidad de mostrar nuestra fortaleza". La verdadera grandeza no reside en la facilidad del camino, sino en la resiliencia y la determinación con la que lo recorremos.

Reflexiona

- ¿Te has rendido alguna vez antes de tiempo en un proyecto importante?
- ¿Qué puedes hacer para persistir frente a la adversidad y alcanzar tu objetivo?

Recuerda: el verdadero fracaso solo ocurre cuando abandonamos la lucha.

30 de octubre VENENO

"Cuando hablamos, nuestro ego está en la punta de la lengua."

Hablar sin pensar es como soltar un disparo en la oscuridad: no sabes a quién puedes herir, pero el gatillo casi siempre es el ego. Es ese impulso de querer tener la razón, de demostrar algo o de no ceder. Marco Aurelio decía: **"Cuando hables, procura que tus palabras no traigan más ruido que soluciones." (Meditaciones, XI, 18).** El ego no busca claridad, busca imponerse, y cuando le das el control, tus palabras terminan siendo más veneno que verdad.

Piénsalo: esa discusión donde soltaste algo hiriente solo porque sentiste que tenías que ganar. Puede que hayas tenido razón, pero ¿a qué precio? Las palabras que vienen del ego no construyen, solo destruyen: relaciones, momentos y, a veces, incluso a ti mismo.

Hablar desde la calma, no desde la punta de una lengua controlada por el ego, es un acto de constante humildad hacia uno mismo. Es tomar una pausa antes de disparar, elegir tus palabras, no para dominar, sino para conectar. Porque la diferencia está en el lugar desde donde hablas. Observa la punta de tu lengua serpentina, porque el veneno te pertenece a ti.

Reflexiona

- ¿Cuál fue la última vez que tus palabras nacieron del ego y no de la calma?
- ¿Qué puedes hacer para que, la próxima vez, tus palabras construyan en lugar de herir?

(El ego siempre quiere hablar primero. Pero cuando esperas, tu mejor versión tiene la última palabra.)

31 de octubre IMAGINA Y CONCRETA

Pablo Picasso

"Todo lo que puedas imaginar es real."

Picasso, a lo largo de su vida, fue un referente de la creatividad sin límites.

Para él, no había fronteras entre lo posible y lo imposible. Su arte rompió las convenciones y mostró al mundo una nueva manera de ver la realidad.

Nos enseñó que, si podemos imaginar algo, ya está en el camino de ser posible. La mente creativa, sin restricciones, tiene el poder de transformar el mundo.

El estoicismo también valora el ejercicio de la mente, aunque desde una perspectiva más racional y moderada.

La creatividad y la reflexión deben ir de la mano para encontrar soluciones que no solo sean originales, sino también sabias y justas. Un equilibrio que nos permita avanzar en la vida con claridad y propósito.

Reflexiona

- ¿Estás dejando espacio para la creatividad en tu vida diaria?
- ¿Cómo puedes usar tu imaginación para encontrar soluciones más sabias y efectivas a tus retos actuales?

Recuerda: tu creatividad es una herramienta poderosa para transformar lo que parece imposible en posible.

11
Noviembre - Crisipo

"La lógica es el pilar de la virtud."

Crisipo (279-206 a.C.) fue uno de los principales arquitectos del estoicismo, considerado el "segundo fundador" de la escuela. Su trabajo consolidó las bases filosóficas del estoicismo en lógica, ética y física.

Características y logros:

- Contribuciones fundamentales: Desarrolló una lógica avanzada que influenció profundamente el pensamiento estoico.
- Defensor de la virtud: Enfatizó que la virtud es suficiente para alcanzar la felicidad, guiada por la razón.
- Obra prolífica: Aunque muchos de sus textos se han perdido, escribió más de 700 obras que cimentaron el estoicismo como una filosofía integral.

1 de noviembre FUERZA DE VOLUNTAD

Mahatma Gandhi

"La fuerza no proviene de la capacidad física, sino de una voluntad indomable."

Gandhi nos enseñó que la verdadera fuerza no reside en el poder físico ni en la violencia, sino en la resistencia interna y en la capacidad de mantenerse firme ante las dificultades.

Su lucha por la independencia de la India fue marcada por el sacrificio personal, la autodisciplina y la fe en la justicia.

Para él, la verdadera fuerza estaba en la voluntad de cambiar las cosas sin recurrir a la fuerza bruta.

La filosofía estoica también nos invita a cuestionar lo que realmente significa la fuerza.

Como decía Epicteto, "no son las circunstancias las que nos definen, sino nuestra actitud hacia ellas". La verdadera fortaleza surge de la mente y el espíritu, y se demuestra al mantenernos fieles a nuestros principios, incluso en los momentos más difíciles.

Reflexiona

- ¿Estás cultivando una voluntad indomable frente a los desafíos que enfrentas?
- ¿Cómo puedes aplicar esta fortaleza interna para superar tus obstáculos actuales?

Recuerda: la verdadera fuerza está en la voluntad y la perseverancia, no en la fuerza física.

2 de noviembre CALMA EN EL ALMA

"Todo estado de paz o guerra interior inevitablemente se proyecta en el exterior."

Lo que llevas dentro siempre sale, quieras o no. Si tu cabeza es un campo de batalla, no importa cuánto lo disimules, esa guerra se reflejará en tus palabras, tus acciones y hasta en tu forma de mirar. Pero si trabajas en encontrar paz dentro de ti, esa calma se nota, incluso cuando todo a tu alrededor parece un caos. **Epicteto decía: "Si buscas paz, empieza por disciplinar tu mente y tus emociones." (Discursos, II, 13)**.

Piensa en esos días en los que estabas lleno de rabia o ansiedad. ¿Cómo trataste a los demás? ¿Cómo fue el tono de tus palabras? Probablemente, sin querer, llevaste esa tormenta a quienes no tenían nada que ver. Ahora, recuerda un momento en el que estabas tranquilo: incluso los problemas parecían menos graves, y las personas a tu alrededor se contagiaban de esa energía.

La verdadera paz no viene de fuera, no depende de que todo esté "bien". Es algo que construyes dentro de ti. Porque lo que llevas por dentro no se queda ahí: lo llevas contigo a cada conversación, a cada relación, a cada decisión.

Reflexiona

- ¿Estás llevando paz o guerra a tu entorno últimamente?
- ¿Qué podrías hacer hoy para calmar esa batalla interior y proyectar algo mejor al mundo?

(La guerra interna no solo te daña a ti; afecta todo lo que tocas. Empieza a construir tu paz.)

3 de noviembre DETERMINACIÓN

Nelson Mandela

"No es la falta de habilidades la que nos impide avanzar, sino la falta de determinación."

Mandela nos enseñó que la verdadera barrera no está en las circunstancias, sino en nuestra disposición a continuar a pesar de los obstáculos.

A lo largo de su vida, demostró que el compromiso con un propósito mayor tiene el poder de cambiar las realidades más difíciles.

No fue solo su habilidad, sino su determinación lo que lo hizo un líder y un símbolo de lucha.

En la filosofía estoica, la determinación es vista como una virtud esencial.

Marco Aurelio nos recuerda que debemos mantenernos firmes en lo que es correcto, independientemente de las dificultades externas.

La fortaleza mental, que se cultiva a través de la disciplina y la reflexión constante, nos permite avanzar en nuestra misión sin desviarnos del camino.

Reflexiona

- ¿Qué desafíos te están poniendo a prueba en este momento y cómo puedes enfrentar con determinación cada uno de ellos?
- ¿Cómo puedes reforzar tu voluntad para alcanzar tus objetivos más importantes?

Recuerda: la clave para superar cualquier adversidad es la determinación y la perseverancia en cada paso.

4 de noviembre LA VIDA TE SOSTIENE

"No es más rico el que más tiene, sino el que sabe que nunca le faltará."

La verdadera riqueza no está en acumular cosas, sino en la confianza de que, pase lo que pase, tendrás lo necesario. Esa seguridad no viene de lo externo, sino de dentro de ti: de tu capacidad para adaptarte, de tu creatividad para salir adelante y de tu gratitud por lo que ya tienes. **Séneca decía: "No es pobre el que tiene poco, sino el que desea más." (Cartas a Lucilio, II, 6).**

Piensa en esa persona que siempre está corriendo detrás de algo más: más dinero, más reconocimiento, más cosas. ¿De verdad se siente rica? Ahora mira a alguien que confía en lo que tiene, que sabe disfrutar incluso de lo sencillo, y que no vive con miedo a perderlo todo. Esa es la verdadera riqueza: vivir con la certeza de que ya lo tienes todo. Respiras, bebes, comes, y duermes.

La abundancia no está en el tamaño de tus cuentas, sino en el tamaño de tu confianza. Es creer que, aunque el mundo te dé la espalda, tú siempre encontrarás la manera de seguir adelante.

Reflexiona

- ¿Estás midiendo tu riqueza por lo que tienes o por lo que sientes?
- ¿Qué puedes hacer hoy para confiar más en lo que ya eres y en lo que ya tienes?

(La verdadera riqueza no es acumular; es vivir sin miedo a carecer.)

5 de noviembre SE TU EL EJEMPLO

Mahatma Gandhi

"Sé el cambio que deseas ver en el mundo."

Gandhi enfatizó la importancia de que cada individuo tome responsabilidad por su propio comportamiento.

Si queríamos un mundo más justo y pacífico, primero debíamos ser un reflejo de esos valores en nuestras propias vidas.

Para él, el cambio no podía empezar en el exterior sin primero transformarnos a nosotros mismos.

El pensamiento estoico se basa en el mismo principio: la mejora personal es esencial para contribuir positivamente al mundo.

Como decía Marco Aurelio, "la mejor forma de vengarse de un enemigo es no parecerse a él".

La verdadera transformación comienza en nuestro interior, y solo entonces podemos influir en el entorno de manera significativa.

Reflexiona

- ¿Qué cambios internos puedes hacer para ser un mejor ejemplo para los demás?
- ¿Cómo puedes mejorar tu actitud o tus acciones para contribuir al cambio positivo que deseas ver?

Recuerda: el primer paso para cambiar el mundo comienza con el cambio en uno mismo.

6 de noviembre LECCIONES

"Siempre tendrás aquella lección que necesitas."

La vida no siempre te da lo que quieres, pero te da lo que necesitas para crecer. Cada desafío, cada golpe, cada fracaso tiene una enseñanza oculta, y esa lección llega justo cuando la necesitas, aunque no lo parezca. **Marco Aurelio decía: "Acepta lo que la naturaleza pone en tu camino, porque está diseñado para tu progreso."** (Meditaciones, V, 8).

Piensa en ese momento en que todo parecía salir mal: un trabajo, una relación que terminó, un sueño que no se cumplió. Al principio, lo viste como un fracaso, pero con el tiempo, ¿no resultó ser una lección que te fortaleció o te redirigió hacia algo mejor? Eso es la vida: una maestra que no siempre es suave, pero que siempre es justa.

Las lecciones no llegan para castigarte, sino para formarte. Si las abrazas en lugar de resistirlas, cada experiencia, por más dura que sea, se convierte en un escalón hacia una versión más fuerte de ti mismo.

Reflexiona

- ¿Qué lección difícil estás enfrentando ahora?
- ¿Cómo podrías verla como una oportunidad para aprender en lugar de un castigo?

(La vida no se equivoca. Te da lo que necesitas para crecer, aunque a veces no lo entiendas al principio.)

7 de noviembre GESTIONA TUS MIEDOS

Amelia Earhart

"El miedo es una cosa que debe ser enfrentada. No puedes dejar que te paralice."

Amelia Earhart, pionera de la aviación, se destacó no solo por sus logros, sino por la manera en que desafió los límites impuestos a las mujeres de su tiempo.

Su vida fue un testimonio de valentía, demostrando que el verdadero crecimiento solo ocurre cuando enfrentamos lo desconocido sin temor.

A pesar de los riesgos, nunca dejó que el miedo la detuviera, sino que lo utilizó como combustible para avanzar.

Los estoicos también nos enseñan que el miedo es una emoción natural, pero que no debe controlarnos.

Séneca decía: "No es que tengamos poco tiempo, sino que perdemos mucho". El miedo, si no se enfrenta, nos hace perder oportunidades y tiempo que podríamos haber invertido en avanzar. Aceptar el miedo como una parte de la vida, pero no dejarlo guiarnos, es lo que marca la diferencia.

Reflexiona

- ¿Qué miedos estás enfrentando ahora y cómo puedes actuar a pesar de ellos?
- ¿Cómo puedes transformar el miedo en una fuerza para crecer?

Recuerda: el miedo solo tiene poder sobre ti si se lo permites; enfréntalo y avanza hacia tu propósito.

8 de noviembre ME ELIJO

"Yo no soy un elegido, yo me elegí a mí mismo."

La vida no elige por ti. No esperes un momento mágico en el que alguien llegue a darte permiso para ser quien quieres ser. La fuerza está en decidir que tú mismo eres el responsable de tu camino, en elegirte cada día a pesar de las dudas, los miedos o los fracasos. **Epicteto decía: "No esperes que otro venga a liberarte; la verdadera libertad está en tu poder de elegir." (Discursos, I, 19).**

Piensa en esa vez que te quedaste esperando: que alguien te diera el visto bueno, que el momento perfecto llegara, o que las circunstancias fueran más fáciles. Y nada pasó. Porque no se trata de esperar a ser "elegido". Se trata de mirar al espejo y decir: "Soy yo quien toma esta decisión, quien se da la oportunidad."

Elegirte no significa que todo será fácil. Significa que decides ser tu mayor apuesta, sin necesitar la aprobación de nadie más. Es un acto de coraje y de fe en ti mismo, y eso es lo que realmente te pone en el camino de lo que quieres.

Reflexiona

- ¿En qué parte de tu vida estás esperando que alguien te elija?
- ¿Qué podrías hacer hoy para tomar esa decisión por ti mismo?

(No eres una espera, eres una elección. Y esa elección siempre ha sido tuya.)

9 de noviembre AUTENTICIDAD

Oscar Wilde

"Sé tú mismo; todos los demás ya están ocupados."

Oscar Wilde fue un defensor apasionado de la individualidad. En un mundo que a menudo fomenta la conformidad, él vivió según sus propios principios, sin temor a ser diferente.

Su vida es un recordatorio de que el valor de la autenticidad está en abrazar nuestra singularidad y vivir con honestidad, sin dejar que las expectativas externas nos definan.

Los estoicos también nos enseñan la importancia de la autenticidad, ya que creemos que vivir conforme a nuestra naturaleza es la forma más elevada de sabiduría.

Como decía Epicteto, "la libertad consiste en vivir conforme a nuestra naturaleza".

A veces, lo que más necesitamos es dejar de lado las máscaras que usamos para encajar y mostrar nuestro verdadero ser.

Reflexiona

- ¿Te estás permitiendo ser auténtico y fiel a ti mismo, o estás viviendo para complacer a los demás?
- ¿Qué áreas de tu vida requieren que dejes salir tu verdadero ser sin temor a juicio?

Recuerda: la autenticidad es la puerta a la libertad, a vivir con propósito y sin remordimientos.

10 de noviembre PRESO

"Somos prisioneros de lo que no tenemos."

El problema no es lo que falta, sino la obsesión por creer que necesitamos tenerlo para ser felices. Esa constante sensación de carencia nos encierra, nos hace esclavos de una lista interminable de deseos. **Séneca decía: "El deseo de más es como beber agua salada: cuanto más consumes, más sed sientes." (Cartas a Lucilio, CXIX, 6).**

La vez que te obsesionaste con algo que no tenía. La ansiedad de no tenerlo te robó la paz, te hizo sentir insuficiente. Pero cuando por fin lo conseguiste, ¿realmente llenó ese vacío o apareció un nuevo deseo que ocupó su lugar?

La libertad no está en obtener más, sino en dejar de medir tu valor por lo que te falta. Porque mientras te enfoques solo en lo que no tienes, te perderás de disfrutar lo que ya está contigo.

Reflexiona

- ¿Qué es eso que sientes que necesitas tener para estar completo?
- ¿Qué podrías hacer hoy para soltar esa obsesión y valorar lo que ya tienes?

(No es lo que te falta lo que te define, sino tu capacidad de vivir libre de la necesidad de poseerlo.)

11 de noviembre PASIÓN

Helen Keller

"La vida es una aventura atrevida o no es nada."

Helen Keller, que superó enormes obstáculos para convertirse en una defensora de los derechos de las personas con discapacidades, entendió que la vida solo tiene sentido cuando estamos dispuestos a abrazar la adversidad y convertirla en una fuente de fortaleza.

Para ella, la verdadera aventura de la vida no era la ausencia de dificultades, sino cómo nos enfrentamos a ellas con valentía y determinación.

Los estoicos, como Séneca, enseñaban que la adversidad es la mejor maestra.

La vida no se mide por lo que evitamos, sino por lo que somos capaces de soportar con serenidad.

Como él mismo decía: "La adversidad muestra a los hombres geniales". Cada dificultad es una oportunidad de crecimiento si somos lo suficientemente resilientes para verla como tal.

Reflexiona

- ¿Qué adversidades estás atravesando en este momento y cómo puedes usarlas para crecer?
- ¿Cómo puedes cambiar tu enfoque para ver los desafíos como una oportunidad para fortalecer tu carácter?

Recuerda: la resiliencia se cultiva en las pruebas más difíciles, donde el verdadero crecimiento tiene lugar.

12 de noviembre CICATRICES

"El propósito está en la herida."

No es en los momentos perfectos donde encuentras tu propósito, sino en esos que te rompieron. Cada herida que llevas es una lección, un mensaje, un camino hacia lo que realmente importa. **Epicteto decía: "El alma se fortalece en las pruebas, no en la comodidad." (Discursos, I, 6).** El dolor no está ahí para destruirte, está para transformarte.

Piensa en esa cicatriz como una pérdida, un fracaso, una traición. En ese momento parecía solo sufrimiento, pero con el tiempo, ¿no fue también ese dolor el que te empujó a cambiar, a buscar algo más grande? La herida no está ahí para destruirte; está para mostrarte hacia dónde dirigir tu fuerza.

El propósito no nace de evitar el dolor, sino de transformarlo. Es mirar la herida y preguntarte: "¿Qué puedo crear a partir de esto? ¿A quién puedo ayudar con lo que aprendí?" Tus cicatrices no son un recordatorio de lo que perdiste, son el mapa hacia lo que puedes construir.

Reflexiona

- ¿Qué herida estás cargando que aún no has transformado?
- ¿Cómo podrías usarla hoy como guía para encontrar tu propósito?

(Tu dolor no es tu final, es el inicio de algo más grande. Mira tu herida; ahí está la dirección.)

13 de noviembre BUSCA LA EXCELENCIA

Leonardo da Vinci

"La perfección nunca se alcanza, pero si persigues la perfección, puedes alcanzar la excelencia."

Leonardo da Vinci entendió que la perfección es una meta difícil de alcanzar, pero fue la búsqueda constante de la excelencia lo que lo llevó a ser uno de los genios más grandes de la historia.

Cada proyecto, cada obra, estaba marcada por su incansable deseo de mejorar y superar sus propios límites.

La verdadera clave está en el esfuerzo continuo, no en alcanzar un ideal inalcanzable.

La filosofía estoica también pone énfasis en la práctica constante de las virtudes. Como Marco Aurelio nos recuerda, "El objetivo no es vivir conforme a las expectativas de los demás, sino a las nuestras".

La perfección, en el contexto estoico, se refiere al progreso constante en la virtud, no a la ausencia de fallos. La excelencia se alcanza a través del esfuerzo constante por hacer lo correcto, día tras día.

Reflexiona

- ¿Qué área de tu vida puedes mejorar buscando la excelencia, sin preocuparte por alcanzar la perfección?
- ¿Cómo puedes aplicar el principio de mejora continua para crecer en tu vida personal y profesional?

Recuerda: la excelencia no es un destino, sino un proceso constante de esfuerzo y mejora.

14 de noviembre HECHIZOS

"Las creencias son como los hechizos."

Tus creencias tienen el poder de definir cómo vives, pero muchas veces ni siquiera te das cuenta de que están ahí. Son como hechizos que alguien lanzó sobre ti hace tiempo: palabras que escuchaste y repetiste hasta que se volvieron tu verdad. **Séneca decía: "La vida no es corta, pero solemos hacerla tal con nuestras creencias equivocadas." (Cartas a Lucilio, I, 1).**

Piensa en esas frases que llevas contigo desde siempre: "No soy suficiente," "No estoy hecho para esto," o "Esto nunca cambiará." Esas creencias no son tuyas, son hechizos. Es como si una bruja te hiciera un conjuro y te quedas con ese hechizo, tal vez un comentario de la infancia, un fracaso o una comparación injusta. Pero aquí está la magia: un hechizo solo funciona mientras creas en él.

Si empiezas a desafiar esas ideas, a cambiarlas, el hechizo pierde fuerza. Y puedes crear nuevas creencias que, en lugar de limitarte, te impulsen. Tú tienes el poder de decidir qué palabras quieres convertir en tu verdad.

Reflexiona

- ¿Qué "hechizo" has estado creyendo que limita tu vida?
- ¿Qué nueva creencia podrías elegir hoy para reescribir tu historia?

(Romper un hechizo no requiere magia, solo consciencia. Empieza a elegir qué creencias te acompañan y cuáles necesitas soltar.

15 de noviembre NO TE PARES

Albert Einstein

"La vida es como andar en bicicleta. Para mantener el equilibrio, debes seguir adelante."

Albert Einstein nos dejó una lección fundamental sobre la importancia de seguir adelante, incluso cuando las circunstancias nos parezcan difíciles.

La vida no es lineal, y constantemente enfrentamos altibajos. Sin embargo, la clave del equilibrio y el progreso está en nuestra capacidad de seguir pedaleando, de avanzar sin perder el enfoque en nuestros objetivos.

Los estoicos enseñaban que la vida está llena de altibajos, pero lo que realmente importa es cómo respondemos a ellos.

Como decía Epicteto: "No es lo que te ocurre, sino cómo reaccionas ante ello lo que define tu vida". Cada paso que damos, incluso en tiempos de dificultades, debe ser dirigido hacia nuestro propósito superior. No podemos quedarnos estancados.

Reflexiona

- ¿Qué dificultades estás enfrentando actualmente que requieren que sigas adelante con perseverancia?
- ¿Cómo puedes aprender de tus experiencias pasadas para avanzar con más sabiduría?

Recuerda: el equilibrio en la vida se logra no evitando los problemas, sino manteniéndonos firmes a pesar de ellos.

16 de noviembre AMOR PROPIO

"La disciplina se forja en la incomodidad."

No puedes construir verdadera disciplina quedándote en lo fácil, en lo cómodo. Es en la incomodidad, en ese momento donde quieres rendirte, donde realmente empiezas a fortalecerte. **Marco Aurelio decía: "Si algo es difícil para ti, no te quejes; recuerda que esto te está formando." (Meditaciones, VI, 50).** La incomodidad es la fragua donde se moldea tu carácter.

Piensa en ese día que te levantaste temprano para entrenar, aunque no tenías ganas, o en ese proyecto difícil que sacaste adelante cuando dejaste de procrastinar. Fue incómodo, pero después sentiste algo distinto: orgullo, crecimiento, fuerza. Esa es la esencia de la disciplina.

La disciplina nace del amor propio, en la decisión de hacer lo que tienes que hacer, aunque no quieras. Cada pequeño acto de incomodidad es un ladrillo que construye tu fortaleza. Y mientras más lo practiques, más fácil será abrazar la incomodidad como parte del camino hacia tus metas.

Reflexiona

- ¿Qué tarea incómoda estás evitando?
- ¿Cómo podrías usarla hoy para fortalecer tu disciplina en lugar de esquivarla?

(La incomodidad no te frena, te forma. Enfréntala, y estarás construyendo la disciplina que necesitas para llegar más lejos)

17 de noviembre EL PODER DE LA CURIOSIDAD

Christopher Columbus

"No se puede descubrir nuevos océanos a menos que tenga el coraje de perder de vista la costa."

Cristóbal Colón demostró que la curiosidad y el coraje son esenciales para alcanzar lo desconocido.

Para él, la exploración no era solo un acto físico, sino una actitud mental de búsqueda constante y de no tener miedo al fracaso.

A lo largo de la historia, los grandes avances han sido logrados por aquellos que se atrevieron a dar un paso más allá de lo conocido.

De manera similar, los estoicos nos enseñan a explorar nuestro propio ser y a cuestionar nuestras creencias.

Como decía Sócrates, "La vida no examinada no vale la pena vivirla". La verdadera aventura es descubrir nuestras propias capacidades y la verdad que reside en nuestro interior.

Reflexiona

- ¿Qué "costas" de tu vida necesitas dejar atrás para explorar nuevas posibilidades?
- ¿Qué parte de ti aún está por descubrir, y qué puedes hacer hoy para comenzar esa exploración?

Recuerda: para descubrir algo grande, primero debes atreverte a abandonar lo conocido y explorar lo desconocido.

18 de noviembre AUTENTICIDAD

"**Construir confianza es tener palabra con uno mismo.**"

La confianza no se gana en grandes momentos, se construye en lo cotidiano, en esos compromisos silenciosos que haces contigo mismo: "Hoy me levanto temprano," "Voy a entrenar," "No me rendiré." Cada vez que cumples una promesa contigo, tu confianza crece. Cada vez que la rompes, te decepcionas. **Epicteto decía: "Sé fiel a ti mismo, pues esa fidelidad es la raíz de toda virtud." (Discursos, II, 9).**

Piensa en esos días en los que dijiste que harías algo y lo hiciste, aunque nadie más estaba mirando. Esa pequeña victoria fortaleció algo más grande dentro de ti. Ahora piensa en las veces que no cumpliste: dejaste pasar el tiempo, buscaste excusas, y esa voz interna que debía impulsarte perdió fuerza.

La confianza no es algo externo, no viene de los demás. Es un músculo que entrenas cumpliendo tus propias palabras, empezando por lo más simple. Y mientras más lo practiques, más fuerte será esa conexión contigo mismo.

Reflexiona

- ¿Qué promesa te hiciste esta semana y aún no has cumplido?
- ¿Qué puedes hacer hoy para demostrarte que tu palabra tiene peso?

(La confianza no se pide, se construye. Y todo empieza por ser fiel a tus propios compromisos.)

19 de noviembre PERSEVERA

Nelson Mandela

"La victoria siempre será posible si tenemos el coraje de continuar."

Nelson Mandela nos enseñó que, incluso frente a los desafíos más insuperables, la perseverancia es la clave para lograr el cambio.

A pesar de los años que pasó en prisión y las injusticias que enfrentó, nunca dejó de luchar por sus ideales, manteniendo siempre la visión de un futuro mejor. Su vida es un testimonio de la importancia de mantenernos firmes en nuestros principios, sin importar cuán difíciles sean las circunstancias.

En el camino de la vida, la perseverancia y la resistencia son cualidades esenciales.

Si actuamos con serenidad y determinación, podemos superar incluso los obstáculos más grandes. No se trata de la velocidad con la que avanzamos, sino de la constancia y la resistencia frente a la adversidad.

Reflexiona

- ¿Qué desafíos estás dispuesto a enfrentar con perseverancia?
- ¿Cómo puedes mantener tu energía y determinación a largo plazo, incluso cuando el camino sea incierto?

Recuerda: no se trata de los obstáculos que encuentras, sino de la firmeza con la que los enfrentas.

20 de noviembre CORAJE

"Un buen líder no es aquel que no tiene miedo, sino aquel que mantiene la cabeza en su sitio cuando tiene miedo."

El miedo no desaparece porque lideres, ni siquiera porque seas fuerte. Lo que te define como líder no es la ausencia de miedo, sino tu capacidad de pensar con claridad y actuar con firmeza a pesar de él. **Marco Aurelio decía: "No permitas que el miedo decida lo que es justo; decide tú desde la razón y la virtud." (Meditaciones, XI, 18).**

Piensa en los momentos donde te enfrentaste a algo que te paralizaba: un cambio importante, tomar una decisión difícil, o ser el responsable cuando todos miraban hacia ti. Tal vez el miedo te paralizó al principio, pero cuando recuperaste la calma y diste un paso al frente, descubriste tu verdadera fuerza. Liderar no significa no sentir miedo; significa elegir no dejar que el miedo tome las decisiones.

Un buen líder inspira, evalúa la situación y actúa, incluso cuando todo dentro de él grita que huya. Esa es la diferencia: no ignorar el miedo, sino usarlo para ser más consciente, más humano y más decidido. Demostrarte el líder que llevas dentro es una gran valentía.

Reflexiona

- ¿En qué situación reciente dejaste que el miedo tomara el control?
- ¿Qué puedes hacer la próxima vez para liderar desde la calma, no desde la emoción?

(El miedo no es el enemigo; es la prueba que separa a los que reaccionan de los que lideran.)

21 de noviembre AUTENTICIDAD

Frida Kahlo

"Pies, ¿para qué los quiero si tengo alas para volar?"

Frida Kahlo se destacó por su autenticidad y valentía para ser fiel a sí misma, sin importar las expectativas de los demás.

Su arte y su vida eran una declaración de independencia, de seguir su propio camino sin temor al juicio exterior.

La manera en que vivió y creó, aceptando y abrazando tanto sus dolores como sus fortalezas, es un ejemplo de cómo podemos vivir nuestra verdad sin reservas.

En el estoicismo, se valora la importancia de la autodeterminación y la autenticidad.

La capacidad de vivir de acuerdo con nuestra verdadera naturaleza y principios es lo que nos lleva a la paz interior y a la sabiduría.

En lugar de ajustarnos a las expectativas de los demás, debemos buscar nuestra propia virtud y caminar con autenticidad.

Reflexiona

- ¿Estás viviendo tu vida de acuerdo con lo que realmente crees o te estás adaptando a lo que otros esperan de ti?
- ¿Qué parte de ti necesitas mostrar más al mundo, sin temor al rechazo?

Recuerda: vivir auténticamente es un acto de valentía y de autocomprensión.

22 de noviembre CONSCIENCIA INTERNA

"Toda verdad ignorada prepara su venganza."

Ignorar una verdad no la hace desaparecer. Lo que eliges no mirar o afrontar sigue ahí, esperando el momento de manifestarse, muchas veces con más fuerza y en el peor momento. **Séneca decía: "Es mejor enfrentar la verdad, por amarga que sea, que vivir engañado por una mentira cómoda." (Cartas a Lucilio, CXIII, 2).**

Piénsalo: esa conversación incómoda que evitas, esa realidad que tratas de disfrazar con excusas, o ese hábito que sabes que te está haciendo daño. Puedes ignorarlo por un tiempo, pero tarde o temprano, esa verdad encontrará la forma de aparecer, y cuando lo haga, será más difícil, más dolorosa, y a menudo más destructiva.

Afrontar la verdad es un acto de valentía. No es fácil, pero es necesario si quieres construir una vida real y auténtica. Porque lo que ignoras no te deja libre; te mantiene atrapado en una falsa tranquilidad.

Reflexiona

- ¿Qué verdad estás ignorando en este momento?
- ¿Qué podrías hacer hoy para enfrentarte a ella y evitar que tome el control más adelante?

(La verdad no desaparece; espera. Afróntala hoy, antes de que se convierta en tu mayor lección.)

23 de noviembre TRABAJA EL ALGO QUE MEREZCA LA PENA

Steve Jobs

"Tu trabajo va a llenar una gran parte de tu vida, y la única manera de estar verdaderamente satisfecho es hacer lo que crees que es un trabajo grandioso."

Steve Jobs nos enseña que la pasión es un motor indispensable para crear un trabajo que no solo sea bueno, sino que también sea significativo.

La pasión da vida a los proyectos, los convierte en algo personal y genuino.

Solo cuando hacemos lo que amamos podemos esperar tener un impacto real, tanto en nuestra vida como en la de los demás.

El estoicismo también valora que nuestras acciones estén alineadas con nuestros valores y deseos más profundos.

Actuar con pasión y propósito nos lleva a vivir una vida coherente, sin arrepentimientos ni vacíos existenciales.

Reflexiona

- ¿Qué actividad te apasiona y cómo puedes integrar más de ella en tu vida?
- ¿Estás realizando tu trabajo con la misma energía y dedicación que pondrías en lo que más amas?

Recuerda: cuando sigues tu pasión, no solo encuentras satisfacción, sino que transformas tu vida.

24 de noviembre CAMBIO

"El barco de Teseo."

La paradoja del barco de Teseo plantea una pregunta poderosa: si reemplazas cada parte de un barco, una por una, hasta que ninguna pieza original quede, ¿sigue siendo el mismo barco? Y, llevándolo a nosotros mismos, si cambiamos nuestras ideas, creencias, experiencias y decisiones, ¿seguimos siendo la misma persona? **Epicteto decía: "No importa lo que pierdas, sino quién eres en cada cambio." (Discursos, III, 6).**

Piénsalo: no eres la misma persona que eras hace cinco años. Has cambiado física, emocional y mentalmente. Tal vez dejaste atrás miedos, relaciones o hábitos, y adoptaste nuevos caminos. Entonces, ¿eres tú o alguien completamente nuevo? La respuesta no está en lo que cambias, sino en la esencia que permanece contigo: tu capacidad de adaptarte, crecer y reconstruirte cada vez.

El barco de Teseo es una metáfora de la vida. Cada cambio es una oportunidad de renovar lo que somos, sin perder lo que nos hace auténticos.

Reflexiona

- ¿Qué parte de ti sientes que has reemplazado en este último tiempo?
- ¿Cómo podrías abrazar ese cambio como parte de tu esencia y no como una pérdida?

(No temas cambiar las piezas de tu barco. Lo importante es quién eres mientras navegas.)

25 de noviembre MANEJAR LA CALMA

Buda

"La paz viene de dentro. No la busques fuera."

Buda nos recuerda que la paz interior no depende de lo que ocurre a nuestro alrededor, sino de cómo respondemos a esos eventos.

La verdadera serenidad proviene de nuestra mente y nuestra capacidad de mantenerla equilibrada, incluso en momentos de agitación.

Es solo cuando somos dueños de nuestra calma que podemos actuar con claridad y efectividad.

El estoicismo también valora la tranquilidad del alma.

La calma no significa inacción, sino la capacidad de actuar con equilibrio, sin dejar que las emociones externas nos desvíen de nuestro propósito.

Ser capaces de mantener la serenidad nos permite tomar decisiones sabias y vivir en armonía.

Reflexiona

- ¿Cómo mantienes la calma en situaciones de estrés?
- ¿Hay alguna práctica que puedas incorporar en tu vida para fomentar la paz interior?

Recuerda: la verdadera paz nace dentro de ti y es la clave para una vida equilibrada y exitosa.

26 de noviembre ELIGE ESTAR EN PAZ

"No puedes terminar tú solo con una guerra, pero puedes ser un hombre en paz."

El mundo es un caos, y muchas veces parece que todo está fuera de tu control. Las guerras externas —peleas, conflictos, injusticias— no van a desaparecer porque tú lo desees. Pero aquí está la verdad incómoda: no puedes arreglar el mundo si dentro de ti hay una tormenta. Marco Aurelio decía: **"No puedes controlar las acciones de los demás, pero sí el lugar desde donde actúas tú." (Meditaciones, XII, 16).**

Piénsalo: cuando te metes en una discusión, cuando llevas la rabia de otro contigo o cuando intentas arreglar lo que no está en tus manos, ¿cómo terminas? Más agotado, más frustrado, menos en paz. Pero cuando eliges mantenerte firme, no ceder a la ira o al miedo, te conviertes en ese hombre en paz que otros necesitan. No porque seas indiferente, sino porque entiendes que el cambio no empieza fuera, empieza dentro.

Ser un hombre en paz no es aislarte de las guerras del mundo; es enfrentarlas sin que estas te atrapen. Es elegir ser la calma en medio del ruido, la claridad en medio del desorden. Porque cuando tú estás en paz, inspiras a otros a buscar lo mismo.

Reflexiona

- ¿En qué conflicto externo estás dejando que tu paz se pierda?
- ¿Cómo podrías hoy ser un hombre en paz, aunque el mundo siga en guerra?

(El caos afuera no se irá, pero tu paz puede ser la luz que lo atraviese.)

27 de noviembre VISUALIZA

Martin Luther King Jr.

"Tengo un sueño, un sueño profundamente enraizado en el sueño americano."

Martin Luther King Jr. entendió que los grandes cambios requieren tiempo, esfuerzo y una visión clara.

Su sueño de un mundo más justo y equitativo no solo era una esperanza, sino una guía que lo orientaba hacia sus metas.

La visión a largo plazo es lo que da propósito a nuestras acciones, manteniéndonos enfocados en lo que realmente importa.

Los estoicos también creían en la importancia de mantener nuestra atención en el propósito a largo plazo, sin dejarnos distraer por los desafíos inmediatos.

La sabiduría está en mantener la claridad en nuestra misión, actuando siempre con coherencia y determinación.

Reflexiona

- ¿Qué visión tienes para tu futuro y cómo estás trabajando hacia ella?
- ¿Cómo puedes mantener el enfoque en lo que realmente importa, sin dejarte llevar por las distracciones momentáneas?

Recuerda: tener una visión clara te da dirección y fuerza para superar cualquier dificultad.

28 de noviembre MODERACIÓN

"La naturaleza hizo a la marihuana y el hombre al alcohol."

La naturaleza no necesita corregirse. Lo que crea es completo, puro, sin intenciones ocultas. Pero lo que el hombre transforma muchas veces lleva sus excesos, sus vicios y su deseo de controlar o explotar. **Séneca decía: "Nada que provenga de la naturaleza puede ser un mal; lo malo nace del uso que hacemos de ello." (Cartas a Lucilio, XCV, 4).**

Piensa en cómo algo tan simple como una planta puede ser usado para el bienestar, para conectar con la calma, pero también puede ser demonizado o malinterpretado por prejuicios humanos. Al mismo tiempo, el alcohol, que hemos manipulado y glorificado, ha sido causa de guerras internas, tragedias y adicciones. El problema no está solo en el origen, sino en cómo elegimos usar lo que se nos da.

La diferencia entre lo que crea la naturaleza y lo que modifica el hombre está en la intención. Uno nace para existir; el otro, muchas veces, para dominar. Pero al final, no importa de dónde venga, sino cómo lo integras en tu vida: ¿te sirve para crecer o para escapar?

Reflexiona

- ¿Estás usando algo en tu vida, natural o no, de una manera que te construya o te destruya?
- ¿Cómo podrías cambiar esa relación para que sume en lugar de restar?

(La naturaleza da, el hombre transforma. Pero tú decides si lo que tomas de ambos te ayuda o te pierde.)

29 de noviembre LA CLAVE ESTÁ EN LAS PREGUNTAS

Nikola Tesla

"El científico no es una persona que da las respuestas correctas, es una persona que hace las preguntas correctas."

Nikola Tesla sabía que el camino hacia la innovación estaba lleno de incertidumbres y obstáculos.

No se trataba solo de encontrar soluciones, sino de desafiar las convenciones y buscar nuevas formas de pensar.

La perseverancia para cuestionar lo establecido y seguir adelante a pesar de las dificultades fue lo que le permitió hacer avances revolucionarios.

El estoicismo también nos enseña que la perseverancia es fundamental.

La vida está llena de pruebas, pero aquellos que perseveran, que siguen preguntando y buscando respuestas, son los que finalmente encuentran la sabiduría y la paz interior.

Reflexiona

- ¿Cómo puedes aplicar el poder de la perseverancia en tus propios proyectos?
- ¿Qué áreas de tu vida necesitan un enfoque más persistente y cuestionador?

Recuerda: la perseverancia no es solo una cualidad, es una filosofía de vida que nos guía hacia la innovación.

30 de noviembre 1%

"99% actitud, 1% teoría."

Saber qué hacer no es suficiente. Puedes leer todos los libros de sexualidad que quieras, pero nunca aprenderás a "hacer el amor con ellos". Puedes mirar todos los tutoriales y planear hasta el último detalle, pero si no tienes la actitud para actuar, nada cambia. **Epicteto decía: "No es suficiente aprender las lecciones, debes aplicarlas." (Discursos, I, 3).** La actitud es lo que pone en marcha lo que sabes, lo que transforma las ideas en acción.

Piensa en alguien que no tiene toda la preparación, pero va con determinación, con ganas, y lo consigue. Ahora piensa en alguien que sabe mucho, pero no mueve un dedo porque le falta confianza o motivación. ¿Quién crees que realmente avanza? La diferencia no está en el conocimiento; está en la actitud con la que enfrentas cada paso.

El 1% de teoría importa, pero el 99% es tener el coraje de intentarlo, de aprender en el camino, de equivocarte y seguir adelante. Es levantarte cada día y decidir que, aunque no tengas todas las respuestas, tienes el coraje de buscarlas.

Reflexiona

- ¿En qué área de tu vida estás acumulando teoría sin ponerla en práctica?
- ¿Qué pequeño paso podrías dar hoy con actitud, incluso sin tenerlo todo claro?

*(La teoría te orienta, pero la actitud es lo que te mueve. ¿Qué estás esperando para usarla?) *

En la adversidad, la verdadera fortaleza del carácter se revela, como las grietas en una columna muestran su resistencia.

12
Diciembre - Panecio de Rodas

"La filosofía debe adaptarse al mundo que habita."

Panecio de Rodas (185-109 a.C.) fue un filósofo estoico que introdujo el estoicismo en el mundo romano, adaptándolo a las necesidades prácticas de la sociedad de su tiempo.

Características y logros:

- Estoicismo práctico: Redefinió el estoicismo, haciéndolo más accesible al enfatizar la importancia de la ética aplicada.
- Adaptación cultural: Como líder de la escuela estoica en Atenas, integró elementos del pensamiento aristotélico y platónico en el estoicismo.
- Influencia romana: Inspiró a figuras como Cicerón, cuya obra *De Officiis* está profundamente influenciada por las enseñanzas de Panecio.

1 de diciembre AUTOCONOCIMIENTO

Aristóteles

"Conocer a uno mismo es el principio de toda sabiduría."

Aristóteles, al igual que muchos pensadores griegos, subrayó la importancia de conocernos a nosotros mismos.

Solo al comprender nuestra naturaleza, nuestras fortalezas y debilidades, podemos tomar decisiones sabias y vivir una vida plena.

El autoconocimiento es esencial para el crecimiento personal y para actuar con integridad y coherencia.

Los estoicos también consideraban el autoconocimiento como una herramienta fundamental para alcanzar la virtud.

Solo al observarnos de manera objetiva podemos identificar nuestras emociones y reacciones, y, a partir de ahí, mejorar nuestra conducta y nuestras decisiones.

Reflexiona

- ¿Qué aspectos de ti mismo aún necesitas conocer mejor?
- ¿Cómo puedes utilizar la autocrítica constructiva para mejorar tu vida y tus decisiones?

Recuerda: el autoconocimiento es la base para vivir con claridad, sabiduría y serenidad.

2 de diciembre UN HOMBRE DE VALOR

"Un hombre verdadero es aquel que es capaz de mirar dentro de sí mismo y hacer lo correcto incluso cuando es difícil."

Ser un hombre verdadero no tiene nada que ver con la fuerza física, el dinero o la imagen. Tiene que ver con la valentía de enfrentarte a lo que más duele: tus miedos, tus errores, tus excusas. Y aún más, hacer lo correcto cuando nadie te está viendo. **Séneca decía: "La mayor nobleza es dominarte a ti mismo, incluso cuando el camino sea el más difícil." (Cartas a Lucilio, CV, 12).**

Piensa en esa vez que supiste qué debías hacer, pero te escondiste detrás de un "no puedo" o un "es complicado." Un hombre verdadero no busca lo fácil, busca lo que tiene sentido, lo que es justo, aunque lo haga temblar. Ser verdadero no es ser perfecto; es caminar hacia lo correcto, aunque el mundo o incluso tú mismo te pongas la zancadilla.

No se trata de hacerlo bien siempre, sino de tener el valor de mirarte de frente, aprender de tus sombras y decidir, con todo el peso de la incomodidad, seguir el camino que sabes que es el correcto.

Reflexiona

- ¿Qué decisión estás postergando porque hacer lo correcto parece demasiado difícil?
- ¿Cómo podrías empezar hoy, aunque sea con un paso pequeño, a caminar hacia lo que realmente importa?

(Un hombre verdadero no se mide por lo que logra, sino por lo que está dispuesto a enfrentar dentro de sí mismo.)

3 de diciembre INTÉNTALO OTRA VEZ

Thomas Edison

"Nuestra mayor debilidad radica en rendirnos. La forma más segura de tener éxito es siempre intentarlo una vez más."

Thomas Edison, un hombre que dedicó miles de intentos a perfeccionar la bombilla, entendió que la perseverancia es la clave del éxito.

No se trataba solo de tener una idea, sino de continuar, incluso cuando las cosas no salían como se esperaba. Cada fracaso era simplemente una lección que le acercaba más a su objetivo.

El estoicismo también valora enormemente la perseverancia frente a las dificultades.

Los estoicos nos enseñan que la verdadera fuerza radica en mantenernos firmes ante las adversidades, sin ceder ante el desaliento.

La paciencia, combinada con la acción constante, es la vía para alcanzar nuestras metas.

Reflexiona

- ¿En qué aspectos de tu vida te sientes tentado a rendirte?
- ¿Qué puedes hacer para mantener tu determinación y seguir adelante?

Recuerda: no hay fracaso que te detenga si tienes la perseverancia de seguir probando.

4 de diciembre ESTATE ATENTO

"Cuando tienes un pie en el futuro y otro en el pasado, meas en el presente."

El presente es lo único real, pero la mayoría de las veces vivimos en cualquier lugar menos aquí. Estamos atrapados entre culparnos por lo que ya pasó y preocuparnos por lo que podría venir. Esa tensión hace que te mees en el presente, te desconecta y te hace perder la oportunidad de vivir. **Marco Aurelio decía: "El hombre se consume pensando en lo que fue o lo que será, mientras olvida que solo tiene este momento." (Meditaciones, XII, 1).**

Piensa en ese día en el que tu cabeza está en otra cosa: preocupándote por lo que no salió bien ayer y anticipando lo que podría ir mal mañana. ¿Qué pasó con las pequeñas cosas del ahora? Las conversaciones, el momento de calma, o incluso las soluciones que podrías haber encontrado si tu mente estuviera aquí.

El pasado ya no se puede cambiar, y el futuro no te pertenece todavía. Pero el presente, este momento, es donde tienes el poder de decidir, de construir, de soltar. Pon ambos pies aquí, porque es en este lugar donde se mueve la vida. Deja de mearte encima.

Reflexiona

- ¿A qué estás dedicando más energía últimamente: a lo que ya fue o a lo que aún no llega?
- ¿Qué puedes hacer hoy para recuperar tu conexión con el momento presente?

(El pasado te encadena, el futuro te distrae, pero el presente es el único lugar donde puedes actuar. Aprovecha tu ahora.)

5 de diciembre EL VALOR DE LA EXPERIENCIA

Leonardo da Vinci

"La sabiduría es hija de la experiencia."

Leonardo da Vinci, considerado uno de los genios más grandes de la historia, entendió que la creatividad nace de la curiosidad.

Su vida fue una búsqueda constante de conocimiento, donde cada nuevo descubrimiento alimentaba al siguiente.

La curiosidad nos permite explorar nuevas ideas y enfoques, y, a través de la experiencia, encontramos la verdadera sabiduría.

El estoicismo también valora la curiosidad, pero no solo en términos de conocimiento intelectual, sino también como una forma de explorar y entender nuestras emociones y acciones.

Al ser curiosos con nosotros mismos, podemos encontrar nuevas formas de actuar con virtud.

Reflexiona

- ¿Qué áreas de tu vida necesitas explorar más profundamente para crecer?
- ¿Cómo puedes fomentar tu curiosidad para descubrir nuevas formas de mejorar?

Recuerda: la creatividad comienza cuando nos atrevemos a cuestionar lo conocido y explorar lo desconocido.

6 de diciembre REFLEJO DEL ALMA

"En el momento que hablas, dices quién eres."

Cada palabra que sale de tu boca es un reflejo de lo que llevas dentro. Hablar no es solo comunicarte; es mostrar cómo piensas, qué sientes y cómo ves el mundo. **Epicteto decía: "El lenguaje es el espejo del alma: lo que dices revela quién eres." (Discursos, II, 5).** Lo que eliges decir, cómo lo dices y cuándo lo dices es una declaración de tu carácter.

Piensa en esas conversaciones donde hablaste desde la rabia o el miedo. ¿Qué imagen proyectaste? Ahora recuerda esos momentos en los que hablaste con calma, con claridad o con empatía. Tus palabras no solo influyeron en los demás, también dejaron una huella en ti mismo.

Hablar con intención no significa callar lo que sientes, sino expresar desde la autenticidad, no desde el ego o la impulsividad. Porque cada vez que abres la boca, estás definiéndote ante los demás y, más importante, ante ti mismo.

Reflexiona

- ¿Cuáles fueron las últimas palabras que dijiste en un momento difícil?
- ¿Reflejaron a la persona que quieres ser?

(Tus palabras son un mapa hacia quién eres. Úsalas para construir, no para destruir.)

7 de diciembre BUSCA LA PERFECCIÓN EN LO QUE HAGAS

Bruce Lee

"No temo al hombre que ha practicado 10,000 patadas una vez, pero sí al hombre que ha practicado una patada 10,000 veces."

Bruce Lee, famoso por su disciplina y enfoque en las artes marciales, nos recuerda que el verdadero poder no proviene de la cantidad de cosas que hacemos, sino de la maestría que alcanzamos al perfeccionar lo que hacemos.

La disciplina es lo que nos lleva de la mediocridad a la excelencia.

Los estoicos también valoran la disciplina en la vida diaria. Para ellos, la autodisciplina era esencial para vivir de acuerdo con la razón y la virtud.

Es la práctica constante de los valores lo que nos permite llegar a la sabiduría.

Reflexiona

- ¿En qué aspectos de tu vida necesitas ser más disciplinado?
- ¿Cómo puedes perfeccionar una acción o habilidad para convertirte en experto?

Recuerda: la verdadera excelencia se alcanza solo a través de la disciplina y la práctica constante.

8 de diciembre MEDITACIÓN

"Meditar no es escapar del mundo, sino entrar en él."

Meditar no es desconectarte de la realidad ni huir de tus problemas. Es todo lo contrario: es sumergirte profundamente en lo que eres, en lo que sientes, y en cómo el mundo te afecta. Es mirar sin filtros ni distracciones, con total presencia. **Marco Aurelio decía: "La mente tranquila es capaz de enfrentarlo todo, porque ve las cosas como son." (Meditaciones, IV, 3).**

Piensa en cómo muchas veces usas el ruido externo —el móvil, la tele, el trabajo— para no enfrentar lo que está pasando dentro de ti. Pero al meditar, te quitas las capas, te sientas contigo mismo y, al hacerlo, entras de lleno al mundo real. No como lo imaginas, no como temes, sino como realmente es.

Meditar es un acto de valentía. No es aislarte, es estar tan presente que puedes tocar la vida con el alma, sin miedo, sin huir. Es aprender a estar aquí, en este momento, con todo lo que trae, para luego salir al mundo con más claridad y fuerza.

Reflexiona

- ¿Qué parte del mundo estás evitando enfrentar?
- ¿Cómo podrías usar la meditación como una herramienta para entrar en contacto con ello?

(Meditar no es alejarte de la vida. Es verla con tanta claridad que encuentras tu lugar en ella.)

9 de diciembre CORAJE Y PERSEVERANCIA

Walt Disney

"Todos nuestros sueños pueden hacerse realidad si tenemos el coraje de perseguirlos."

Walt Disney, creador de uno de los imperios de entretenimiento más grandes del mundo, no fue un hombre que se dejó detener por los obstáculos.

A pesar de múltiples fracasos, se mantuvo firme en su visión, y su coraje para seguir adelante es lo que finalmente hizo posible su éxito.

La perseverancia es el camino hacia la realización de cualquier sueño.

Los estoicos también creían que el coraje es esencial para perseguir nuestros objetivos, especialmente cuando las circunstancias parecen adversas.

El verdadero poder está en mantenernos firmes en nuestra misión, a pesar de las dificultades externas.

Reflexiona

- ¿Cuál es el sueño que aún no has alcanzado por miedo o inseguridad?
- ¿Qué pasos puedes dar hoy para acercarte más a esa meta?

Recuerda: el coraje para seguir persiguiendo tu sueño es lo que te llevará a alcanzarlo.

10 de diciembre TUS PELÍCULAS

"¿Mamá, la realidad duele? No, son las expectativas y juicios que le añadimos por adelantado."

La realidad, por sí misma, no te destruye. Lo que te duele es lo que piensas que debería ser, las historias que te inventas antes de que algo pase. Lo que ves no duele tanto como lo que te cuentas sobre lo que ves. **"No nos atormenta la realidad, sino nuestras ideas sobre la realidad."** – Séneca.

Piénsalo: cuando algo no sale como esperabas, lo que te quema por dentro no es el hecho en sí, sino el guion que escribiste antes de tiempo. Esa relación que no funcionó, ese "no" que recibiste, ese plan que falló. Pero si quitas las capas de juicio y expectativa, lo que queda es solo la realidad, sin el peso que tú mismo le añadiste.

No puedes controlar lo que pasa, pero sí puedes elegir dejar de cargar historias que no te ayudan. La realidad se enfrenta; el sufrimiento innecesario se suelta.

Reflexiona

- ¿Qué historia o juicio estás añadiendo a la realidad que vives?
- ¿Cómo podrías soltarlo para sentir menos dolor y más claridad?

(La realidad no te rompe. Lo que te rompe son las películas que tú mismo te montas.)

11 de diciembre FELICIDAD AQUÍ Y AHORA

Séneca

"La verdadera felicidad es disfrutar del presente, sin depender ansiosamente del futuro."

Séneca, un maestro del estoicismo, entendía que la felicidad no se encuentra en cosas externas, sino en la virtud y el equilibrio interior.

Vivir plenamente en el presente, sin anhelar lo que aún no ha llegado, nos permite encontrar paz y propósito.

Ten en cuenta que el 99% del estrés que tienes en tu día a día es generado por escenarios futuros que tu cerebro ha creado y que no van a darse.

La filosofía estoica nos recuerda que nuestras acciones, guiadas por la virtud, son lo único que realmente está bajo nuestro control.

Al centrarnos en lo que podemos manejar, evitamos las ansiedades y los arrepentimientos.

Reflexiona

- ¿Qué aspectos de tu vida estás dejando en manos del futuro?
- ¿Cómo puedes anclarte más en el momento presente para vivir con plenitud?

Recuerda: la virtud y el presente son las únicas claves para la verdadera felicidad.

12 de diciembre BRILLAS EN LA OSCURIDAD

"¿Sabes qué se necesita para que una estrella brille? Una tonelada de jodida oscuridad."

Las estrellas no se forman en la comodidad ni en la claridad. Nacen en el caos, en el polvo y el vacío del universo. Lo mismo pasa contigo: no puedes brillar sin haber atravesado tu propia oscuridad. **Marco Aurelio decía: "De la dificultad surge la fuerza; lo que te desafía, te construye." (Meditaciones, V, 20).**

Piensa en tus momentos más difíciles, en esos días donde todo parecía en tu contra. Tal vez sentiste que no había salida, que la oscuridad te tragaba. Pero, ¿y ahora? ¿No son esos momentos los que definieron tu fuerza, tu carácter, tu luz? No se trata de evitar la oscuridad, sino de aprender a usarla como el escenario donde tu brillo se forma.

Las estrellas no se disculpan por brillar. Tampoco tú. Abraza lo que te duele, lo que te retó, y haz de ello la fuente de la luz que puedes aportar al mundo.

Reflexiona

- ¿Qué parte de tu oscuridad pasada fue necesaria para que hoy brilles más fuerte?
- ¿Cómo podrías empezar a verla como parte de tu historia en lugar de un obstáculo?

(Sé la estrella que ilumina su propio camino.)

13 de diciembre ELEGIR EL MOMENTO

Napoleón Bonaparte

"El éxito es el resultado de la acción correcta en el momento adecuado."

Napoleón comprendía que el éxito no depende solo del talento o la suerte, sino de la capacidad de actuar con decisión.

Incluso los mejores planes son inútiles si no van acompañados de una ejecución valiente y estratégica.

En el estoicismo, esta idea se encuentra en la necesidad de actuar según lo que está bajo nuestro control.

Los estoicos entendían que la fortuna favorece a quienes están preparados para aprovechar cada oportunidad con valentía y determinación.

Reflexiona

- ¿Estás esperando el momento perfecto o creando tus propias oportunidades?
- ¿Qué pasos puedes tomar hoy para acercarte a tus metas?

Recuerda: el éxito no espera a quienes dudan, sino a quienes actúan con audacia.

14 de diciembre VIBRACIÓN

"Cuando cuidas lo que eres, las cosas que mereces llegan solas."

No necesitas correr detrás de lo que quieres. Lo que verdaderamente mereces llegará cuando te enfoques en lo esencial: cuidar de ti, trabajar en tu crecimiento y ser auténtico con lo que eres. **Séneca decía: "La fortuna encuentra a quien está preparado para recibirla." (Cartas a Lucilio, CVI, 12).**

Piénsalo: cuando inviertes en tu bienestar, en tu mente, en leer libros como este, en tus acciones, empiezas a alinearte con lo que realmente importa. Las personas adecuadas, las oportunidades correctas, y las cosas que suman llegan de forma natural porque lo que proyectas es tu propio crecimiento.

Cuidar de ti no es egoísmo, es el primer paso para construir la vida que mereces. No se trata de esperar sentado, sino de vivir en coherencia con lo que deseas, y entonces, sin forzar, lo que te corresponde empieza a encontrar su camino hacia ti.

Reflexiona

- ¿Qué estás descuidando de ti mismo que podría estar retrasando lo que mereces?
- ¿Cómo podrías cuidar más de quién eres para que las cosas lleguen?

(Lo que es para ti no necesita buscarse, solo necesita que seas la mejor versión de ti mismo.)

15 de diciembre CAJA DE HERRAMIENTAS

Francis Bacon

"El conocimiento es poder."

Bacon entendía que el conocimiento no solo es una herramienta para comprender el mundo, sino también una fuerza para transformarlo.

Cuanto más aprendemos, más capaces somos de tomar decisiones que impactan positivamente nuestras vidas y las de quienes nos rodean.

El aprendizaje no es solo leer cosas, implica esfuerzo de reflexión.

Cuanto más aprendes más sabio eres y más te das cuenta de lo mucho que te queda por aprender. Conocimiento y humildad suelen ir de la mano.

En el estoicismo, el conocimiento se asocia con la sabiduría, una de las virtudes cardinales. Aprender no es solo acumular información, sino aplicarla con juicio y rectitud para mejorar nuestra existencia.

Reflexiona

- ¿Qué conocimiento estás buscando y cómo lo estás aplicando?
- ¿Estás utilizando lo que sabes para crecer y contribuir al mundo?

Recuerda: la sabiduría adquirida se convierte en poder cuando la usamos para bien.

16 de diciembre AMAR SE ELIGE

"Amar es algo que se hace, y el amor es el resultado."

El amor no es una emoción que simplemente aparece. Es una acción constante, una decisión que se toma cada día. Amar es escuchar, cuidar, respetar, estar presente. **Séneca decía: "El amor no se mide por palabras, sino por actos." (Cartas a Lucilio, IX, 5).** El amor no llega como un regalo caído del cielo; es el fruto de lo que decides construir con tus acciones.

Piénsalo: cuando alguien se siente amado por ti, no es por lo que dices, sino por lo que haces. Los pequeños gestos, el tiempo que dedicas, la paciencia que tienes. El amor es un resultado, una consecuencia de cómo eliges vivir y tratar a los demás.

No esperes sentir amor para empezar a amar. Haz las cosas que lo construyen, y ese sentimiento profundo será el reflejo natural de lo que estás creando.

Reflexiona

- ¿Qué acciones puedes tomar hoy para construir más amor en tus relaciones?
- ¿Cómo puedes demostrar con hechos lo que sientes?

(El amor no es solo una emoción, es lo que eliges hacer cada día.)

17 de diciembre DECIDA CAMBIAR

Miguel de Cervantes

"El que lee mucho y anda mucho, ve mucho y sabe mucho."

Cervantes nos invita a explorar tanto el mundo como el conocimiento.

Parece una obviedad la frase, pero cuánta gente quiere ver mucho y saber mucho sin leer nada ni levantarse de su sofá.

Soñar en grande y buscar experiencias amplias nos enriquece no solo intelectualmente, sino también espiritualmente.

Cada libro leído, cada película vista, cada pódcast oído, cada museo paseado, y cada paseo dado, son unas piezas que construyen nuestra visión del mundo.

En el estoicismo, la expansión del conocimiento y la experiencia es un medio para vivir de acuerdo con la naturaleza, abrazando todo lo que la vida puede ofrecernos.

Reflexiona

- ¿Estás ampliando tus horizontes a través de la lectura y la experiencia?
- ¿Qué nuevos caminos puedes recorrer para enriquecer tu vida?

Recuerda: un alma enriquecida es el verdadero testamento de una vida plena.

18 de diciembre AMA

"Ama y ensancha el alma."

Amar no te quita nada; te hace más grande, más vivo. Cada vez que eliges amar —a una persona, a una causa, o incluso a la vida misma—, tu alma se expande, tu perspectiva crece, y algo dentro de ti se transforma. **Séneca decía: "El alma se fortalece en la entrega, no en la reserva." (Cartas a Lucilio, XXXIX, 3).**

Piénsalo: amar de verdad no es seguro, no es perfecto, y a veces duele. Pero en ese riesgo, en esa entrega, encuentras algo que ninguna otra cosa te puede dar: conexión con lo que realmente importa. No amar es quedarse pequeño, encerrado en mentira de la vida.

El amor no te debilita, te ensancha. No importa si es correspondido o no, si dura o se pierde, porque lo importante no es lo que recibes, sino lo que entregas. Amar es el acto más valiente que puedes hacer porque, al final, lo único que importa es cuánto te atreviste a abrir tu alma.

Reflexiona

- ¿A qué o a quién estás amando que ensanche tu alma últimamente?
- ¿Qué podrías hacer hoy para amar con menos miedo y más libertad?

(Amar no es perder; es crecer. Atrévete a ensanchar tu alma, una vez más.)

19 de diciembre CONOCIMIENTO SIN ACCIÓN NO TIENE IMPACTO

Johann Wolfgang von Goethe

"Saber no es suficiente; debemos aplicar. Desear no es suficiente; debemos hacer."

Goethe entendía que la creatividad no es solo una chispa de inspiración, sino un proceso que requiere acción.

No me cansé de repetirlo en mi libro *"Elige vivir; mentoría para la vida"* y la metodología *EPIC*. Si una vez hecho tu ejercicio de introspección y definir qué Propósito tienes en la vida, no pasas a la acción, no vale para nada.

Tener ideas es solo el primer paso; darles vida mediante el esfuerzo y la dedicación es lo que realmente importa.

Para los estoicos, la acción es fundamental.

Saber lo correcto y no actuar en consecuencia es un desperdicio de potencial.

La grandeza reside en alinear el conocimiento con la acción.

Reflexiona

- ¿Qué ideas has pospuesto y qué te impide llevarlas a cabo?
- ¿Cómo puedes transformar tus deseos en acciones concretas?

Recuerda: la grandeza no se mide por lo que soñamos, sino por lo que hacemos con esos sueños.

20 de diciembre VIRTUD EN CADA CIRCUNSTANCIA

Winston Churchill

"En la guerra, resolución; en la derrota, desafío; en la victoria, magnanimidad; en la paz, buena voluntad."

Esta frase de Churchill es un manual de vida comprimido en unas pocas palabras. Nos recuerda que cada etapa, cada circunstancia, exige una virtud distinta. En los momentos de lucha, necesitas firmeza para no rendirte. En las derrotas, el desafío de no dejarte vencer internamente. En la victoria, la humildad de no abusar del poder. Y en la paz, la grandeza de construir y conectar. **Marco Aurelio decía algo similar: "Haz lo que te toca en cada momento, con virtud y según la razón." (Meditaciones, VII, 5).**

Piénsalo: cuando enfrentas dificultades, lo que te define no es el problema, sino tu resolución. Cuando caes, no es el fin, sino la oportunidad de levantarte con más fuerza. Y cuando logras algo grande, tu grandeza no se mide por el triunfo, sino por cómo tratas a los demás desde ese lugar.

Es un recordatorio de que la vida tiene ciclos, y cada uno exige lo mejor de nosotros. El desafío es adaptarte sin perder quién eres, sin dejar de actuar desde la virtud y la humanidad.

Reflexiona

- ¿Cuál de estas etapas estás viviendo ahora: guerra, derrota, victoria o paz?
- ¿Qué virtud necesitas cultivar en este momento para enfrentarlo con grandeza?

(Cada momento exige algo diferente de ti. Elige tu respuesta con sabiduría.)

DIARIO DE ESTOICOS
365 Reflexiones para una Mente Fuerte,
un Espíritu Libre y un Corazón
Lleno de Amor

21 de diciembre CÍÑETE A LOS HECHOS

Marco Aurelio

"Todo lo que escuchamos es una opinión, no un hecho. Todo lo que vemos es una perspectiva, no la verdad."

Marco Aurelio, el emperador filósofo, nos invita a mirar más allá de las apariencias y las opiniones superficiales para conectarnos con la esencia de la naturaleza y de nosotros mismos. La verdad, para él, no era algo fijo ni fácil de alcanzar; requería un esfuerzo consciente para separar lo que creemos saber de lo que es realmente cierto. Al adoptar esta perspectiva, podemos liberarnos del peso de los prejuicios y las expectativas sociales.

La naturaleza, según los estoicos, es una maestra constante. En sus ciclos encontramos lecciones de renovación, paciencia y fortaleza. Al observarla, aprendemos sobre el equilibrio intrínseco de todas las cosas y descubrimos cómo aplicarlo a nuestra vida diaria. Este contacto no solo nos ofrece paz, sino también una comprensión más profunda de nuestro lugar en el universo.

Reflexiona

- ¿Estás tomando tiempo para observar y aprender de la naturaleza que te rodea?
- ¿Qué opiniones o perspectivas estás dispuesto a cuestionar para acercarte más a la verdad?
- ¿Cómo puedes incorporar la simplicidad y el orden natural en tu vida diaria?

Recuerda: al reconocer que lo que vemos y escuchamos es solo una fracción de la realidad, nos abrimos a la sabiduría y la claridad que están siempre a nuestro alcance.

22 de diciembre SILENCIO

Jean Paul

"Si te sientes solo cuando estás solo, estás mal acompañado."

La soledad no es el problema; es cómo te sientes contigo mismo cuando estás en ella. Estar solo debería ser un momento de paz, de conexión contigo, pero si la soledad te pesa, tal vez no estás siendo el mejor compañero para ti mismo. **Epicteto decía: "Nadie es libre si depende de la compañía de otros para estar en paz." (Discursos, II, 16).**

Piénsalo: cuando estás solo, ¿qué pasa por tu mente? ¿Te atacas con críticas, te aburres de ti mismo o buscas desesperadamente distracciones? La soledad no te hace sentir vacío; lo que la llena eres tú. Si no aprendes a disfrutar de tu propia compañía, no importa cuántas personas te rodeen, siempre sentirás un hueco.

Ser capaz de estar solo, en paz, es una de las mayores fortalezas. Es conocerte, escucharte y aprender a cuidarte como lo harías con un amigo. La soledad no tiene que ser un castigo; puede ser el momento donde descubras quién eres realmente.

Reflexiona

- ¿Qué te dices a ti mismo cuando estás solo?
- ¿Cómo podrías empezar a tratarte como un amigo en lugar de un enemigo?

(La soledad no es tu enemiga. Aprende a hacer de ti tu mejor compañía.)

23 de diciembre CUIDA LA CALIDAD DE PENSAMIENTO

Marco Aurelio

"El alma se tiñe con el color de sus pensamientos."

Marco Aurelio nos invita a observar nuestras mentes y las ideas que albergamos, ya que estas moldean nuestra percepción y acciones.

Una mente clara y disciplinada es esencial para tomar decisiones sabias y vivir una vida virtuosa. Los pensamientos no son solo pasajeros; son las semillas que, al germinar, se convierten en nuestras palabras, acciones y carácter.

Para los estoicos, cuidar los pensamientos no es un ejercicio trivial, sino una práctica central de la filosofía.

Una mente que cultiva ideas virtuosas, como la justicia, la templanza y la valentía, tiende a manifestar una vida más armónica y satisfactoria. Por el contrario, los pensamientos cargados de miedo, envidia o resentimiento corrompen la serenidad del alma y desvían nuestras acciones.

Reflexiona

- ¿Qué pensamientos predominan en tu mente y cómo afectan tu bienestar?
- ¿Cómo puedes cultivar mayor claridad y serenidad en tus reflexiones diarias?
- ¿Qué pasos concretos puedes tomar hoy para alinear tus pensamientos con tus valores más profundos?

Recuerda: lo que piensas determina lo que eres; elige tus pensamientos sabiamente, porque ellos pintan el lienzo de tu alma.

24 de diciembre DÉJALE SER LIBRE

"Confianza no es saber todo del otro, es no necesitar saberlo."

La verdadera confianza no se basa en controlar ni en tener todas las respuestas, sino en soltar la necesidad de ellas. Es creer en la otra persona sin querer saberlo todo, sin exigirle transparencia absoluta. **Séneca decía: "Es mejor confiar en pocos y bien, que desconfiar de todos y vivir en inquietud." (Cartas a Lucilio, III, 4).**

Piénsalo: cuando confías de verdad en alguien, no necesitas estar detrás de cada paso, ni buscar pruebas constantes de su lealtad o sinceridad. La confianza no vive en la certeza, sino en la fe. En ese espacio donde decides que lo que ya hay es suficiente, sin forzar más.

Controlarlo todo no crea confianza; la destruye. Y mientras más intentas saberlo todo, menos espacio dejas para que la relación crezca. Confiar es soltar, es permitir que el otro sea libre y, al mismo tiempo, estar en paz con lo que decida compartir.

Reflexiona

- ¿Estás buscando pruebas de confianza en alguien?
- ¿Qué podrías hacer hoy para soltar esa necesidad y confiar de manera más auténtica?

(La confianza no es control, es libertad compartida. Aprende a soltar y deja que fluya.)

25 de diciembre HONRAR EL AMOR

Charles Dickens

"Honraré la Navidad en mi corazón y procuraré conservarla todo el año."

Dickens, a través de sus historias, nos recuerda que el espíritu de la Navidad no debería limitarse a una fecha en el calendario.

Es un llamado a la generosidad, la bondad y la conexión con quienes nos rodean.

Más allá de los regalos materiales, el verdadero significado de esta festividad radica en el amor y la gratitud que compartimos.

Desde una perspectiva estoica, la Navidad puede ser vista como un momento para reflexionar sobre lo que realmente importa. ¿Estamos valorando lo esencial o nos distraemos con lo superficial?

La oportunidad de estar con nuestros seres queridos, de dar sin esperar nada a cambio, y de recordar nuestra humanidad compartida es lo que da trascendencia a estas fechas.

Reflexiona

- ¿Qué regalos no materiales puedes ofrecer esta Navidad?
- ¿Cómo puedes honrar el espíritu de la Navidad más allá de diciembre?
- ¿Qué acciones pequeñas podrían transmitir bondad y alegría a quienes te rodean?

Recuerda: la verdadera riqueza de la Navidad no se encuentra bajo un árbol, sino en los corazones que tocas.

26 de diciembre CALOR HUMANO

"El genérico de los ansiolíticos se llama abrazo."

Un abrazo tiene el poder de calmar lo que las palabras no alcanzan. No es un milagro, pero se siente como si lo fuera: reduce el ruido en tu mente, te conecta con algo más grande que tus preocupaciones y te recuerda que no estás solo. **Epicteto decía: "No necesitas mucho para estar en paz, solo volver a lo esencial." (Discursos, I, 2).** Y a veces, lo esencial es tan simple como un gesto de conexión humana.

Piensa en ese momento en que alguien te abrazó cuando más lo necesitabas. Puede que no resolviera el problema, pero de alguna manera el peso se hizo más ligero. Porque un abrazo no cura todo, pero te recuerda que no tienes que cargarlo solo.

En un mundo que corre tan rápido, donde el estrés y la ansiedad parecen un hábito, un abrazo es una pausa. Es un acto simple pero profundo que te conecta con la calma y con la humanidad que a veces olvidamos.

Reflexiona

- ¿A quién podrías ofrecerle un abrazo hoy para aliviar su carga, o incluso la tuya?

(A veces, no necesitas palabras ni medicinas. Solo necesitas un abrazo que te devuelva al presente.)

27 de diciembre EL VALOR DE LA AMISTAD

Ralph Waldo Emerson

"La única manera de tener un amigo es ser uno."

Emerson sugiere que las relaciones profundas y auténticas son una fuente de trascendencia.

Al invertir en las conexiones humanas desde la autenticidad y el amor, trascendemos el ego y nos unimos a algo mayor que nosotros mismos.

Ser un amigo implica ofrecer tiempo, atención y apoyo sin esperar nada a cambio, construyendo puentes que trascienden el tiempo y las circunstancias.

Para los estoicos, esta idea resuena con la virtud de la justicia y el deber hacia los demás. Cultivar relaciones basadas en la virtud no solo enriquece nuestra vida, sino que deja un legado duradero en el mundo. La amistad genuina nos invita a reflexionar sobre cómo nuestras acciones influyen en quienes nos rodean y cómo podemos ser una fuente de fortaleza en momentos difíciles.

Reflexiona

- ¿Estás construyendo relaciones basadas en la reciprocidad y la autenticidad?
- ¿Qué valores deseas que guíen tus vínculos más cercanos?
- ¿Cómo puedes ser un amigo que inspire a otros a crecer y superar desafíos?

Recuerda: el acto de dar y recibir en amistad es un puente hacia la eternidad, dejando una marca imborrable en la vida de quienes tocas.

28 de diciembre BAMBÚ GYM

Lao Tse

"Si eres flexible, te mantendrás recto."

La fuerza no siempre está en resistir; muchas veces está en adaptarte, en saber cuándo ceder para no romperte. Como el bambú que se dobla con el viento, pero no se rompe, su flexibilidad te permite enfrentar las tormentas sin perder tu fuerza. **Séneca decía: "La vida exige movimiento, no rigidez, porque quien no se adapta, se desmorona." (Cartas a Lucilio, XVIII, 9).**

Mi entrenamiento consiste en ejercicios de movilidad, fuerza y flexibilidad. Mi mente tiene conexión con mi cuerpo y viceversa, moverme bien, sentirme bien y verme bien. Esa es la analogía con la vida, en todos sus sentidos.

Soy fuerte para ser útil, soy flexible para no romperme, soy móvil para cambiar la forma en la que me muevo, para adaptarme. ¿No es esto como la vida?

Reflexiona

- ¿En qué área de tu vida estás siendo demasiado rígido?
- ¿Qué podrías soltar o adaptar hoy para mantenerte fuerte y en paz?

(La flexibilidad no te hace menos fuerte; te hace más resistente. Aprende a ceder cuando sea necesario.)

29 de diciembre TRASCENDENCIA

Benjamín Franklin

"Si quieres ser recordado después de tu muerte, escribe algo digno de ser leído o haz algo digno de ser escrito."

Franklin nos desafía a pensar en el impacto que queremos dejar en el mundo. Trascender no significa solo ser recordado, sino vivir de una manera que inspire a otros y contribuya al bien común.

El legado no siempre se mide en monumentos o grandes obras, sino en las pequeñas acciones que influyen positivamente en la vida de los demás.

Los estoicos creían que nuestras acciones, guiadas por la virtud, son el mejor legado. Al actuar con sabiduría, coraje y compasión, dejamos una huella que va más allá de nuestra existencia física. La forma en que tratamos a los demás, las decisiones éticas que tomamos y las metas que perseguimos con propósito son las semillas que germinarán en el futuro.

Reflexiona

- ¿Qué acciones diarias puedes realizar que sean dignas de ser recordadas?
- ¿Cómo puedes alinear tus metas personales con un impacto positivo en el mundo?
- ¿Qué legado deseas dejar en las personas que amas y en la sociedad en general?

Recuerda: tu vida es una página en la historia del universo; escribe con intención y grandeza, asegurándote de que tus acciones resuenen mucho después de que te hayas ido.

DIARIO DE ESTOICOS
365 Reflexiones para una Mente Fuerte,
un Espíritu Libre y un Corazón
Lleno de Amor

30 de diciembre TU ROLEX NO VALE

"En algún lugar de alguna selva, alguien dijo: 'Todos tienen relojes y ninguno tiene tiempo.'"

El tiempo no se mide en horas, se mide en cómo lo vives. Hemos llenado nuestras vidas de relojes, calendarios y alarmas, pero cada vez estamos más desconectados del momento presente. **Epicteto decía: "No es el tiempo lo que importa, sino cómo lo usas." (Discursos, II, 6).**

Piénsalo: ¿de qué sirve tener relojes si siempre estás corriendo? ¿De qué sirve saber la hora exacta si nunca estás realmente en ella? Mientras estás ocupado planeando, revisando o postergando, el presente pasa frente a ti, irrepetible, sin que lo aproveches.

El verdadero tiempo no está en los relojes. Está en las conversaciones sin prisa, en el silencio, en las experiencias que no pueden medirse en minutos. Tener tiempo no es acumularlo, es vivirlo.

Reflexiona

- ¿Cómo estás usando tu tiempo hoy?
- ¿Qué podrías hacer para dejar de vivir con el reloj y empezar a vivir en el presente?

(El tiempo no se encuentra en los relojes. Está en cómo decides vivir cada instante.)

31 de diciembre VALENTÍA

Anónimo

"Cada final es un nuevo comienzo, y cada paso dado es una puerta hacia lo desconocido."

Este libro no es un destino, sino una etapa en el vasto camino de la vida. Las reflexiones, preguntas y valores aquí explorados son solo un punto de partida para un viaje más profundo hacia la sabiduría, el propósito y la trascendencia. Cada día trae consigo la oportunidad de aprender, crecer y forjar una versión más auténtica de nosotros mismos.

Los estoicos creían que el aprendizaje nunca termina. La vida es un maestro constante que nos desafía a actuar con virtud, enfrentar nuestras debilidades y abrazar lo que está por venir con valentía y gratitud. Cada reflexión que tomas contigo es una semilla, lista para florecer en acciones significativas y en una vida guiada por principios sólidos.

Reflexiona

- ¿Qué pasos darás mañana para continuar este camino de autodescubrimiento?
- ¿Cómo puedes inspirar a otros a caminar contigo en la búsqueda de una vida mejor?
- ¿Estás dispuesto a enfrentar lo desconocido con la confianza de que cada desafío es una oportunidad para crecer?

Recuerda: Vive con intención, actúa con valentía y nunca dejes de buscar lo que eleva tu espíritu y da sentido a tu existencia.

"CONSTRÚYETE A TI MISMO"

Esa figura se llama **"Self-Made Man"** (*El Hombre Hecho a Sí Mismo*) y es una obra icónica de la artista **Bobbie Carlyle**. La escultura representa a un hombre emergiendo de un bloque de piedra mientras se esculpe a sí mismo con un cincel y un martillo.

La obra simboliza el concepto de autosuperación, el esfuerzo constante y la disciplina necesaria para moldear nuestro carácter y nuestro destino. Refleja la idea de que no nacemos "terminados", sino que somos responsables de esculpir quiénes queremos ser a través de nuestras elecciones y acciones. Para mí el mayor éxito en desarrollo personal es este, hacer una creación de tu propia vida. Así como entrenamos para ir al gimnasio, esculpimos nuestros valores reflexionando en este libro. Esperamos que en este viaje hayas roto los pedazos que sobraban y tengas el valor de seguir limando las asperezas del tiempo.

Si has llegado hasta aquí tenemos un regalo para ti, nos haría muy felices una reseña en Amazon.

Haz una captura de tu reseña y te haremos llegar un regalo muy especial, entra en diariodeestoicos.com nuestra comunidad y comparte tu RESEÑA. Te esperamos.

Fortis Fortuna Adiuvat

(*La fortuna favorece a los valientes.*)

Los romanos sabían algo que a menudo olvidamos en este mundo lleno de distracciones: el éxito, la suerte, la verdadera realización no llegan a quienes se quedan quietos. Llegan a los que se mueven, a los que se atreven, a los que actúan incluso cuando el miedo quiere paralizarlos. *Fortuna*, la diosa del azar, sonríe a los guerreros porque la valentía es el lenguaje que ella entiende.

Escribimos este libro para recordarte justo eso: no estás aquí para vivir en modo automático, para dejar que los días pasen sin propósito. Estás aquí para tomar acción, para enfrentarte a tus miedos y convertir tus desafíos en fuerza. Pero aquí está el detalle más importante: nadie enfrenta la vida solo. Por eso, los valientes siempre buscan su tribu, su colmena, un lugar donde el coraje de uno se multiplica en el de los demás.

Si has llegado hasta esta última página, significa que estás listo. La pregunta no es si tienes lo necesario para enfrentarte a la vida con valentía. Lo tienes, y lo has tenido siempre. La pregunta ahora es: ¿qué vas a hacer con ello?

El siguiente paso es claro: únete a nuestra comunidad. Conecta con otros que, como tú, han decidido que no hay tiempo para quedarse quietos. Comparte tus reflexiones, crece con nosotros y demuestra que, cuando decides vivir con valentía, la fortuna siempre estará de tu lado.

Te esperamos en la comunidad del Diario de Estoicos.
Carlos Oliveira y Alberto Bosquet.

CÓDIGO QR DIARIO DE ESTOICOS "COMUNIDAD"

Otros Libros de Carlos: Los clientes destacan que el libro es una forma original de orientar la estructuración de las inquietudes vitales. Lo consideran una fuente de inspiración para hacer cambios positivos en su vida, ayudando a enfocarse en la solución de los problemas diarios. Además, lo califican como un gran libro excelente para poner en orden tu vida y cuidarse uno mismo.

RESEÑAS DE AMAZON

Enrique Prados
5,0 de 5 estrellas

Ha superado mis expectativas

Revisado en España el 7 de agosto de 2023

Compra verificada

Me ha parecido una forma muy original de orientar la estructuración de las inquietudes vitales. La parte financiera y de gestión del duelo, me han parecido especialmente bien abordadas. Merece mucho la pena leerlo con calma, asimilando bien cada concepto, ya que todos ellos aportan gran utilidad.

Eva
5,0 de 5 estrellas

Inspirador

Revisado en España el 19 de abril de 2024

Compra verificada

Es una fuente de inspiración para hacer cambios positivos en tu vida. Te invita a la reflexión y al empoderamiento personal. Me ha hecho sentir acompañada en todo momento. Me ha encantado, es superrecomendable.

Los clientes dicen: COMO VIVIR CIEN AÑOS Y DISFRUTARLOS

Los clientes destacan que el libro es muy útil, interesante y una guía de vida imprescindible. Mencionan que ofrece ideas valiosas y reflexiones profundas sobre cómo mejorar la calidad de su vida. Además, resaltan los ejemplos prácticos para mejorar la calidad de sus vidas.

5,0 de 5 estrellas

Un ejercicio de vida

Reseñado en España el 18 de diciembre de 2024

Compra verificada

5 países, 4 personajes, un método LIVE... Una sesión de coaching del autor profunda, con ejercicios prácticos y fácil lectura. Para poder diseñar tu vida, duradera y feliz. Como se dice en esta gran obra de arte, "vivir feliz es pura artesanía"

ÁLVARO

5,0 de 5 estrellas

Me ha encantado

Reseñado en España el 19 de diciembre de 2024

Compra verificada

Es un libro imprescindible. Lo he disfrutado muchísimo, y eso es lo más importante. Considero que este tipo de libros son esenciales para centrarnos en lo básico, que a mi parecer también es lo más relevante. A diferencia de otros libros sobre desarrollo personal que a veces dejan una sensación de malestar, este te aporta ideas y reflexiones muy valiosas que considero fundamentales.

Otros Libros de Alberto: Los lectores elogian el libro por su gran aprendizaje de vida, que les enseña a dominar sus emociones. Destacan la historia muy buena y los capítulos relacionados con una historia personal. Lo describen como una lectura fácil y auténtica, escrita con un lenguaje sencillo y coloquial. Resaltan aspectos positivos como la resiliencia, la perseverancia y la valiente actitud del protagonista.

RESEÑAS EN AMAZON

DIARIO DE UN ESTOICO TATUADO

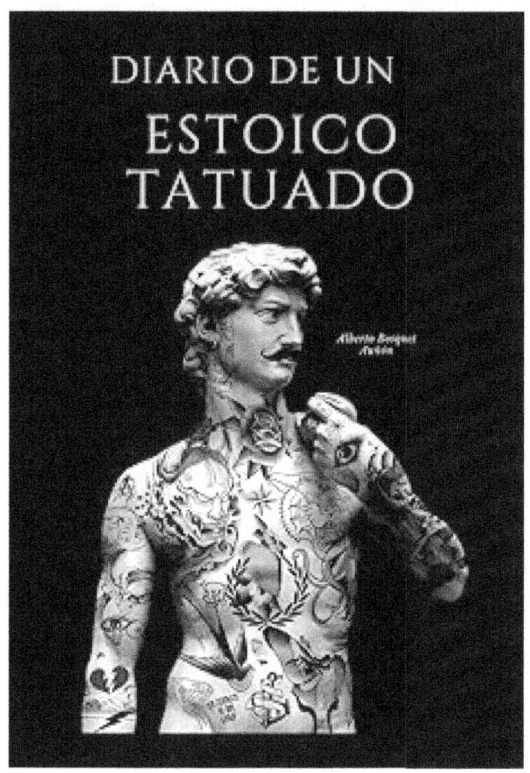

5,0 de 5 estrellas

Auténtica maravilla de libro

Reseñado en España el 2 de septiembre de 2024

Compra verificada

¡Gracias y enhorabuena por tu libro!! ¡Una auténtica maravilla!! Imposible parar de leerlo y perfecto para aquellos que quieran introducirse en el estoicismo. Todo a través de una historia dura pero real. Una lectura muy amena y de esas que me ayudan a reforzar la idea de que estoy en el camino correcto.

5,0 de 5 estrellas

Diario de un estoico tatuado

Reseñado en España el 23 de abril de 2024

Compra verificada

Libro autobiográfico lleno de vivencias sorprendentes y muchas malas cartas que le repartió la vida. ¿Buena suerte? ¿Mala suerte? Quién sabe. Trata de anteponerse a los problemas con una visión estoica, un poco en la línea de Marcos Vázquez.

Un lenguaje sencillo y una historia muy interesante, me lo leí de tirón. Inspira, guía y motiva a cualquier persona que quiera aprender a sacarle provecho al dolor y transfórmalo en algo que suma en la vida.

5,0 de 5 estrellas

Lidera tus emociones

Reseñado en España el 24 de agosto de 2024

Compra verificada

Si estás buscando una guía en el camino hacia una mentalidad tranquila y segura de ti mismo, si deseas entender todas esas emociones de la vida y saber utilizarlas como es debido en este gran camino hacia crecimiento personal, ¡¡sin duda este es tu libro!! El autor no solo nos muestra la filosofía estoica de hace más de dos mil años, sino que nos relata una gran experiencia personal contándonos el transcurso de su vida y como se puede encontrar un camino lleno de luz a pesar de las sombras personales de cada uno. Sin importar de dónde vengas o la infancia que hayas tenido, el autor en este fantástico libro te muestra los secretos de una mentalidad que te llevará al potencial camino del liderazgo personal. ¿A qué esperas para adquirirlo?

RESEÑAS EN AMAZON

DISCIPLINA ESPIRITUAL

5,0 de 5 estrellas

Desarrollo personal de verdad

Revisado en España el 17 de diciembre de 2024

Compra verificada

Si ya el primer libro del autor: *Diario de un estoico tatuado* fue un descubrimiento, este segundo magia pura. Una mezcla de filosofía estoica y oriental aplicada al siglo 21. Recomendado 100%. Mucha sabiduría contenida en este libro, entretenido, fácil de leer y con mucho aprendizaje para aplicar en el día a día.... Esperando el próximo.

5,0 de 5 estrellas

Buena vibra